그들의 손에 총 대신 꽃을

영화감독 민용근이 전하는 양심에 따른 병역거부 이야기

그들의 손에
총 대신 꽃을

민 용 근 지음

끌레마 Clema

김중미, 『괭이부리말 아이들』 작가

영화 〈얼음강〉. 영화는 주인공인 선재가 왜 양심에 따른 병역거부를 하는지에 대해 명확하게 설명하지 않는다. 선재가 여호와의 증인 신도로서의 신념과 어머니 사이에서 갈등하는 모습이 드러날 뿐이다. 그런데 같은 어미인 나는 영화를 보는 내내 아들을 감옥에 보내야 하는 어미보다 어미 때문에 자신의 신념을 접고 군대에 갔다가 괴로워할 선재가 더 아프게 다가왔다. 양심에 따른 병역거부자들이 자신의 꿈과 가족, 미래를 포기한 채 감옥에 가야 했던 이유가 평범한 청년 선재로 인해서 더 분명하게 다가왔다. 그 〈얼음강〉을 만든 민용근 감독이 '양심에 따른 병역거부'에 대한 글을 썼다고 한다. 그리고 내게 추천사를 쓸 기회를 주었다.

내가 양심에 따른 병역거부에 대해 알게 된 것은 90년대 초, 미국의 가톨릭 일꾼공동체에서 발행하는 작은 책자를 보면서부터다. 가톨릭 일꾼공동체 회원들은 2차 세계대전 중 징집과 방공훈련을 거부하며 노숙자들을 위한 환대의 집을 운영했다. 그들의 평화적 신념은 전쟁을 거부하고 가난한 이들을 위한 우선적 선택을 실천하는 동력이 되었다. 그들의 이야기를 처음 알았던 20여 년 전만 해도 양심에 따른 병역거부는 먼 나라에서나 가능한 일이라고 생각했다. 그런데 2001년, 우리나라에서도 양심에 따른 병역거부 문제가 표면화되고 언론과 정치권에서 관심을 끌면서 양심에 따른 병역거부가 먼 나라 이야기가 아닌 우리의 이야기로 다가오기 시작했다.

그리고 2001년 겨울, 불교신자 오태양 씨의 양심에 따른 병역거부 선언과 그 뒤로 이어진 청년들의 양심에 따른 병역거부 선언은 '평화'를 이상의 자리에서 현실로 끌어내렸다.

출판사로부터 원고를 전해 받고 읽던 중, 남양주에 있는 한 고등학교 학생들에게 이메일을 받았다. 학교에서 『꽃섬고개 친구들』을 읽고 난 뒤, 양심에 따른 병역거부와 소수자들의 인권에 대해 더 알고 싶어 인터뷰를 했으면 한다는 내용이었다. 망설일 이유가 없었던 나는 학생들과 광화문에서 만나기로 했다. 학생들의 첫 질문은 전쟁에 관한 것이었다.

"저희 셋은 전쟁은 필요하다고 생각하는데 책을 보면 선생님은 전쟁이 불필요하다고 생각하시는 것 같습니다. 그 이유가 무엇입니까?"

긴장한 얼굴로 질문을 적어 온 공책을 더듬더듬 읽는 학생들이 안쓰러웠지만 나는 되물을 수밖에 없었다.

"왜 전쟁이 필요하다고 생각해요?"

학생들이 당황하며 대답했다.

"전쟁은 대화나 외교적으로 풀 수 없는 대외문제나 국내의 문제를 해결하는 방법이라고 생각합니다. 예를 들어, 민족문제, 종교문제나 국내의 정치적인 문제나 그런 것들이 전쟁을 겪으면서 해결이 되기도 하잖아요."

전쟁을 통해 무엇이 해결되느냐고 묻고 싶었지만 학생들의 경직된 표정을 보니 차마 입이 떨어지지 않아 질문의 방향을 바꿨다.

"학생들 말대로 그런 문제를 푸는 데 전쟁이 도움이 된다고 칩시다. 그 전쟁 때문에 희생되는 민간인들의 죽음과 피해까지도 다수를 위해 기꺼이 감수해야 한다고 생각해요?"

여학생들은 선뜻 대답하지 못했지만 남학생은 전체를 위한 소수의 희생은 불가피하다고 대답했다.

"그러면 그 소수에 학생이 포함된다면요? 학생의 가족과 친구들이 소수의 희생자가 된다 해도 괜찮아요? 미국의 이라크 침공으로 무너진 건 후세인 독재정권만이 아니라 평범한 이라크 국민들의 삶이었어요. 미국의 폭격에 목숨을 잃은 무하마드, 하싼, 도하……. 그들은 이름을 가진 누구의 딸이고, 누구의 엄마이거나 누구의 아들이었어요. 민간인의 희생만이 아니죠. 여러분은 혹시 《로 앤 오더(Law & Order)》 시리즈물이나 《시에스아이(CSI) 과학수사대》 같은 드라마 보세요? 그 드라마에 단골로 등장하는 범죄자 유형 중 하나가 아프가니스탄이나 이라크에 파견되었던 퇴역군인들이에요. 그게 무엇을 뜻할까요?"

그제야 여학생들의 눈빛이 흔들렸다. 한 시간만 하자고 했던 인터뷰는 한 시간 반이 넘도록 이어졌고 양심에 따른 병역거부와 대체복무제에 대해서도 꽤 깊게 이야기를 나누었다. 그 사이 광화문에 어둠이 내리고 촛불이 켜졌다. 학생들은 자신들의 질문에 대한 나의 반문에 당황했고 끝내 불편하고 복잡한 얼굴로 돌아갔다.

평화운동 단체인 '전쟁없는세상'의 상근활동가 여옥 씨는 독일에 징병제가 존재했을 당시 고등학생들이 수업 시간에 병역에 대해 고민하는 시간을 따로 가졌다고 전했다. 곧 사회에 나가거나 대학에 가면 병역의 의무가 현실로 다가올 고등학생들이 군대를 선택할지, 병역을 거부하고 대체복무를 할지에 대해 토론할 기회를 갖는다는 것이다. 이는 학생들 스스로 삶의 주체가 될 기회를 갖는 것일 것이다. 그러나 우리나라에서는 고등학생들이 병역문제에 대해 토론하고 고민할 기회가 거의 없다. 그동안 평화에 대해 관심을 갖고 다양한 경험과 토론을 해온 우리 공부방에서조차 고등학생들과 함께 군대 문제나 양심에 따른 병역거부에 대해 깊이 토론해본 적이 없다. 우리조차 양심에 따른 병역거부는 개인의 선택이라는 편협한 생각 때문에 사회적 합의를 만들어내는 데 소극적이었는지도 모른다는 생각이 들었다.

OECD 10위까지 올랐던 경제대국인 대한민국이 북한, 중국처럼 인권후진국과 마찬가지로 양심에 따른 병역거부를 허용하지 않는 나라가 된 이유는 분단국가라는 우리나라의 특수성 때문만이 아니라 병역문제나 평화, 인권문제에 대한 사람들의 무관심도 큰 원인이 되었을지 모르겠다.

이 책은 양심에 따른 병역거부를 선언한, 혹은 이를 지지하거나 지원하는 이들의 이야기다. 곧 계란으로 바위를 깨려는 사람들의 이야기다. 세상은 계란으로 바위 치기를 하는 소수의 사람들을 비웃거나 안쓰러워하지만, 세상은 그 사람들의 행동으로 조금씩 변해왔다. 임재성, 김훈태, 이길준, 이상민 씨의 평화적 선택, 소수 종교자로서 백종건, 정춘국, 박치형 씨를 비롯한 여호와의 증인들의 신념이 평화를 저 먼 하늘에서 '지금

여기', 이 땅으로 끌어내렸다. 그리고 그들을 돕고 지지했던 김성택, 박정순, 박시환, 하유설, 여옥 씨의 평화 행동이 양심에 따른 병역거부와 대체복무제에 대한 사람들의 편견과 오해를 조금씩 바꿔왔다.

나는 이 책을 읽는 내내 민용근 감독이 만난 이 책의 주인공들이 대체복무제와 양심에 따른 병역거부에 대해 고민하는 젊은이들에게 길잡이가 되어줄 것이라는 생각이 들었다. 이 책을 통해 양심에 따른 병역거부를 고민하고 실천하는 이들이 결코 별종이나 낯선 이방인이 아니라 그저 자신의 신념과 평화를 따르는 평범한 청년들이라는 것을 좀 더 많은 이들이 알게 되면 좋겠다.

차례

1부
병역거부자

2부
혹한의 시절

변화의 움직임

　고백하자면, 나는 결기에 찬 행동을 잘 하는 사람이 아니다. 결기는 고사하고, 뭐랄까 좀 소극적이기까지 하다. 일상에서 불합리하거나 안타까운 상황들을 접할 때도, 종종 나는 못 본 척 지나치거나 마음에만 담아두다 이내 잊어버리곤 한다. 바쁘다는 핑계로, 혹은 나와 상관없는 일이라는 이유로 슬그머니 지나쳐버린다.

　하지만 가끔 그게 안 될 때가 있다. 어떤 상황이나 사람과 마주친 후, 그때 느낀 감정이 휘발되지 않고 마음속에 남아 있을 때가 그렇다. 왜인지는 모르겠지만 출구를 찾지 못한 감정들이 조금씩 쌓이면서 내 마음도 어느새 움직이기 시작한다. 그럴 때면 나는 지나쳐버린 길을 돌아와, 내가 할 수 있는 것들을 해보려 한다. 그것은 지하철의 걸인에게 동전 하나, 지폐 한 장을 쥐어주는 일일 수도 있고, 슬픔에 빠진 누군가의 이야기를 열심히 들어주는 일일 수도 있다. 그리고 아주 가끔, 정말 아주 가끔 나는 그런 이야기들을 영화로 만들기도 한다.

　'양심에 따른 병역거부'라는 문제가 그랬다. 군대도 다녀왔고, 종교도

없으며, 평소 인권이나 평화 문제에 적극적인 관심을 갖고 있지 않은 나였지만, 우연히 접하게 된 양심에 따른 병역거부자들의 이야기가 내 마음을 움직였다. 그만큼 절실한 이야기이자, 동시대를 살아가는 사람으로서 귀 기울여볼 가치가 있는 이야기였다. 아직 많은 사람들이 양심에 따른 병역거부사에 대해 반감을 가지고 있지만, 그럼에도 불구하고 이들의 목소리에 새롭게 귀 기울여주었으면 하는 바람을 갖게 되었고, 결국 〈얼음강〉이라는 영화까지 만들게 되었다.

　내게도 많은 변화가 있었다. 영화를 만드는 과정은 내가 병역거부에 대해 갖고 있던 편견과 마주하는 과정이었고, 또 그것을 깨나가는 과정이기도 했다. 나는 내 안에서 일어난 변화의 과정을 기억하고, 이를 다른 사람에게 전하고 싶었다. 이 책의 독자들이 양심에 따른 병역거부자들의 목소리를 들어보기에 앞서, 이 문제에 무관심하고 무지했던 한 사람의 이야기를 먼저 들어주었으면 한다. 아래의 이야기는 내가 영화 〈얼음강〉을 만들며 겪었던 마음의 변화에 대한 기록이다.

'봄'으로부터 시작된 '얼음강'

2012년 7월, 쓰고 있던 시나리오가 잘 풀리지 않던 어느 날, 한 통의 전화를 받았다. 국가인권위원회(이하 인권위) 영화 담당자로부터 온 전화였다. 인권위에서는 2003년부터 매년 한 편씩 인권을 주제로 다양한 영화를 제작해오고 있는데, 그해 제작할 옴니버스 영화 프로젝트에 참여해 줄 수 있는지 묻는 전화였다. 2003년 박찬욱, 임순례, 박광수 감독님 등이 참여한 옴니버스 영화 《여섯 개의 시선》을 시작으로 10년간 만들어진 대부분의 인권 영화를 보아왔기에 프로젝트의 내용에 대해서는 잘 알고 있었다.

며칠 동안 고민한 나는 프로젝트에 참여하기로 결정했다. 평소 인권에 대한 관심이 유별났다거나, 만들고 싶은 주제가 미리 준비돼 있었던 것은 아니었다. 솔직히 말하면, 영화 만드는 사람에게 좋은 기회가 주어졌고 그 기회를 놓치고 싶지 않았던 게 가장 큰 이유였다.

하지만 막상 주제를 정하려니 쉽지 않았다. 지금까지 인권 영화에서 자주 다루어왔던 몇 가지의 단골 주제는 피하고 싶었고, 그러자니 마땅히 새로운 주제가 떠오르지 않았다. 평소 내 한 몸 챙기기에만 바빴던 이기적인 날들에 대한 형벌인가, 하는 자책감에 괴로워하기도 했다. 주제를 결정해야 하는 마감시한이 다가올 무렵, 문득 15년 전에 내가 만들었던 졸업 단편영화가 생각났다.

제목은 《봄》.
영화가 시작되면 한 청년의 뒷모습이 보인다. 장소는 술집이고, 그 청년을 가운데 두고 선후배 친구들이 빙 둘러앉아 있다. 술에 취한 선배가 청년에게 말한다.

"여기 이 사람들, 다 너 때문에 모인 사람들이잖아. 근데 네가 그렇게 술 안 마시고 버티면 여기 있는 사람들은 뭐가 돼? 누군 마시고 싶어서 마시는 줄 알아?"

청년은 고개를 숙인 채 아무 말이 없다. 그가 술자리를 마치고 집에 돌아오면 여자친구에게 전화가 걸려온다. 그녀는 청년을 배웅해주고 싶다고 말하지만 청년의 반응은 시큰둥하다.

다음날 아침. 청년은 짧게 자른 머리를 한 채 거실에서 부모님과 함께 아침식사를 한다. 아버지가 청년을 앞에 두고 '그곳'에 혼자 가는 사람이 어딨느냐며 타박한다.

결국 터미널에는 엄마와 친구, 그리고 여자친구가 청년을 배웅하기 위해 따라 나온다. 엄마는 청년에게 꼬깃꼬깃한 지폐를 쥐어주며 '그곳'에 가더라도 주일은 꼭 지키라고 이야기한다. 청년은 배웅 나온 세 사람을 먼저 돌려보낸 뒤, 자신을 '그곳'에 데려다줄 버스에 홀로 오른다. 차창을 통해 들어온 따사로운 봄 햇살이 청년의 짧게 잘린 머리를 비추고 있고, 청년은 꾸역꾸역 햄버거를 먹으며 아무 표정 없이 창밖만 바라본다.

잠시 뒤 청년이 자리에서 일어나더니 스윽 밖으로 나간다. 화장실에 간 걸까? 의자에 올려놓은 모자와 소지품은 그대로다. 얼마 뒤 차의 시동이 걸린다. 그런데 금방 올 것처럼 일어난 청년의 모습은 보이지 않고, 버스가 움직이기 시작한다. 청년이 앉아 있던 좌석의 차창 너머로 터미널의 풍경이 지나가고, 잠시 뒤 어디론가 바삐 걸어가는 청년의 모습이 얼핏 보였다 사라진다.

그리고 난데없이 이어지는 다양한 동물의 모습과 동물원에 놀러온 수많은 사람들의 풍경들. 그 위로 군가와 입영 장정들을 향한 방송, 가족과 친구들의 목소리들이 뒤섞여 들린다. 그렇게 동물원의 영상과 군 보충대의 소리가 잦아들 무렵, 주인공 청년의 얼굴이 보인다. 그는 동물원의 하늘 위를 떠가는 스카이리프트에 홀로 앉아 햄버거를 꾸역꾸역 삼키고 있다. 오후 1시. 지금 군대에 있어야 할 청년은 동물원의 하늘 위를 둥둥 떠가고 있다. 청년은 문득 자신의 손목에 채워진 시계의 초침을 정지시킨다. 그렇게 스스로 시간을 멈춘 뒤, 희미하게 웃는 청년의 얼굴에서 영화는 끝난다.

《봄》이라는 제목의 단편영화는 나의 대학 졸업작품이다. 간단히 말해 군대에 가야 할 청년이 입대 날 훈련소로 가지 않고 동물원에 간다는 이야기다.

이 영화를 만들 무렵인 1998년, 나는 군 입대를 앞두고 있었다. 당시 시나리오를 본 지인들이 입대를 코앞에 둔 나에게 어지간히 군대 가기 싫은가 보다며 농담을 하곤 했다. 사실 군대에 가고 싶어 하는 사람이 누가 있겠느냐만, 나는 단순히 군대에 가기 싫은 마음에 이 영화를 만든 것은 아니었다.

환송회에서 버거운 양의 술을 마시고, 지인들의 배웅을 받으며 훈련소로 향하는 일련의 모습들이 어른이 되는 과정에 대한 은유처럼 느껴졌다. 대학에 가고, 군대에 가고, 취직하고, 배우자를 만나 결혼하고, 아이를 낳는 과정이 규격화된 어른을 양산하는 거대한 사회 시스템처럼 느껴졌던 것이다. 이런 과정들 속에서 '나'의 정체성, 혹은 '나의 마음'에 대해 고민해볼 수 있는 기회를 잃어버리고 있는 건 아닐까 하는 의문에서 출발한 영화였다. 영화 속 주인공 청년이 갑자기 버스에서 내리고, 군대 대신 동물원에 가고, 시계의 초침을 멈추는 행위가 그런 흐름에 제동을 걸고 자기 마음을 돌아보는 어떤 순간처럼 느껴졌으면 하는 바람이었다.

왜 인권 영화의 주제를 고민하던 중에 이 영화가 떠올랐을까? 어쩌면 그건 내가 만났던 '어떤 사람들'에 대한 기억 때문일지도 모른다. 그들은 영화 《봄》에 나온, 말없이 햄버거를 삼키며 생각에 잠겨 있던 주인공과 어딘지 모르게 닮아 있는 사람들이었다.

내가 만난 양심에 따른 병역거부자

1998년 10월, 영화 《봄》이 완성된 다음 날, 나는 의정부 306보충대로 입대하는 아이러니한 상황을 맞이했다. 배웅 나온 친구들과 헤어지고 보충대 안으로 들어가자, 조교들이 얼차려를 주며 입영 장정들을 향해 겁을 주기 시작했다. 지금 생각해보면 좀 웃기는 상황이긴 하지만, 당시 우리는 모두 잔뜩 긴장한 얼굴로 '쫄아' 있었다. 그때 조교 한 명이 앞으로 나오더니 얼차려를 줄 때와는 다른 사무적인 어투로 물었다.

"여기 집총 거부자 있나?"

집총 거부자? 처음 듣는 낯선 단어에 어리둥절해 있을 때, 두 명의 청년이 조용히 손을 들었다. 조교는 그들을 다른 기간병에게 인계했고, 두 청년은 어딘가로 사라졌다. 물론 그 후로 그들을 볼 기회는 없었다. 나중에 안 사실이지만, 두 청년은 여호와의 증인이었다. 종교적 신념에 따라 총을 들기를 거부하는 사람들이라고 했다. 마주친 시간이 짧은 만큼 두 청년의 모습이 내게는 무척 낯설게 다가왔다. 사람들이 그들을 가리켜 '양심에 따른 병역거부자'라고 부른다는 사실은 한참 뒤에 알게 되었다.

그리고 10년이 흘러 또 한 명의 양심에 따른 병역거부자를 만났다. 그는 한 영화제에서 일하던 청년이었다. 서로 알고 지내던 시간이 꽤 흘렀을 무렵, 누군가 "○○ 씨는 군대 안 가고, 병역을 거부해서 감옥 갔다 왔어요. 이래 봬도 전과자예요, 전과자"라며 소개했다. 당사자인 청년은 계면쩍게 웃기만 했고, 나 역시 특이한 친구이구나 하고 속으로만 생각했다.

그런데 그 후 그를 볼 때마다 자꾸 '병역거부자', '전과자'라는 단어가 먼저 떠올랐다. 나중에 그가 평화주의적인 신념으로 병역거부를 했다는 사실을 알았지만, 이상하게도 그의 신념에 대해 직접 자세히 묻게 되지 않았다. 괜한 거리감과 낯선 느낌 때문이었다. 보충대에서 집총 거부자에게 느꼈던 낯설고 이상한 느낌과 비슷했다.

책이나 언론에서 보도하는 양심에 따른 병역거부자들의 이야기를 통해 그들의 신념은 대충 알고 있었다. 하지만 그들의 생각에 공감할 수는 없었다. 그것이 감옥을 선택할 만큼 중요한 문제인가, 그들에게 병역을 면제해주면 누가 군대에 가려고 할까, 하는 의문이 먼저 들었다. 또 아무런 선택지 없이 끌려가 2년 2개월의 시간을 보낸 나의 군 생활을 떠올리면 은근히 배가 아파오기도 했다. 그렇다고 병역거부자들을 모두 감옥에 보내는 현 제도에 대해 동의하는 것도 아니었다. 누군가 이 문제를 어떻게 하는 것이 좋을까 하고 묻는다면 선뜻 답하기 어려운, 귀찮고 골치 아픈 문제일 뿐이었다. 군대도 다녀왔고 예비군도 끝난 마당에 그것은 나와 상관없는 일, 굳이 관심을 갖고 생각해볼 이유가 없는 일이었다.

그런데 인권 영화의 주제를 고민하는 동안 내가 만난 양심에 따른 병역거부자들에 대한 기억이 떠올랐고, 그때마다 이상하게도 마음 한구석에 어떤 개운치 못한 감정이 느껴졌다. 가만히 생각해보면 나는 그들에 대해 아는 바가 거의 없었다. 그들이 그토록 소중하게 여기는 가치가 무엇인지, 어떤 현실적인 고민과 갈등을 겪고 있는지 들어본 적도, 물어본 적도 없었다. 그저 그들을 '낯설고 이질적인' 이미지로만 기억하고 있었다. 내가 왜 그랬을까? 왜 단순한 이미지만으로 그 사람들을 바라보았을까? 이제와 생각해보면 바로 그 석연치 않은 느낌이 내가 인권 영화의 주제로 양심에 따른 병역거부를 선택하게 된 첫 출발점이었던 것 같다.

병역을 거부한다는 것

양심에 따른 병역거부라는 주제를 마음의 수면 위로 건져 올렸지만 아직 확신을 갖고 있지 못할 무렵, 영화인들을 위한 팸 투어(Familiarization Tour, 사전답사여행)에 다녀올 기회가 생겼다. 서울에 있는 장소 중 평소 가보기 어려운 곳을 방문할 기회가 생긴 것인데, 그날 팸 투어 코스 중의 한 곳이 영등포교도소였다.

1949년에 지어진 영등포교도소는 철거를 앞두고 있었다. 재소자들이 떠나버린 오래된 교도소는 무척이나 황량했다. 여러 개의 철문과 높은 담벼락, 꽉 막힌 감방은 그 자체로 위압적이었다. 그저 둘러보기만 했을 뿐인데도 가슴이 갑갑하게 조여왔다. 감옥이라는 공간이 주는 공포가 이런 것이었구나 하고 실감할 수 있었다.

그런데 그날 나와 동행한 영화감독이 공교롭게도 입대를 앞두고 양심에 따른 병역거부를 할지 고민하던 사람이었다. 열악한 시설, 재소자들의 흔적, 비좁은 징벌 독방에 빼곡히 적힌 낙서들을 보며 그의 얼굴은 점점 어두워져 갔다. 그가 자신의 신념에 따라 병역을 거부하면 그 역시 감옥에서 1년 6개월을 지낼 수밖에 없을 것이다. 그런 사실을 알고 있었기에 나 역시 그곳의 모든 것이 더 예민하게 다가왔다.

잠시 머물다 가는 것도 이렇게 힘든데, 1년 6개월의 시간을 감옥에서 보낸다는 것은 어떤 고통일까? 다른 이를 향해 총을 들지 못하겠다는 마음을 지키기 위해 몸의 자유를 포기한 채 감옥에 갇혀 긴 시간을 견딘다는 게 어떤 종류의 고통일지 나는 상상이 되지 않았다.

어떤 이들은 양심에 따른 병역거부자들이 군대에 가기 싫어서, 혹은 종교적으로나 성격적으로 유별나기 때문에 감옥행을 자처한다고 말하기도 한다. 하지만 짧은 시간이나마 감옥을 둘러보고 난 뒤에 내가 느꼈던 건, 신념을 지키기 위해 몸의 자유를 포기하는 것이 결코 쉬운 일이 아니라는 것이다. 1년 6개월간 수감생활을 하고, 평생 '전과자'라는 이름으로 인생의 많은 것을 포기하면서 살아가는 것 또한 쉽게 받아들일 수 있는 일이 아닐 것이다. 그들의 생각에 동의하든 그렇지 않든 간에, 그 신념만큼은 결코 쉽게 취급하거나 이야기해서는 안 될 것이라는 생각이 들었다.

영등포교도소를 다녀온 후, 나는 양심에 따른 병역거부에 대한 영화를 만들어야겠다고 생각을 굳혔다. 내가 이 문제에 대해 잘 알고 있어서가 아니라, 더 알아보고 싶은 생각이 커졌기 때문이었다. 나는 '마음'에 대해 알고 싶었다. '양심' 혹은 '신념'이라고 불리는 그들의 마음에 대해 알고 싶었고, 병역거부를 선택한 사람들을 향한 내 안의 낯설고 이질적인 마음에 대해서도 알고 싶었다.

양심에 따른 병역거부자. 내가 이 단어를 처음 접한 게 언제인지 정확히 기억나지 않는다. 다만 단어 그대로를 설명하면, '자신의 양심에 따라 군 입대나 개별적인 명령을 거부하는 사람'을 지칭하는 말이다. 여기서 가장 중요한 단어가 바로 '양심'이다. 많은 이들이 '양심에 따른 병역거부자'라는 말에 불쾌감을 드러내며 흔히 되묻는 말이 있다.

"그럼 군대 가는 사람은 모두 비양심이란 말인가?"

얼핏 들으면 당연한 의문처럼 느껴지는 이 말 속에는 안타까운 오해의 지점이 있다. 우리말에서 '양심'이라는 단어가 두 가지 뜻으로 사용되기 때문에 생기는 오해다.

하나는 "저 사람 양심도 없네"라는 표현에서 사용된 양심, 즉 선한 마음 또는 착한 마음의 뜻을 지닌 '양심'이다.

반면 양심에 따른 병역거부에서의 '양심'은 헌법 제19조인 "모든 국민은 양심의 자유를 가진다"에서의 양심이다. 이때의 양심은 '국민 각자가 가지는 진지한 마음의 소리'를 뜻한다. 누군가의 말처럼, 세상에 70억 명의 인간이 있다면 70억 개의 다양한 양심이 존재하는 것이다. 양심(良心)의 사전적 의미 역시, "사물의 가치를 변별하고 자기의 행위에 대해 옳고 그름과 선과 악의 판단을 내리는 도덕적 의식"이다.

따라서 양심에 따른 병역거부는 '착한 마음으로 병역을 거부한다'는 뜻이 아니라, '자기가 가지고 있는 내면의 소리(신념)에 따라 병역을 거부한다'는 의미이다.

징병제를 시행하고 있는 우리나라에서는 병역법에 의거해 양심에 따라 병역을 거부하는 사람들을 처벌해오고 있다. 병역법 제88조 제1항에서는, "현역입영 또는 소집통지서를 받은 사람이 정당한 사유 없이 입영 또는 소집기일부터 각호의 기간이 경과하여도 입영하지 아니하거나 소집에 불응한 때에는 3년 이하의 징역에 처한다"라고 규정하고 있다.

대한민국은 양심에 따른 병역거부를 '정당한 사유'로 인정하지 않기에 모든 양심에 따른 병역거부자들은 처벌 받는다. 시대에 따라 3년 혹은 7년 넘게 수감생활을 하기도 했지만, 현재는 일괄적으로 1년 6개월의 실형을 선고받고 있다.

우리나라의 경우, 매년 600~700여 명의 청년들이 각자의 양심에 따라 병역을 거부하여 감옥에 수감되고 있다. 이 숫자가 어떤 의미를 지니는지 더 잘 이해할 수 있는 한 가지 예가 있다.

2013년 6월 유엔인권이사회(UNHRC)가 낸 '양심에 따른 병역거부에 관한 분석 보고서'에 따르면, 전 세계를 통틀어 종교, 신념 등을 이유로 군복무를 거부해 수감 중인 사람은 723명이고, 이들 중 669명이 한국인이라고 한다. 전 세계 양심에 따른 병역거부로 인한 수감자 중 한국인의 비중이 92.5%를 차지하는 것이다. 양심에 따른 병역거부에 대한 시시비비를 논하기에 앞서, 이 수치는 놀랍고 충격적이기까지 하다.

지구상에서 거의 유일하게 대대적으로 양심에 따른 병역거부자들을 감옥에 보내고 있는 나라가 바로 대한민국인 것이다. 이것을 달리 해석하면, 세계 대부분의 나라에서는 양심에 따른 병역거부자들을 감옥에 보내지 않는다는 뜻이다. 물론 그들에게 무조건 병역을 면제해주는 것은 아니다. 현재 많은 나라에서 양심에 따른 병역거부자들이 군대 대신 다른 곳에서 대체복무를 하도록 다양한 제도를 운영하고 있다.

또 하나의 편견

편견의 대부분은 무지(無知)에서 비롯된다. 정확히 알지 못하거나 잘못 알고 있는 데서 갈등이 시작되는 것이다. 우리는 낯설고 이질적인 것에 대해 막연한 거부감을 느끼고, 맹목적으로 비난과 분노를 표출하기도 한다. 하지만 정확한 사실을 알고 나면 비로소 내 안의 편견이 보이게 된다. 나 역시 양심에 따른 병역거부자에 대한 새로운 사실들을 알게 되면서 기존의 이질감이 조금씩 사라져갔다.

하지만 여전히 마음 한구석에는 석연치 않은 감정이 남아 있었다. 대한민국 건국 이래로 1만 7,000여 명에 달하는 양심에 따른 병역거부자가 감옥에 수감됐는데, 그들 대부분이 여호와의 증인 신자들이다. 물론 2001년에 불교신자로서 병역거부를 선언한 오태양 씨 이후 여러 청년들이 평화주의 신념을 비롯한 다양한 이유로 병역을 거부했지만, 현재까지도 병역거부로 수감되는 인원의 90% 이상이 여호와의 증인 신자들이다.

나는 그들의 존재를 어떻게 받아들여야 할지 고민스러웠다. 나는 종교가 없는데도, '여호와의 증인' 하면 가장 먼저 이단 혹은 광신도라는 이미지가 떠올랐다. 일요일에 낮잠을 즐기고 있을 무렵 찾아와 '좋은 말씀 전해주러 왔다'며 유인물을 주고 가던 그들. 10센티미터 남짓의 문틈 사이로 마주친 것이 유일한 만남이었는데도 나는 왠지 그들이 거북했다.

그런 까닭에 나는 양심에 따른 병역거부에 대한 영화를 구상하면서도 여호와의 증인인 병역거부자들은 영화 속 인물에서 제외하기로 마음먹었다. 양심에 따른 병역거부자들에 대한 사람들의 시선도 좋지 않은데 이단으로 불리는 종교인들의 이야기를 영화로 만들었다가는 더 큰 거부감을 불러일으킬 것 같았다.

그런데 자료조사를 하면서 유신시대 때 병역거부를 했던 여호와의 증인들의 수기와 인터뷰 글을 읽게 되었다. 각각의 이야기는 상당히 충격적이었고 많은 안타까움을 자아냈다. 1970년대 우리나라는 병영국가를 지향했고, 입영률 100%를 향한 정부의 의지도 확고했다. 그런 엄혹한 시기에 종교적 신념에 따라 병역을 거부한 여호와의 증인은 좋은 먹잇감이 됐다. 정부에서는 무차별적으로 그들을 붙잡아 들여 훈련소에 입소시켰다. 그들에게 온갖 구타와 고문, 회유가 이어졌고, 그에 따라 목숨을 잃거나 평생 씻을 수 없는 상처를 입은 사람도 있었다. 하지만 그들은 끝까지 종교적 신념을 지켰고, 그 결과 기나긴 감옥살이를 해야만 했다.

그런 사실을 접하고 나니, 그들이 그토록 지키고자 했던 종교적인 신념이 무엇인지 궁금해졌다. 그리고 내가 그들에 대해서 왜 이단과 광신도의 이미지를 떠올렸는지도 궁금해졌다. 딱히 이유가 생각나지는 않았다. 왜냐하면 나는 그들의 종교가 어떤 것인지에 대해 전혀 몰랐기 때문이다.

'무지로 인한 편견'이라는 말이 떠올랐다. 일단 정보를 수집해보기로 하고, 인터넷에서 검색해보았다.

여호와의 증인

19세기 미국에서 시작된 기독교계의 신종파이다. 1872년 찰스 테이즈 러셀(Charles Taze Russell)이 펜실베이니아 주 피츠버그에 설립한 국제성서연구자협회가 그 기원이다. 현재는 워치타워 성서책자 협회라는 명칭을 사용하고 있다. 한국에는 1912년 R. R. 홀리스터에 의해 처음 전파되었다. 여호와의 증인(Jehovah's Witnesses)은 기독교의 중심 교리인 삼위일체, 지옥, 영혼불멸 등을 성서의 가르침이 아니라 이교의 혼합된 교리라고 보아 인정하지 않는다. 따라서 예수를 하느님과 동일하거나 동등하다고 여기지 않는다. 정부의 권위를 존중하지만, 모든 정치적인 활동에서 분리되어 중립을 유지한다. 병역을 거부하고 전쟁에 참여하지 않는데, 그것이 평화와 사랑을 나타내는 그리스도인의 태도이며, 성서와 그리스도의 가르침을 실천하는 것이라는 신념 때문이다.(……) (두산백과 발췌)

간단한 검색을 통해 왜 주류 기독교에서 이들을 '이단'이라고 칭하는지 알 수 있었다. 같은 뿌리를 가진 종교이지만 성경을 해석하는 바가 달랐던 것이다. 특히 주류 기독교의 중심 교리인 삼위일체(하느님이 성부, 성자, 성령의 세 위격을 가진다는 그리스도교의 교의)를 인정하지 않고, 하느님(여호와의 증인은 하느님이라고 부른다)은 오직 성부인 여호와 하느님뿐이라고 주장하는 점이 가장 큰 차이였다.

일반인들이 이들에게 거부감을 느끼는 이유도 어렴풋이 알 수 있었다. 이들은 병역을 거부하고, 수혈을 거부하는 등의 독특한 원칙들을 지키고 있었다. 그들의 입장에서는 성경에 있는 하느님의 말씀을 따르기 위한 것이라고 하지만, 그런 원칙이 다른 사람들의 눈에는 사회 통념과 너무 다른 행동으로 여겨지는 것이다.

나의 짧은 지식으로 종교적으로 무엇이 옳고 그른가에 대한 판단을 내릴 수는 없었다. 과연 인간이 신의 존재를 규정할 수 있을까? 누가, 어떻게 신을 규정할 수 있을까? 성경에 대한 해석의 차이로 다른 종파를 이단이라고 부를 수는 있지만, 여기에서 '이단'은 어디까지나 상대적인 개념이 아닐까? 교리가 다르다는 이유로 다른 종파를 사이비나 광신도 집단으로 몰아가는 것은 지나친 일이라는 생각이 들었다. 아무런 판단의 근거 없이 여호와의 증인들을 이단과 광신도 집단으로 생각했던 나 역시 경솔 했다는 생각이 들었다.

그들과의 만남

나는 그들을 직접 만나보기로 했다. 어느 일요일 오전, 그들의 집회(여 호와의 증인들은 '예배'가 아닌 '집회'라고 부른다)가 열리는 '왕국회관(여호와의 증 인들이 집회와 성서공부를 하는 장소)'을 찾았다.

내부 모습은 내가 예상했던 것과 전혀 달랐다. 십자가를 비롯해 아무 런 종교적인 장식물이 보이지 않았다. 낮은 단상과 신도들이 앉을 수 있 는 의자, 그리고 뒤쪽에 있는 게시판이 전부였다. 조금 색다른 모습이라 면 신도들이 앉아 있는 자리에 개별적으로 마이크가 설치되어 있다는 점 이었다. 잠시 뒤 그 이유를 알 수 있었는데 집회가 일종의 문답식으로 진 행되기 때문이었다. 예를 들어 "예수님은 왜 우리를 위해 희생하셨을까 요?" 하고 집회를 주재하는 장로가 질문하면, 신자들이 손을 들고 성서를 근거로 자신의 생각을 말하는 방식이다. 기도와 찬양을 비롯해 모든 과정 이 조용하고 차분하게 진행되었다. 종교 행사라기보다는 대학 강의나 세 미나 같은 느낌이 들었다.

얼마 뒤에는 아들 셋을 둔 여호와의 증인 부부를 만났다. 어떤 이들은 여호와의 증인을 가리켜, 종교적인 맹신에 빠져 자식까지 감옥에 보내는 독한 사람들이라고 하지만 내가 직접 만나본 그들의 모습은 자식을 둔 여느 부모와 크게 다르지 않았다. 나는 그들이 세 명의 아들을 키울 때의 이야기와 병역을 거부하고 수감된 첫째 아들을 3년간 옥바라지한 이야기를 들었다. 지금도 둘째 아들이 같은 이유로 감옥에 있고, 내년에 스무 살이 되는 막내아들도 병역거부를 앞두고 있다고 했다. 어머니는 첫째 아들의 옥바라지를 하면서 몸과 마음에 병을 얻었고, 늦둥이인 막내의 감옥행을 볼 수 없어 남편에게 이민 가자는 말까지 했다고 한다. 하지만 당사자인 아들이 자신의 신념에 부끄럽지 않게 현실에 직면하겠다며 오히려 부모를 설득했다고 한다. 쉴 새 없이 눈물 흘리며 고통스러운 기억을 끄집어내는 어머니의 모습을 보며 나는 아무 말도 할 수 없었다.

공교롭게도 그날은 대통령 선거일이었는데, 눈물을 흘리는 어머니 뒤로 한 후보가 대통령 당선이 유력하다는 소식이 들려왔다. 양심에 따른 병역거부자들을 위한 대체복무제를 도입하겠다는 공약을 내건 다른 후보와 달리, 이 유력 후보는 관련 공약을 내지 않았다. 내년에 스무 살이 될 어머니의 막내아들 역시 그의 두 형들처럼 감옥에 가야 하는 게 현실로 다가오는 순간이었다.

다양한 만남을 거치는 동안, 나는 시나리오에 모든 가능성을 열어두기로 결심했다. 여러 날에 걸쳐 다양한 이야기와 인물들을 머릿속으로 떠올리고 매만져보았다. 그 결과 '여호와의 증인' 청년이 등장하는 '양심에 따른 병역거부자'의 영화를 만들어야겠다는 생각이 들었다.

흔하게 있어왔던 반론들처럼 일부 종교인들을 옹호하거나 대변하기 위함이 아니었다. 오랜 세월 동안 대를 이어가며 그들이 실천해온 양심에 따른 병역거부에 대해 이야기하고 싶었고, 이 문제를 둘러싼 편견어린 시선과 이들을 일방적으로 처벌하기만 했던 우리나라의 법제도에 대해 이의를 제기하고 싶었다.

대한민국에서 가장 민감한 두 가지 이슈가 '군대'와 '종교'라지만 그런 이슈의 무게감이 중요하게 느껴지지는 않았다. 다만 내가 가지고 있던 편견에 작은 균열이 만들어졌던 과정을 관객과 함께 나누고 싶은 바람이 더 컸다. 나 역시 '병역거부'나 '이단 종교'에 대한 선입견을 갖고 그들을 바라본 사람들 중 하나였으니까.

영화 〈얼음강〉에 얽힌 이야기

시나리오의 완성, 그리고 캐스팅의 난항

얼마 뒤 시나리오 초고가 완성되었다. 가제는 '배웅'이었다.

카센터에서 일하는 스물한 살 선재는 미용실을 운영하며 자신을 끔찍이 아끼는 엄마와 단 둘이 살고 있다. 사실 선재에겐 엄마에게 말하지 못하고 있는 비밀이 하나 있다. 얼마 전 그는 입영통지서를 받았지만 엄마에게 그 사실을 알리지 않았다. 선재는 오랫동안 여호와의 증인이었고, 총을 들고 누군가를 해칠 수 없다는 자신의 종교적 신념 때문에 병역거부를 준비하고 있었다. 하지만 엄마는 그런 상황을 알지 못했다. 엄마의 깊은 상처를 알고 있던 선재가 그 사실을 숨겨왔기 때문이었다. 과거에 엄마는, 여호와의 증인인 자신의 남편과 두 아들을 모두 같은 이유로 감옥에 보내야 했다. 그 고통이 너무 컸기에 막내아들 선재만은 감옥에 보내지 않으려고 집에서 나와 따로 살았던 것이다. 선재는 오랜 기간 몰래 써온 수많은 편지를 통해 엄마에게 자신의 신념을 설명하려 하지만 입대 전날, 엄마가 우연히 입영 통지서를 발견하게 되면서 두 사람은 가슴 아픈 시간을 맞이하게 된다.

시나리오의 주인공은 종교적 신념으로 병역을 거부한 여호와의 증인으로 정했지만, 엄마와 아들의 갈등은 평화주의 신념에 따라 병역을 거부한 많은 사례들에서 영감을 받았다. 아들이 군대에 가는 것을 당연하게 여기는 대부분의 부모들에게 양심에 따른 병역거부는 너무도 낯설고 받아들이기 힘든 개념이기 때문이다. 어느 날 갑자기 아들이 "저는 총을 들고 남을 해치는 훈련을 받을 수 없습니다. 군대에 가는 대신 제 양심에 따라 병역을 거부하겠습니다" 하고 말한다면 충격을 받지 않을 부모가 몇이나 있을까?

아들의 입장에서는 자신의 선택이 부모의 가슴에 못을 박는 일이라는 것을 알고 있지만 그렇다고 총을 들 수 없는 자신의 마음을 저버릴 수는 없을 것이다. 부모의 입장에서도 마찬가지다. 아들의 선택이 옳은 일이라 생각하더라도 감옥에 가야 하는 우리나라의 현실 때문에 어떻게 해서든 말리고 싶을 것이다. 이 모든 것이 군대 아니면 감옥이라는 두 가지 선택지만 강요하는 우리나라의 법제도 때문이라는 생각이 들었다. 왜 우리는 '개인의 양심'과 '국민으로서의 의무'를 함께 지켜낼 수 있는 제3의 대안을 마련하지 않고 있는 것일까?

시나리오를 스태프들에게 돌리는 것을 시작으로 본격적인 영화 준비에 들어갔다. 정치적으로나 종교적으로 민감한 사안이다 보니, 걱정되고 조심스러운 부분이 한두 가지가 아니었다. 실제로 영화를 제작하고 상영하는 과정에서 나는 몇 번의 큰 장애물에 직면했다. 양심에 따른 병역거부라는 주제를 선택하고 여호와의 증인인 등장인물이 나오는 영화를 찍겠다고 결정한 순간, 나와 내 영화도 편견과 거부감의 대상이 될 수밖에 없었던 것이다.

캐스팅을 위해 몇몇 소속사에 시나리오를 넣어봤지만 결과가 신통치 않았다. 시나리오를 건네기 전에는 호감을 보였다가도 읽은 후엔 어렵겠다는 반응만 되돌아왔다.

다른 역할도 마찬가지였다. 어떤 배우는 시나리오를 읽고 불편한 감정을 숨기지 않았다. 병역거부라는 사안에 대해 동의하지 못하겠다는 반응도 있었고, 여호와의 증인이라는 단어가 나오자마자 시나리오를 덮었다는 반응도 있었다. 물론 캐스팅 과정에서 거절당하는 건 비일비재하지만, 가치관이나 종교적인 이유로 이렇게 단호한 거절을 받는 것은 드문 일이었다. 다수의 퀴어 영화(동성애를 주제로 다룬 영화)에서 작업해본 캐스팅 디렉터도 우리 영화가 퀴어 영화보다 더 어려운 상황이라고 털어놓았다.

제작팀 내부에서 양심에 따른 병역거부라는 주제는 유지하되, 주인공이 종교와 무관한 평화주의 신념에 따라 병역을 거부하는 설정으로 바꿔야 되지 않겠느냐는 의견까지 나왔다. 어느 정도 예상하긴 했지만, 부정적인 반응이 몇 번 반복되자 나 역시 영화에 대한 자신감이 급격히 떨어졌다. 나는 병역거부와 종교에 대한 편견을 하나씩 지워나가며 시나리오를 완성했지만 다른 사람들에게는 그런 과정이 없었으니 당연한 반응일지 모른다는 생각도 들었다. 시나리오를 설득력 있게 못 쓴 내 탓이니 '못난 감독을 둔 스태프에게 미안하다!'라고 외치며 사무실 문을 박차고 뛰쳐나가고 싶은 마음이었다.

얼음강을 만나다

아마 그 무렵이었던 것 같다. 사무실 문을 박차고 나오는 대신, 자전거를 타고 성산대교 인근의 한강으로 갔던 게. 막 눈발이 날리기 시작한 한강의 찬바람은 매서웠다. 나는 뭘 해도 안 되는구나 하는 답답한 마음에 바닥에 있던 얼음을 깨서 꽁꽁 얼어 있는 강을 향해 던졌다. 얼어붙은 강에 부딪힌 얼음 조각이 산산이 부서졌다.

깨진 얼음 조각과 얼어붙은 강을 바라보고 있자니 시나리오의 주인공 선재가 떠올랐다. 그의 마음도 나처럼 이렇게 답답할까. 내가 옳다고 생각하며 내민 시나리오에 차가운 거절만 되돌아오는 상황, 그리고 자신이 옳다고 생각하는 소중한 '신념'에 대해 세상은 '죄'라고 규정짓는 현실. 문득 병역거부자들의 마음이 어떤 것인지 알 것 같았다. 그리고 지금의 내 상황은 수많은 병역거부자들이 겪는 일에 비하면 아무것도 아닐지 모른다는 생각이 들었다.

이런 상황들 모두가 지금 내 눈 앞에 펼쳐진 얼어붙은 강처럼 느껴졌다. 공간이 불러일으킨 어떤 공감대라고 할까. 그때까지 내가 선재를 머리로만 이해해왔다면 꽁꽁 얼어붙은 강 앞에서 비로소 선재의 마음이 절실하게 다가왔다. 그 외롭고 외로운 마음이.

곧바로 집으로 돌아와 시나리오를 고쳤다. 얼어붙은 강 장면을 추가하고, 제목도 '얼음강'으로 바꾸었다. 선재가 종교적인 신념으로 병역거부를 한다는 설정은 그대로 유지하기로 했다. 지금까지의 과정을 통해 선재라는 인물이 내 마음에 들어왔는데, 외적인 상황 때문에 그 인물을 바꿔버릴 수는 없었다. 어쩌면 이것도 미약하나마 나의 신념이라면 신념인 것이다. 다수의 편견이 두려워 민감한 설정을 이리저리 피해간다면 영화가 완성되어도 부끄러운 절름발이가 될 것 같았다. 이제 갈팡질팡하는 일은 없을 거라고 제작팀에게 말했다. 다행히 모두 그런 의견을 받아주고 응원해주었다. 잠시 정체되었던 프로덕션이 다시 돌아가기 시작했다.

선재 역할의 경우, 신인 배우들을 대상으로 오디션을 진행했다. 많은 배우들과 만나본 끝에 김동현이라는 배우를 찾아냈다. 고등학교 졸업을 앞두고 있다는 김동현 군은 연기 경험이 전혀 없었다. 하지만 자연스레 배어나오는 선하고 진실된 느낌이 시나리오를 쓰면서 떠올렸던 선재의 이미지와 무척이나 닮아 있었다. 얼마 지나지 않아 선재 엄마 역할의 배우도 결정됐다. 전 작품인 《혜화,동》에서 함께 작업한 길해연 선배님이었다. 연기력은 물론이거니와 종교에 대한 이해도 깊었고, 얼마 전에 아들을 군대에 보낸 경험이 있었기에 더욱 확신이 들었다.

두 주연배우가 확정되자 난항을 겪던 다른 배역도 하나씩 정해졌다. 또 하나의 중요한 배역인 카센터 사장 역의 정인기 선배님은 나와 이웃이라는 이유로 선뜻 출연을 결정해주었다. 그런데 나중에 시나리오를 읽은 선배님이 전화를 해서 조금은 난감한 듯한 목소리로, "시나리오 읽었는데, 병역거부에 대해서 뭐라고 해야 할지……. 동의를 못하겠다" 하며 만나서 이야기를 나누고 싶다고 했다.

선배님은 만나자마자 자신의 군대 시절 이야기부터 꺼냈다. 당시 구타와 얼차려로 무척 힘들었고 그 때문에 병역거부자들의 이야기를 들으면 가장 먼저 자신의 군 생활이 떠올라 그들을 좋은 시선으로 보게 되지 않는다고 털어놓았다. 하지만 병역거부자들의 신념을 이해 못하는 건 아니라고 했다. 다행히 출연이 번복되지는 않았다. 헤어져 돌아오는 길에 생각해보니, 선배님이 나를 만나자고 한 건 군대 시절의 아픈 기억을 털어내고 싶어서가 아닐까 하는 생각이 들었다.

대한민국 남자들에게는 강제로 징집되어 자신의 젊은 시절을 보낸 군대라는 공간이 거대한 용광로 같은 것일지도 모른다. 서로 다른 삶과 가치관, 감정을 갖고 있는 청년들이 '일제히' 통과해낸 군대라는 용광로 속에서 치유하기 힘든 각자의 상처를 가지고 나오는 건 아닐까. 그 용광로에서 갖고 나온 상처가 양심에 따른 병역거부자들에 대한 어떤 편견으로 작용하는 건 아닐까 하는 생각이 들었다.

촬영의 시작과 영화의 완성

2013년 1월 말, 촬영에 들어갔다. 영화를 찍는 과정에서 가장 기억에 남는 촬영은 영화의 제목이기도 한 얼음강 장면 때였다. 병역거부 문제로 힘들어하던 선재가 홀로 얼음강을 찾아와 얼어붙은 강을 쓸쓸히 바라보다가 얼음 조각을 던지는 장면이다. 동현 군이 얼음강 앞에 서자, 머릿속으로만 떠올렸던 선재의 이미지가 실제로 눈앞에 펼쳐졌고 뭔가 뭉클한 기분이 들었다.

꽁꽁 얼어붙은 강을 보며 선재는 무슨 생각을 하고 있을까? 자신의 신념을 곱지 않은 눈으로 보는 세상에 대한 서운함일까, 아니면 홀로 감내해야만 하는 자기 마음에 대한 책임감일까? 선재 앞에 놓인 얼음강이 그를 더 쓸쓸하게 만드는 것 같았다.

그렇게 촬영을 마쳐갈 무렵, 문득 아까와는 다른 생각이 스쳐지나갔다. 어쩌면 선재가 떠올린 건 서운함이나 책임감이 아니라, 언젠가 녹아 흐르게 될 강의 모습이 아니었을까. 자신의 신념을 둘러싼 세상의 차가운 시선도 언젠가 이른 봄의 강물처럼 조금씩 녹아 따뜻하게 변해갈 것이라는 작은 희망 같은 것 말이다.

촬영이 모두 끝나고, 약 한 달 뒤 39분 길이의 편집본이 완성됐다. 영화를 촬영했던 겨울이 끝나고 봄이 시작될 무렵이었다. 먼저, 시나리오를 읽지 않은 사람들을 초대해 편집본 모니터링 시사회를 했다. 다행히 시나리오 때의 엇갈렸던 반응과 달리 많은 사람들이 영화의 내용에 공감해 주었다. 하지만 내겐 한 가지 숙제가 남아 있었다. 이 문제의 당사자라 할 수 있는 병역거부자와 여호와의 증인들이 영화를 어떻게 볼지에 대해서였다. 그들의 의견을 듣고 싶었다. 그래서 영화의 자문을 맡아주신 분을 통해 편집본 모니터링을 해줄 신자들을 소개받았다.

최종 완성본도 아닌 편집본 시사였지만, 그날 나는 어떤 공식 시사회보다 더 떨렸던 것 같다. 당일 편집실로 들어선 사람들은 노신사들이었다. 대부분 1970년대를 전후해 병역거부를 한 분들이었다. 딱히 어떤 연령대를 예상했던 건 아니었지만, 지금까지 모니터링했던 사람들 중에서 가장 나이가 많은 분들이었다. 자칫 너무 종교적이거나 보수적인 시선으로 영화를 보면 부정적인 반응이 나올 수도 있겠다는 걱정이 들었다.

침묵이 흐르는 가운데 상영이 시작됐다. 나는 뒤쪽에서, 영화는 보지 않은 채 영화를 보는 그들의 얼굴을 살폈다. 무거운 분위기에서 아무 표정의 변화 없이 영화를 관람하는 그들을 보자니 불안한 마음이 들었다. 웃어야 할 장면에서도 반응이 없어 좋지 않은 예감이 스쳐갔다. 그렇게 초조한 시간이 흐르고 영화가 마지막을 향해 갈 무렵, 어둠 속에서 노신사 한 분이 안경을 올리고 눈을 비비는 모습이 보였다. 영화를 보는 중에 나온 유일한 반응이었다. 너무 지루해 졸린 눈을 비비고 있는 것일까? 그때 어둠 속에서 훌쩍이는 소리가 들려왔다. 자세히 보니 한 분, 두 분씩

눈가의 눈물을 닦아내는 모습이 보였다. 모두 영화를 보며 울고 계셨던 것이다.

원래 편집본 시사 후에는 많은 말들이 오가기 마련이다. 하지만 그날의 시사는 달랐다. 영화가 끝나고 불을 켜자 모두 촉촉한 눈을 한 채 아무 말도 없었다. 한참의 침묵 뒤에야 한 분이 '감사하다'는 말을 꺼냈다. 엄혹한 1970년대에 병역거부를 하고 차가운 냉대와 무관심으로 수십 년을 살아온 그들의 입장에선, 자신들의 이야기를 누군가 영화로 만들었다는 것 자체가 뜻 깊은 일인 것 같았다. 여러 명의 노신사들이 촉촉이 젖은 눈으로 나란히 앉아 있는 모습을 보는 것만으로도 수많은 이야기를 들은 것 같은 기분이 들었다.

부산 영화제와 개봉

2013년 여름,《어떤 시선》이라는 제목의 인권 옴니버스 영화가 완성되었다.《어떤 시선》은 세 편의 단편영화를 통해 '인권'이라는 전체 주제를 담아내는 옴니버스 영화이다. 장애를 가진 친구를 둔 중학생의 이야기인 〈두한에게〉(박정범 감독), 지하철 택배 일을 하는 할아버지와 어린 소년의 이야기를 그린 〈봉구는 배달 중〉(신아가, 이상철 감독), 양심에 따른 병역거부자 청년과 엄마의 이야기를 그린 〈얼음강〉(민용근 감독)으로 구성되었다.

《어떤 시선》은 그해 10월, 부산국제영화제에서 첫 공개되었다. 다행히 관객들의 반응은 나쁘지 않았다. 양심에 따른 병역거부에 대한 질문도 반감 섞인 반응보다는 안타까운 우리나라의 현실에 대해 이야기하고 묻는 내용이 많았다.

2013년 10월 24일, 전국 30여 개 극장에서《어떤 시선》이 개봉했다. 수십억의 홍보비를 쏟아 붓는 상업영화가 아니었기에, 영화 홍보를 위해서 제작진이 직접 발로 뛰는 수밖에 없었다. 개봉 초반 거의 매일 세 팀의 감독들이 각각의 상영관으로 나누어 관객과의 대화를 진행했다. 〈얼음강〉의 관객과의 대화 역시《만추》를 만든 김태용 감독님을 비롯해,《화차》의 변영주 감독님, 신형철 문학평론가, 베스트셀러『불편해도 괜찮아』의 저자 김두식 교수님, 2000년대 초 병역거부와 여호와의 증인들에 관한 중요한 기사들을 썼던 신윤동욱 기자님, 평화연구가이자 병역거부자인 임재성 씨, 진중권 교수님 등 많은 분들이 패널로 참여해 영화와 관련된 다양한 이야기를 나누었다. 상영관을 잡지 못한 지역에서는 단체관람 요청이 들어와 극장 대관 상영이 이루어지기도 했다.

많은 이들의 도움 때문이었을까.《어떤 시선》은 개봉 첫날부터 다양성영화 관객수 1위에 오르더니, 첫 주말을 지나며 우리가 예상했던 기대치를 훌쩍 넘어서기 시작했다. 목표했던 1만 명 관객은 개봉 8일 만에 넘어섰고, 개봉 16일째엔 2만 명을 넘어섰다. 어떤 날은 전체 박스오피스 10위 안에 들기도 했다. 독립영화로서, 특히 인권 옴니버스 영화로서는 이례적인 흥행이었다.

티켓 테러, 그리고 확장되지 못한 이야기

개봉 첫날부터 잡혀 있던 관객과의 대화는 서울, 부산, 광주, 대구, 강릉 등을 돌며 전국으로 이어졌다. 아무래도 영화를 보러 온 많은 관객들이 인권에 관심이 있는 분들이다 보니 호의적인 의견이 주를 이루었다. 물론 영화의 내용에 동의하지 못하는 분들도 있었다.

얼마 전 아들을 군대에 보냈다는 한 중년 여성 관객은 바로 전날 아들이 보내온 사복을 받고 펑펑 울었다며, 누구는 이렇게 군대 가서 고생하는데 누구는 군대에 가지 않겠다고 하는 게 말이 되느냐며 성토했다. 어떤 분은 대체복무 제도가 병역 기피의 수단으로 악용되지 않겠느냐며 걱정했고, 휴전 상황인 우리나라의 특수성에 대해 이야기하기도 했다. 영화의 내용에 동의하지 못하거나 우려를 표하는 분들이 있긴 했지만, 나는 오히려 이런 질문과 의견들이 반갑게 느껴졌다. 다양한 의견들이 나오고, 그에 대한 반론들이 이어지면서 서로의 이견을 좁혀가는 과정이 무엇보다 필요하다고 생각했기 때문이다.

그런데 개봉 두 달째를 맞이하는 시점에 뜻밖의 일이 터졌다. 사실 개봉 전부터 조짐이 있던 일이기도 했다.

개봉 전 서울의 한 상영관에서 있었던 첫 관객과의 대화 상영 때였다. 해당 상영의 예매가 오픈되자 얼마 지나지 않아 모든 좌석이 매진되었고, 예상 밖의 이른 매진에 관계자 모두 기뻐했다. 그런데 상영 당일 당황스러운 일이 일어났다. 영화 상영 15분 전에, 예매된 티켓의 1/4이 갑자기 취소된 것이다. 극장 측에서 알아본 결과, 어떤 한 사람이 여러 장의 티켓을 예매해놓고 갑자기 취소한 것이었다. 결국 가장 좋은 자리 수십 석이 빈 채로 남았다. 관계자 모두 당황했지만 무슨 사정이 있었겠지 하는 마음으로 당일의 일정을 마쳤다.

일주일 후, 세 명의 감독이 부산에서 열리는 관객과의 대화에 참석하기 위해 부산을 찾았다. 이 상영 역시 일찌감치 매진됐는데, 서울에서와 똑같은 상황이 일어났다. 예매된 티켓의 1/3이 상영 15분 전에 갑자기 모두 취소된 것이다. 사정을 알아본 결과, 지난 번 대량 취소 때와 동일한 사람이 같은 방식으로 취소한 것이었다. 상영 15분 전에 예매를 취소하면 전액을 환불받을 수 있는 시스템을 이용해, 대량 구매 후 일괄 취소해버린 것이었다. 때문에 해당 상영을 보려던 관객들이 영화를 보지 못했고, 우리 역시 1/3이 텅 비어버린 극장에서 관객과의 대화를 진행해야 했다.

그날 밤 극장, 배급사 관계자와 논의했다. 두 번이나 서울과 부산에서 같은 방식으로 한 사람이 대량 예매하고 취소한 것은 의도적인 행위임이 분명하다고 판단했다. 세 개의 에피소드 중 가장 민감한 사안을 담고 있는 〈얼음강〉에 대한 악의적인 행동이 아닐까 의심해봤지만, 어디까지나 추측이었다. 그 후부터 관객과의 대화 상영이 있을 때마다 극장과 배급사에서 미리 체크했고, 다행히 같은 일이 다시 일어나지는 않았다.

시간이 흘러 개봉이 거의 끝나갈 무렵, 우리 영화는 서울독립영화제에서의 상영을 앞두고 있었다. 예매가 시작됐고 《어떤 시선》은 두 차례 상영 모두 일찌감치 매진되었다. 대량 예매 취소 사건이 있은 지 한 달도 넘은 시점이었고, 영화제의 다른 영화들도 일찍 매진되는 사례가 있었기 때문에 별다른 의심을 하지 않았다. 그러던 중 나는 혹시나 하는 마음에 극장 담당자에게 확인을 부탁했다. 설마 같은 일이 반복될까 하는 마음으로 극장 측 관계자와 통화를 마쳤다. 잠시 뒤 극장 측으로부터 연락이 왔다. 서울독립영화제의 2회차 상영 모두 좌석의 절반을 한 사람이 독점적으로 예매해둔 것이었다. 그리고 예매를 한 사람이 이전 두 차례 대량 예매 취소를 했던 바로 그 사람이라고 했다.

극장에는 비상이 걸렸고, 나는 이 사실을 다른 감독님들과 배급사, 영화제 측에 알렸다. 한 사람의 독점적 예매로 인해 영화를 보려는 다른 사람들이 예매하지 못하는 상황이 벌어지고 있었고, 언제 또 다시 일괄 취소해버릴지 알 수 없는 상황이었다. 다른 감독님들과 의견을 모아 이 문제를 공론화하기로 했다. 물론 그 사람이 어떤 이유에서 이런 일을 반복하는지 단정할 수는 없었다. 다만 앞선 일들로 미루어보아 우리 영화를 향한 어떤 의도가 있음이 분명하다고 판단했다.

우리는 이런 행동을 '티켓 테러'라 이름 짓고, 앞선 두 차례의 일과 이번 영화제에서 벌어지고 있는 일에 대해 SNS를 통해 알렸다. 자신이 생각하는 바와 다른 주장을 하는 영화가 상영된다면 그 영화를 보지 않거나 관객과의 대화에 와서 반대 의견을 피력하면 될 일이다. 자기 마음에 들지 않는다고 다른 사람이 볼 권리까지 막는 것은 비겁하고 치사한 행동이다. 많은 사람들이 티켓 테러에 대해 분개했고 언론에서도 이 사실을 보도했다. 극장 측에서 해당 고객과 연락을 취해 (여기서 소상히 밝힐 수 없는 이틀 동안의 해프닝 끝에) 예매를 미리 취소하는 선에서 마무리했다.

결국 그 사람이 왜 우리 영화에 티켓 테러를 했는지에 대해 직접적인 설명을 듣지는 못했다. 만약 영화가 다루고 있는 사안에 반감을 품고 벌인 일이라고 한다면, 그 방식에 있어서 참으로 암울한 생각이 든다. 티켓 테러 사건을 겪으며, 양심에 따른 병역거부와 관련된 기사 아래에 달리는 악의적 댓글들이 떠올랐다.

영화를 준비하면서 새롭게 알게 된 사실 중에 하나가, 양심에 따른 병역거부와 관련된 기사가 인터넷에 올라오면 순식간에 수백 개의 반대 의견들이 달린다는 사실이다. 그중에는 나름의 이유를 대며 반대하는 의견들도 있지만, 대부분은 욕과 다름없는 감정적인 배설이 전부다. 〈얼음강〉의 영화 장면에도 등장하는 악의적인 댓글들은 가령 이런 식이다. "북으로 보내버려. 필요 없다", "저런 것들도 꼴에 종교라니. 인간도 아닌 것들이. 사형장에 가서 성경 읽어라."

합리적인 반대와 비판은 더 발전적인 방향으로 나아가기 위한 긍정적 요소로 작용한다. 하지만 악의적인 댓글이나 티켓 테러와 같은 행위는 비겁하고 치졸한 행동 그 이상도 이하도 아니다. 세상에는 수많은 사람이 있고, 그만큼 다양한 생각이 존재한다. 나와 다른 것을 무조건 거부하고 화를 내고 공격하기에 앞서, 잠시라도 그들의 이야기에 귀를 기울이는 것이 그렇게 어려운 일일까.

《어떤 시선》의 개봉을 마치며 들었던 가장 아쉬웠던 점은 영화의 확장성이었다. 관객수 3만 1,000명을 넘으며 10년간의 인권 영화 중 《여섯 개의 시선》과 더불어 가장 많은 관객수를 기록했고, 관객과의 대화 때마다 오고 가는 이야기가 무척 뜨거웠지만 그 열기가 극장 밖으로 확장되지 못했다. 몇몇 매체에서 영화를 계기로 양심에 따른 병역거부에 관한 기획기사를 내기도 했지만 반향이 크지 못했다. 영화 개봉 후반에는 국회 상영이 이루어지기도 했다. 양심에 따른 병역거부의 문제를 해결할 수 있는 가장 직접적인 공간에서의 상영이라 많은 기대를 했지만, 아쉽게도 입법을 책임지고 있는 국회의원들의 관심은 저조했다. 아쉬움도 많았지만 나름의 보람을 느끼며 1년여에 걸친 〈얼음강〉과의 여정은 그렇게 끝이 났다.

열두 개의 목소리

영화를 만든 후 또 한 가지 아쉬움이 있다면, 내가 양심에 따른 병역거부에 대해 읽고 보고 듣고 알게 된 더 많은 이야기를 영화에 모두 담지 못했다는 것이다. 그것은 영화라는 매체의 성격상 애초에 불가능한 일이겠지만, 언젠가 내가 알고 있는 더 많은 이야기들을 사람들에게 들려주고 싶다는 막연한 생각을 갖게 되었다.

양심에 따른 병역거부에 대해 가지고 있는 편견을 새로운 시각으로 바라볼 수 있게 만드는 방법 중 하나는, 병역거부자의 목소리를 직접 들려주는 것이라고 생각했다. 양심에 따른 병역거부의 당위성만을 일방적으로 주장하는 것이 아니라, 병역거부자들이 살아온 이야기, 살아오는 과정에서 왜 총을 들 수 없겠다는 생각을 갖게 되었는지, 그리고 그 신념을 실천하면서 부딪치게 되는 현실적인 갈등과 난관을 어떤 방식으로 이겨냈고, 그 과정에서 무엇을 느꼈는지를 진솔하게 전하는 게 중요하다고 생각했다. 그래서 나는 영화를 만드는 과정에서 알게 된 다양한 사람들 중 열두 명을 직접 만나 그들이 살아온 삶의 이야기를 들어보았다.

이 책에는 각자의 신념에 따라 자신의 위치에서 삶에 충실했던 열두 명의 이야기가 담겨 있다.

〈1부 병역거부자〉에는 현직 초등학교 교사로서 아이들에게 가르쳤던 평화의 신념을 몸소 실천하기 위해 병역거부를 한 김훈태 선생님의 이야기를 시작으로, 평화주의 신념으로 병역을 거부하고 출소 뒤 평화 연구가의 길을 걷고 있는 임재성 씨, 여호와의 증인으로서 종교적 신념으로 병역을 거부한 박치형 씨, 2008년 촛불집회 때 현직 의경의 신분으로 부대 내 불합리한 가혹행위를 고발하며 병역을 거부한 이길준 씨, 군인 출신의 집안에서 성장해 기독교 평화주의 신념으로 병역거부를 선택한 이상민 씨의 이야기가 담겨 있다.

이들 다섯 명은 각기 다른 삶을 살아왔지만, 양심에 따른 병역거부라는 같은 길을 가게 된 사람들이다. 비슷하지만 서로 조금씩 다른 신념 속에서 이들이 왜 병역거부를 선택했는지, 그리고 그 선택이 이들의 삶에서 어떤 의미였는지 들어볼 수 있다. 양심에 따른 병역거부자 스스로가 말하는 자기 삶의 고백담이라고 할 수 있을 것이다.

〈2부 혹한의 시절〉에는 우리나라 병역거부의 역사에서 가장 가혹했던 시기인 1970년대의 병역거부 이야기가 담겨 있다.

1970년대 수많은 병역거부자를 관리하던 헌병 수사관이었다가 뒤늦게 여호와의 증인이 된 김성택 씨, 서슬 퍼런 유신시대에 7년 10개월이라는 시간을 감옥에 갇혀 살아야만 했던 최장기 수형자 정춘국 씨, 그리고 남편과 남동생, 세 아들 모두를 양심에 따른 병역거부로 감옥에 보내고 40여 년간 옥바라지해온 박정순 씨의 이야기는 혹독했던 병역거부의 역사를 증언한다. 이들의 이야기를 들으며 가장 안타까웠던 것은 고통스러웠던 지난날의 일들이 현재에도 이어져오고 있다는 점이었다.

하지만 그 속에서도 변화를 위한 시도와 새로운 대안을 제시하려는 움직임은 지속적으로 있어왔다. 〈3부 변화의 움직임〉에서 이어지는 네 사람의 이야기가 바로 그것이다.

양심에 따른 병역거부자들을 위해 최초로 관련 병역법에 대한 위헌 심판 제청을 했던 박시환 전 대법관의 이야기에는 판사로서 느껴온 고뇌의 흔적이 담겨 있다. 종교적 신념에 따른 병역거부자로서 스스로를 변호하기 위해 변호사가 된 백종건 씨의 이야기에는 사회와 정부가 외면해버린 일에 병역거부 당사자가 발로 뛰며 해온 눈물겨운 노력이 담겨 있다. 그리고 베트남 전쟁 때 미국에서 병역을 거부하고 한국이라는 낯선 땅에 평화 봉사단으로 온 하유설 신부는 대체복무제의 현실적 필요성과 존재 이유, 나아가야 할 방향에 대한 여러 시사점을 제시해주며, 평화운동 단체인 '전쟁없는세상'에서 양심에 따른 병역거부자들을 돕고 있는 활동가 여옥 씨는 '평화'의 관점에서 양심에 따른 병역거부 문제를 새롭게 들여다보길 제안한다.

내가 이 책을 쓰게 된 이유는 양심에 따른 병역거부자들에 대한 편견에 대해 다시 한 번 생각해보고 다양한 사회적 논의가 이루어졌으면 하는 바람에서였다. 그들의 진솔한 삶의 목소리를 들려줌으로써 이 문제에 편견을 가진, 혹은 양심에 따른 병역거부자들에게 관심이 없는 대다수의 사람들에게 말을 걸고 싶었다. 이들도 당신과 다르지 않고, 이들의 생각과 신념도 당신의 그것처럼 소중하고 절실하다고 말이다.

나는 양심에 따른 병역거부라는 것이 단순히 입대를 거부하고 감옥을 선택하는 차원의 일로만 여겨져서는 안 된다고 생각한다. 양심에 따른 병역거부라는 매개를 통해 우리는 인간의 신념에 대해, 평화와 전쟁에 대해, 징병제와 군대에 대해, 인권에 대해, 가장 인간다운 삶이 무언지에 대해 새로운 시각에서 생각해볼 수 있다.

나는 이 열두 명을 만나는 과정에서 한 가지 공통점을 느낄 수 있었다. 그것은 거창한 사상이나 이론 같은 것이 아니었다. 열두 명 모두 자신의 마음에서 나오는 목소리에 귀를 기울였다는 점이다. 제도나 법, 관습 혹은 다른 사람의 생각이 아닌, 자기 마음에서 나오는 목소리 말이다. 이 책은 그 열두 개의 목소리에 관한 이야기이다.

1부

병역거부자

한 초등학교 교사가 양심에 따른 병역거부를 선언했다. 그는 아이들과 5년간 생활하며 교육의 근본 목적이 평화에 있음을 깨달았고, 교사로서 아이들에게 가르친 그대로를 실천하기 위해 병역을 거부했다. 누구보다 좋은 선생님이 되고 싶었지만, 선생님으로서의 신념을 지키기 위해 교단을 떠나야 했던 김훈태 씨를 통해 진정한 교육과 평화에 대한 이야기를 들어본다.

선생님,
우리 선생님

초등학교 선생님의 병역거부 **김훈태**

아이의 잠든 얼굴을 가만히 들여다본다. 즐거운 꿈을 꾸는 것인지, 배냇짓인지 조그만 입술을 달싹이는가 싶더니 이내 귀엽게 미소 짓는다. 사랑스런 나의 첫 아이, 김원. 아이가 태어난 지 이제 한 달 반. 그 시간은 내가 부모로서 다시 태어난 시간이기도 했다. 학교에서 만났던 아이들도 모두 이렇게 천사 같은 얼굴로 세상에 나왔겠구나 하는 생각이 새삼 든다.

교사로서 아이들을 만나는 일은 늘 행복하고 즐거웠지만, 아빠가 된 지금 그때를 떠올려보면 부족했던 기억뿐이다. 초롱초롱한 눈망울로 교단에 선 나를 바라보던 아이들의 표정이 원이의 얼굴에 겹쳐진다. 당시를 떠올릴 때마다 슬며시 미소 짓게 되는 건, 힘들었던 시간 속에서도 내 곁을 지켜주던 아이들이 있었기 때문이다.

* 이 장은 이야기를 더욱 생생하게 전달하기 위해 1인칭 시점으로 서술했다.

선생님, 그리고 아버지

나는 공주에서 교대를 다녔고, 2002년부터 경기도 평택에서 교사 생활을 시작했다. 교대를 나오긴 했지만 어릴 적부터 교사의 꿈을 키웠던 건 아니었다. 오히려 고등학교 선생님인 아버지를 보며 교사만큼은 되기 싫다는 생각을 강하게 했다. 아버지는 학생들을 가르치는 선생님으로서의 삶에는 만족했지만, 승진제도나 입시교육 같은 학교의 구조적 문제들로 상당한 스트레스를 받았다. 그래서 술과 담배, 격렬한 테니스로 스트레스를 풀곤 했다. 나는 힘들어하는 아버지를 보며, 교직이 무엇인지 학교가 어떤 곳인지에 대해 많이 생각했다. 그럴수록 교사라는 직업에 대한 회의만 커져갔다.

그런데 막상 대학 진학을 앞두고 내가 진로를 고민하고 있을 때, 아버지가 교대 진학을 권했다. 당신과 다르게, 초등학교 교사인 친구들의 생활을 보면 큰 스트레스 없이 행복해 보인다는 것이었다. 나는 고민 끝에 아버지의 뜻을 받아들였다. 하지만 애초에 교사가 되겠다는 의지가 크지 않았던데다 고등학교 수업을 연장한 것 같은 교대의 수업에 실망한 나머지 그만두고 싶다는 생각에 빠지게 되었다.

그러던 3학년 어느 날, 큰 기대 없이 교생실습을 나갔고 그때 만난 아이들과의 행복했던 시간이 내 인생을 바꿔놓았다. 당시 내가 담당한 아이들은 2학년 꼬맹이들이었는데, 아무것도 해준 것 없는 나를 진심으로 반겨주었다.

아이들은 스스럼없이 "선생님 사랑해요", "선생님 좋아해요" 하며 먼저 다가왔다.

나는 그 티 없이 맑은 미소와 환대가 생소하면서도 감동적이었다. 나는 아이들을 통해 조건 없이 마음을 열고 사랑하는 법을 배웠다. 아무리 말썽꾸러기, 새침데기라 해도 마음 깊은 곳에서는 사랑과 관심을 원했고, 사랑으로 대해주면 그것만으로도 잘 자라주는 고맙고 신기한 존재들이었다. 그 아이들과 함께 행복한 시간을 보내며 교생실습을 마친 후 비로소 나는 초등학교 교사가 되고 싶다는 꿈을 갖게 되었다.

좋은 일만 있지는 않았다. 그 무렵 아버지가 암 선고를 받았다. 비인강암(鼻咽腔癌)이었다. 수술이 불가능해 방사능 치료로 힘든 시간을 보내야 했다. 아버지의 상태는 점점 나빠져갔고, 죽음으로부터 아버지를 구할 방법은 없었다. 담당 의사는 언제나 사무적이었다. 어떤 걸 물어도 늘 귀찮다는 듯 성의 없이 답했다. 인간을 치료하는 것이 아니라 기계의 고장난 부품을 '수리하는' 듯한 태도였다. 모든 의사가 그렇지는 않겠지만, 당시에 나는 담당 의사의 태도에 큰 상처를 받았다.

아버지는 입안의 침이 다 마르고 온몸의 기력이 완전히 소진되는 고통을 겪다가 쉰두 살의 이른 나이로 생을 마감했다. 나는 아버지의 죽음을 보면서 생명에 대해, 그리고 생명을 다루는 시스템에 대해 근본적인 의문을 갖게 되었다. 생명이 생명으로서 소중히 대접받는 것이 아니라 그저 시스템의 일부로 존재하는 것은 아닌지, 회의가 들었다.

아버지의 죽음 이후 나는 먹고 자고 입고 살아가는 일상 전체에 대해 진지하게 돌아보게 되었다. 나만의 원칙을 세우고 그에 따라 제대로 살고 싶었다. 죽음의 고통 앞에서 두려워하던 아버지를 떠올리며 나는 고기를 먹지 않는 채식주의자가 되었다. 내가 맛있게 먹는 고기가 죽음을 두려워하던 한 생명이었다는 자각이 들자, 차마 먹을 수가 없었다. 아버지를 허망하게 보낸 후 나는 어떻게 사는 것이 제대로 사는 것인지에 대해 비로소 고민하기 시작한 것이다.

교사가 되다

교대를 졸업한 후 첫 발령을 받았다. 나를 아는 사람이 아무도 없는 곳에서 새롭게 시작하고 싶다는 생각이 컸다. 그래서 선택한 곳이 평택이다. 평택은 자동차와 기계 관련 공장이 많고, 학부모들은 대부분 그곳에서 일하는 중산층의 노동자들이었다. 노동운동이나 교육운동도 활발히 벌어지고, 서울과 달리 교육열이 지나치게 높지 않아서 아이들의 생활도 여유가 있었다.

내가 처음 담임을 맡은 아이들은 4학년이었다. 나는 초임 교사여서 아이들을 가르치는 일에 자신감이 부족했기 때문에 더욱 열심히 노력했고, 아이들과 가깝게 지내려고 애썼다. 다행히 아이들은 나를 있는 그대로 좋아해주고 반겨주었다.

나는 글쓰기 교육에 가장 공을 들였다. 글을 통해 자신을 더욱 깊이 표현할 수 있다고 생각했고, 형식적인 소통이 아니라 내면의 깊은 곳까지 서로를 알아가는 과정이 교육의 본질이라고 생각했기 때문이다. 학기마다 반 아이들의 글을 모아 문집을 만들고, 문집 갈피에 아이들이 손수 그린 그림도 넣었다. 그리고 전쟁의 고통 속에 있는 이라크 어린이들이나 북한 친구들에게 편지를 쓰게 하는 등 아이들이 주변의 어려운 이웃들에게도 관심을 가질 수 있도록 다양한 시도를 했다.

모든 노력들이 다 성공한 것은 아니었다. 갓 부임한 나로서는 아이들의 발달단계를 잘 모른다는 게 가장 큰 문제였다. 그 시기 아이들에 대해 내가 알고 있는 것은 피상적인 것에 불과했고, 실제 아이들과 부딪히면서는 짧은 시간 안에 모든 것을 파악하기도 불가능했다. 아이들이 어떤 욕구와 특성을 갖고 있는지, 또 그것을 어떻게 충족해주어야 하는지 잘 몰랐다. 어떤 점을 중점적으로 가르치고 일깨워주어야 하는지도 확신이 서지 않았다. 특히 아이들이 교실에서 저희끼리 다투거나 울고 떼를 쓸 때, 나는 어찌해야 할 바를 몰랐다.

그런 상황이 힘겹게 느껴질 때, 나도 모르게 내 안의 폭력성이 고개를 드는 경우도 많았다. 개구쟁이 40명과 한 교실에서 지내다 보면 한 시간 수업 중에 열 번, 스무 번씩 화가 올라오곤 했다. 그럴 때면 나도 모르게 아이들에게 소리를 치거나 꿀밤을 때리거나 볼을 꼬집기도 했다.

폭력은 효과가 좋았다. 어떤 상황이든 폭력의 힘 앞에서는 금방 상황이 종료되었고, 겉으로는 고요한 평화가 찾아왔다. 하지만 폭력을 기반으로 만들어진 평화는 고요히 썩어가는 웅덩이 같은 것이었다. 내가 아이들에게 사용한 폭력은 사실 내가 어렸을 때 학교에서 경험해 익숙해진 것들이었다. 나를, 그리고 내 친구들을 굴복하게 만들었던 선생님들의 고함, 체벌, 공포 분위기……. 내가 그것들을 답습하고 있었던 것이다. 하지만 나는 그런 선생님이 되고 싶진 않았다.

잘못을 자각하고 난 후, 나는 아이들에게 솔직하게 미안하다고 말했다. 내가 먼저 사과하고, 선생님이 어떻게 했으면 좋겠는지 알려달라고 하면서 아이들과 새로운 대화가 시작되었다.

시간이 흐르면서 문제를 해결하는 가장 좋은 방법은 '인정하는 것'이라는 걸 배웠다. 내 관점으로 아이들을 판단하고 다스리는 게 아니라, 아이들의 입장을 먼저 인정하고 다가가야 문제가 해결되었다. 그런 깨우침을 아이들에게 더 잘 전달하기 위해 나는 평화교육과 비폭력 대화에 대해 열심히 공부하기 시작했다.

비폭력 대화란 상호간에 갈등상황이 만들어졌을 때 서로의 잘못을 질책하고 비난하는 대신, 어떤 일이 있었는지 관찰하고 서로의 입장에 대해 공감하며 대화하는 방식이다. 처음엔 낯설어하던 아이들도 차츰 비폭력 대화 방법에 익숙해져갔다.

나는 아이들이 서로 싸우거나 교사의 체벌을 당연시하는 분위기를 막기 위해 평화교육에도 힘썼다. 이라크 어린이들의 참상을 소개해 전쟁의 폭력성을 알려주고, 식물 기르기, 감정 돌아보기, 갈등상황 해결하기 등과 같은 체험을 통해 평화적 감수성을 키워주려고 노력했다. 또 직접 식물을 기르고 정성을 쏟는 경험을 해봄으로써 자연스럽게 생명을 존중하는 마음을 기를 수 있기를 바랐다.

그리고 이런 수업을 하고 난 뒤에는 항상 글쓰기를 했다. 아이들은 자기가 느끼고 겪은 것들을 신나게 글로 표현했다. 나는 가능한 한 자신의 생각을 자세하고 솔직하게 쓰라고만 일러주었다. 그런 과정을 거치고 나니 아이들의 태도가 조금씩 달라졌다. 학기말이 되어 수업 중에 어떤 것이 좋았는지 이야기를 나누어보면 아이들은 토론, 글쓰기, 연극놀이, 식물 기르기 등이 즐거웠다고 답했다. 어떤 녀석은 일기에 "내가 어른이 된 것 같다"라는 소감을 써놓기도 해 내 마음을 부풀어 오르게 했다.

아이들은 언제나 나를 많이 사랑해주고 도와주었다. 그 모습을 보며 나는 아이들이 참 신기한 힘을 가졌다는 생각을 하곤 했다. 이해타산적

접근이 아닌 순수한 동심으로 사람의 마음을 파고드는 것, 이것이 교사인 내가 아이들에게 배운 가장 커다란 가르침이었다.

병역거부를 결심하다

이렇게 아이들과 즐겁게 생활하며 선생님의 역할에 대해서도 어느 정도 중심을 잡게 되었다. 하지만 한편으로 내 마음은 더욱 무거워졌다. 아직 병역 문제를 해결하지 못한 상태였기 때문이다.

내가 처음 군대 문제를 고민하기 시작한 건 대학교 4학년 때였다. 당시 오태양 씨가 병역거부를 선언했다. 2001년, 그는 불교 신자로서 불살생(不殺生) 계율*과 평화주의 신념을 들어 병역거부를 선언했다. 나 역시 같은 신념과 철학을 가진 불교 신자였기에, 그의 병역거부 선언을 보면서 군대에 가는 것이 과연 내가 지향하는 삶의 원칙과 맞는 것인지 돌이켜보게 되었다.

당시 대개 교대 학생들은 대학을 졸업하고 교직 발령을 받은 후에 군대에 갔다. 나 역시 발령을 받은 후 공군 학사장교로 복무할 계획을 세우고 있었다. 하지만 갑작스럽게 돌아가신 아버지를 보면서 삶과 생명에 대한 새로운 시각을 가지게 되었고, 그 시점에 오태양 씨의 병역거부 선언을 보게 되었다.

그의 선택은 내게 큰 울림과 함께 많은 고민거리를 던져주었다. 무엇

---

*불자라면 당연히 지켜야 할 다섯 가지 계율 중의 하나로, 생명이 있는 것은 죽이지 말라는 것.

보다 내가 과연 사람 죽이는 훈련을 할 수 있을까 하는 질문을 스스로에게 던지게 되었다. 근본적인 문제였다. 죽음 앞에서 두려워하던 아버지의 모습이 떠올랐다. 그것은 내 아버지만 느끼는 두려움이 아니다. 살아 있는 모든 것은, 하찮은 미물이라 할지라도 죽음을 두려워하고 삶을 원한다. 모든 생명은 그 자체로 소중하고 존엄하다. 하물며 사람이 사람을 죽이는 것은 어떤 이유로도 정당화될 수 없다. 전쟁에 대비하기 위해 사람 죽이는 연습을 해야 하는 군대에 가는 것이 내가 정한 삶의 원칙에 맞는 일일까? 내 삶의 원칙을 포기하고 군대에 간다면 앞으로의 인생은 내 것이 아닌 채로 남게 될 것 같았다. 내가 군대에 간다는 것은 그렇게 스스로를 배신하는 행위인 것이다.

하지만 쉽게 결정할 수 있는 문제가 아니었다. 교사로서 병역을 거부하는 것은 너무나 많은 것을 포기해야 함을 의미했다. 지금은 국가인권위원회의 조치로 바뀌었지만, 당시에는 병역거부로 전과가 생기면 더 이상 교직 생활을 할 수 없었다. 교사라는 안정된 직업을 포기해야 한다는 것과 내가 책임져야 할 문제들에 대한 대안이 없다는 사실이 나를 괴롭혔다. 아버지가 돌아가신 후 집안은 경제적으로 힘들어 내 도움이 필요했고, 또 내 선택은 미래를 약속한 여자친구에게도 큰 짐을 지우는 일이었다. 그래서 고민이 깊어갔다.

그 무렵 부처님 오신 날에 조계사를 방문했고, 거기에서 나는 우연히 오태양 씨를 만났다. 그와 마주친 순간 정신이 번쩍 들면서 부끄러움이 밀려왔다. 그동안 내가 이런저런 핑계를 대며 현실과 적당히 타협하려 했구나 하는 자각이 들었다. 내 삶의 원칙을 어기고 순간순간 사소한 것들과 타협하며 살다 보면 그 시간들이 모여 내 인생이 되고, 그 결과 나는 온전한 삶을 살 수 없을 것이라는 확신이 들었다.

2002년 6월, 마침내 나는 병역거부를 결심했다. 교사로 부임해서 3개월이 지났을 무렵의 일이었다.

몇몇 친한 동료 교사들에게 내 결심을 말했을 때 모두가 하나 같이 말렸다. 감옥에 가면 인생이 망가지는데 가족을 생각해서 평범하게 살아라, 너 같은 사람이 계속 학교에 있으면 좋겠다고 충고했다. 말리는 이들의 심정은 이해가 갔지만 내 결심은 바뀌지 않았다. 결심을 굳히자 아이들과 함께하는 하루하루가 더 소중하게 느껴졌다. 병역거부를 선언하면 더 이상 아이들을 볼 수 없게 될 거라는 슬픈 현실이, 교단 위의 나를 더욱 열정적으로 만들었다.

학교를 바꾸고 싶었다

나는 평화와 인권교육에 열정을 쏟았다. '인권 사랑부'라는 교내 동아리를 만들어 인권에 대해 배울 수 있는 놀이와 글쓰기 활동도 진행했다. 그리고 동료 교사들에게 인권 프로그램 자료를 만들어주며, 교내에서 인권운동을 펼치려고 노력했다. 그러나 개인의 인권과 자율성을 강조하는 나의 교육 철학은 학교의 관행과 마찰을 빚기 일쑤였다.

우리의 교육 현실을 보면 사람보다 국가를 우선시하는 관점이 당연한 것처럼 여겨질 때가 많다. 사람을 국가의 인적 자원으로 보는 것은 물질주의적 사고에서 비롯된 것이다. 한 사람 한 사람의 소중한 존재를 국가의 발전을 위한 '자원'으로 인식하는 물질주의적 사고관이 교육을 하나의 상품으로 만들어버렸다. 그래서 언제부턴가 '명품 교육'이니 '명품 학교'니 하는 이상한 수식어가 등장했고, 교육이 진열장 위의 상품처럼 포장되고 전시되는 지경에 이른 것이다. 당연한 말이지만 교육은 본질적으로 인간을 대상으로 하는 것이고, 인간 자체가 교육의 목적이다.

나는 교육청에서 내려오는 지시들 중 영어 인증제니 줄넘기 인증제니 하는, 교육의 본질과 아무 상관없는 내용들에 대해 교육청 누리집에 항의 글을 올려 철회해줄 것을 건의하곤 했다. 이런 내 태도가 학교 측에 곱게 보일 리 없었다. 평소 인권교육을 한답시고 아이들과 교육과정에도 없는 수업 활동을 하는 등 튀는 행동을 하는 것이 마땅치 않았는데, 교육청 지시에 번번이 문제를 제기하는 내 행동이 학교 관리자 입장에서는 골칫거리였을 것이다.

하지만 내게 외부의 시선은 중요한 문제가 아니었다. 사랑하는 아이들에게 사람이 중심이 되는 교육의 본질을 알려주고 싶었기 때문이다.

나 역시 부족함을 메우기 위해 더 많이 노력해야 했다. 잠자는 시간을 줄여가며 수업계획을 짰고, 아이들에게 더 좋은 선생님이 되기 위해 대학원에 다니면서 고군분투했다. 이 모든 게 아이들이 잘 이해해주고, 따라주었기에 가능한 일이었다. 힘들 때도 많았지만 아이들이 큰 힘이 되었고, 그것만큼 고마운 일이 없었다.

그렇게 4년의 시간이 흘렀다. 대학원을 마치자 더 이상 입대를 연기하기 어려웠다. 나 역시 그럴 필요성을 느끼지 못했다. 이제 얼마 안 있으면 감옥에 가겠구나 하는 생각에 남은 시간이 더 없이 소중하게 느껴졌다. 병역거부를 선언한 교직 5년차엔 더 이상 담임을 맡지 않고 영어 전담 교사로 남았다. 담임교사로서 정든 아이들과 가슴 아픈 이별을 감당할 자신이 없었고, 아이들에게도 상처가 될 것 같아서였다.

2006년 3월 28일.

평소 같으면 재잘거리는 아이들 무리에 섞여 학교로 향했을 그 시각, 나는 평택시청 앞에 서 있었다. 따스하게 번져가는 봄볕에 개나리 꽃잎들이 피어나던 그 봄날 아침. 나는 마치 마지막인 것처럼 그 풍경을 가슴에 담았다.

떨리는 마음으로 병역거부를 선언했다.

교사로서 아이들에게 가르친 그대로를 실천하기 위함이었다. 내가 다치고 심지어 죽는다 해도 차마 다른 사람을 해칠 수 없다는 신념 때문에 입영을 거부한다는 기자회견을 열었다. 오랜 시간 준비하고 마음을 다졌지만 그것을 세상에 공표하는 것은 교사로서 자살행위와 다름없는 일이었다.

교사로 아이들과 더불어 지내온 지 5년여. 이제 내가 교단에서 해야 할 일이 무엇인지 확신도 생겼고 아이들에게 어떻게 다가가고 마음을 나누어야 하는지도 어렴풋이 알 것 같은데, 나는 병역거부를 선언함과 동시에 교사로서의 모든 자격을 내려놓아야만 했다. 하지만 내가 잃게 될 그 모든 것과도 바꿀 수 없는 것은 '평화'라는 가치였다. 그것은 교육의 중요한 목표 중 하나이기도 했지만, 무엇보다 아이들이 나에게 준 가르침이기도 했다. 나를 처음 교직으로 이끌어주었고, 지난 4년간 나에게 많은 깨달음과 행복을 주었던 그 아이들의 가르침 말이다.

병역거부 기자회견

기자회견을 통해 병역거부 의지를 밝힌 것은 운동 차원에서였다. 더 많은 이들이 평화에 대해, 생명에 대해 새롭게 고민해볼 수 있는 작은 계기를 만들고 싶었다. 하지만 그로 인해 피해갈 수 없는 과정이 생겼다. 기자회견을 한 다음 날 아침, 간밤의 뉴스에서 내 모습을 본 아이들이 부리나케 달려온 것이다. 어떤 아이는 울먹이며 내게 말했다.

"선생님 정말 감옥에 가는 거예요? 감옥에 가지 마세요."

그땐 솔직히 기자회견한 것이 후회스러웠다. 아이들에게 겪지 않아도 될 상처를 주게 된 것 같아 미안함이 컸다. 나는 아이들에게 무엇을 어디서부터 설명해야 할지 막막했지만, 그래도 최선을 다해 설명해주어야 했다. 세상에는 평화를 지키는 여러 가지 방법이 있는데, 나는 군인이 되어 나라를 지키는 것보다 소외된 노인이나 어려운 처지의 장애인을 도와주는 방법으로 평화를 지키고 싶은 것이라고 말해주었다.

아이들이 내 설명을 온전히 이해할 수는 없었을 것이다. 하지만 아이들은 '병역거부를 선언한 현직 교사'로서가 아니라, 지금껏 자신들과 함께 생활해온 '우리 선생님'으로서 내 신념과 결심을 받아들여주었다.

우리나라에는 병역거부자를 위한 대체복무 제도가 없기에, 나는 아이들에게 한 말을 지킬 수 없었다. 하지만 나는 아이들에게 자신이 옳다고 믿는 것을 행할 때 타협하지 말고 부딪혀보라는 메시지를 주고 싶었다. 스스로 생각하고 고민하고 그 결과를 실제의 삶에서 실천하는 모습을 보여주고 싶었다. 당장은 이해하지 못하더라도, 훗날 아이들이 나의 선택을 이해할 순간이 오리라 믿었다.

병역거부 기자회견은 예상대로 파장이 컸다. 현직 초등학교 교사라는 신분 탓에, 학교와 교육청뿐만 아니라 사회적으로도 큰 이슈가 되었다. 그 대가 역시 만만치 않았다. 기자회견을 한 날부터 아이들은 내 수업에 들어오지 못했다. 나는 텅 빈 전담 교실에서 아이들을 기다리며 하루를 보내야 했다. 담임선생님들에게 아이들을 보내달라고 전화해보았지만 모두들 난처하다는 반응이었다. 교장선생님의 지시를 거부하고 내 수업에 아이들을 보내는 건 동료 교사로서도 쉽지 않은 일이었다.

사실 학교 측에서는 기자회견 전날까지도 설득을 포기하지 않았다. 학교 관리자는 자신이 재임하고 있는 동안 이런 '불상사'가 생긴다는 사실에 대해 상당히 곤혹스러워했다. 처음에는 내 신변을 걱정하는 말로 설득하다가, 나중에는 자신들에게 관리 감독의 책임이 돌아올 수 있다며 지금이라도 기자회견을 취소해달라고 요구했다. 현직 교사의 병역거부를 바라보는 교육계의 입장은 싸늘했고, 학교 관계자들이 자기 신상에 작은 피해라도 입을까 전전긍긍하는 모습에서 내가 몸담고 있던 학교라는 조직의 본질을 보는 것 같아 씁쓸함이 느껴졌다.

학교를 떠나다

병역거부 기자회견 이후 나는 학교를 떠나야 했다. 교육청에서 직권휴직 명령이 내려왔고 학교에는 새 영어 전담교사가 왔다. 더 이상 학교에 출근할 수 없게 된 나는 평택 대추리에서 지냈다. 나는 기자회견 1년 전부터 대추리에서 방과 후 교사를 했다. 저녁 시간과 주말에는 그곳 아이들을 만나며 가르쳐왔다.

당시 대추리는 미군기지 확장 예정지로 지정되어 군과 경찰병력 1만 5,000명이 동원돼 강제철거를 진행하고 있었다. 이에 맞서는 대추리 주민들이 대추분교에서 결사적으로 저항했고 그 과정에 비인간적인 폭력이 난무하는 것을 충격 속에서 지켜보았다. 공권력의 폭력 앞에 대추분교가 무너지는 것을 보면서 그동안 내가 품어왔던 비폭력주의에 대한 회의가 들기도 했다.

그때의 비참한 상황은 감옥에 있는 동안에도 나를 괴롭혔다. 대체 인간이란 무엇이고, 평화란 무엇이란 말인가? 무엇보다 괴로웠던 건 내 안에서 점점 더 커져가는 분노와 증오였다. 나는 틱낫한 스님의 책을 번역하고 108배를 올리는 등의 수행을 통해 그 울분과 괴로움을 가라앉히려고 노력했다.

재판에서 검사는 2년을 구형했고, 판사는 1년 6개월을 선고했다. 그리고 선고와 동시에 나는 구속 수감되었다. 기자회견까지가 내 소임이라 생각하고 더 이상의 법적 투쟁은 진행하지 않았다. 마음의 준비를 하고 감옥에 들어갔기에 비교적 건강하게 수감생활을 할 수 있었다. 하지만 실제 감옥에서 하루하루를 견디는 것은 결코 쉬운 일이 아니었다. 가장 힘든 것은 사랑하는 사람들을 볼 수 없다는 것이었다. 대신 낯선 사람들과 하루 24시간을 좁은 방안에 '갇혀' 지내야 했다. 갑갑함이 해소되지 못하고 쌓이다 보니 우울증이 찾아오기도 했다. 사랑하는 사람들에게 편지 쓰는 것으로 괴로움을 잊으려고 노력했다.

감옥 문을 나설 때는 당당했다. 하지만 지속적으로 받았던 스트레스 때문에 한동안 몸과 마음이 위축되는 '출소병'도 겪고 교직으로 돌아갈 수 없다는 절망감에 밤잠을 못 이루기도 했다. 그 뒤 대안학교인 과천 자유학교에서 일하게 되면서 제2의 인생을 시작하게 되었다.

과천 자유학교는 발도르프 교육*을 실천하는 대안학교로 내가 그 전까지는 접해보지 못한 새로운 교육관으로 아이들을 가르치고 있었다. 나는 이전에 내가 갖고 있던 틀을 깨고 새로운 관점의 인간학과 교육방법론을 다시 배워나갔다.

비워낸 후 비로소 채워진 것들

평택에서 처음 담임을 맡았던 4학년 아이들이 벌써 성년이 되었다. 아이들과는 지금도 종종 연락을 한다. 아이들은 나를 '화내지 않는 선생님'으로 기억한다. 아이들에게 그런 기억으로 남을 수 있다는 것이 참 고맙고 행복하다. 나는 분명 소리도 지르고 부족한 모습도 많이 보였는데 아이들은 늘 이렇게 좋은 것 위주로 기억한다. 아이들을 만나지 못했다면 나는 병역거부를 선택하는 대신 좀 더 현실과 타협하는 삶을 살았을지도 모르겠다.

우리 교육의 역사를 보면 큰 희생을 치르면서도 자신의 교육철학과 신념을 지켜나간 교사들이 많다. 일제 강점기에 황국신민교육을 거부한 교사들이 있었다. 아이들에게 창씨개명을 강요하고 일본말을 가르쳐 식민

---

*루돌프 슈타이너의 정신과학을 토대로 발전된 학교교육으로 교육에 대한 질문은 어린이 그 자체의 본성으로부터 시작되어야 한다는 인간관을 담고 있는 교육의 한 형태.

지 군대에 보냈던 것을 반성하는 마음으로 해방 후에 쓰레기를 주우며 살았던 교사도 있었고, 독재정권 때 민주적인 교육을 실천하다 옥고를 치른 교사들도 많다.

나는 그 연장선에서 지금의 교사들이 자신의 교육 철학에 대해 진지하게 고민해야 한다고 생각한다. 다양한 고민과 논의를 통해 교육의 본질이 인간에 있음을 성찰한다면 입시와 경쟁, 왕따와 폭력이라는 그림자에 멍들어가는 아이들에게도 출구가 보이지 않을까.

병역거부 기자회견을 앞두고 있던 때에도, 나는 내가 가진 것을 포기하기가 힘들었다. 교사라는 직업과 안정된 미래를 포기하는 것이 너무나 힘들었다. 그리고 그때 생각했다. 내가 가진 이 작은 것들을 내려놓기도 힘든데 가진 게 많은 자들은 자신들이 가진 그 많은 것들을 포기하기 정말 싫겠구나, 하는 생각 말이다. 하지만 그때 나는 자유를 얻었다. 집착을 내려놓고 나니 또 다른 삶이 펼쳐졌다.

나는 아직도 하고 싶은 게 많다. 우선 발도르프 교육의 장점을 실제 학교 현장에서 접목할 수 있도록 체계적으로 연구하고 싶다. 무엇보다 인간학을 깊이 있게 탐구하고 싶다. 이를 위해 박사과정을 마친 후 유학을 가려는 계획도 갖고 있다. 그리고 학교라는 소중한 공간에서 아이들과 함께 했던 경험을 통해, 우리의 아이들에게 평화와 비폭력에 대한 가치를 심어 주는 작은 디딤돌이 되고 싶다.

뉴스에서 선생님이 병역거부 기자회견을 하는 모습을 보고 놀라서 달려와 "선생님 감옥에 가지 마세요" 하고 울먹였던 나의 아이들. 그 아이들에게 네 삶의 주인이 되라고 말할 수 있는, 그 말에 부끄럽지 않은 교사이고 싶다. 선생님이라는 자리를 안정된 직업 정도로만 인식하지 않고,

진정 사람다운 사람을 길러내는 소중한 토양이라는 것을 느끼고 공감할 수 있는 사회를 만들어가고 싶다.

2001년 불교신자이자 평화운동가인 오태양 씨가 병역거부를 선언한 이후, 우리 사회에는 다양한 신념으로 양심에 따른 병역거부를 선언하고 실천하는 청년들이 등장하게 된다. 임재성 씨 역시 평화주의적인 신념으로 병역을 거부하고 수감되었다. 그는 양심에 따른 병역거부의 문제가 소수자 인권 문제이자 동시에 평화의 문제라고 말한다. 또한 군사주의 문화가 팽배한 우리 사회가 평화의 측면에 더욱 주목해야 한다고 주장한다.

평화를
연구합니다

병역거부자에서 평화 연구가로 **임재성**

"한국 역사에서 평화는 어느 쪽에서도 환영받지 못한 말이었습니다. 보수는 물론이고 진보 진영에서도 평화라는 말은 맞서 싸워야 할 대상과 타협하자고 주장하는 부정적인 의미로 받아들여졌기 때문이죠."

양심에 따른 병역거부자이자 '평화 연구가'인 임재성 씨를 만나러 간 날, 그는 '평화'가 우리 사회 어디에서도 환영받지 못했다는 뜻밖의 말을 가장 먼저 꺼냈다. 그의 말을 들으며 나는 평화라는 말이 새삼 낯설게 느껴졌다. 내가 알고 있던 평화라는 말에 부정적인 이미지가 있었던가?

"주여 나를 평화의 도구로 써주소서. 미움이 있는 곳에 사랑을, 분열이 있는 곳에 일치를, 어둠에 빛을, 슬픔이 있는 곳에 기쁨을 주게 하소서."

성 프란치스코의 기도문에서처럼 평화는 밝음이고 희망이고 빛이며, 모두가 바라는 긍정의 언어가 아니었나. 하지만 임재성 씨는 평화가 어디에서도 환영받지 못했다고 한다. 그러고 보니 양심에 따른 병역거부와 평화에 관한 연구를 담은 그의 책『삼켜야 했던 평화의 언어』가 떠오른다. 그가 평화의 언어를 세상에 내뱉지 못하고 삼켜야 했던 이유는 무엇일까? 그가 말하고 싶었던, 하지만 말하기 어려웠던 진정한 평화는 과연 무엇일까?

성북구 엄친아

임재성 씨는 1980년 생으로 고려대 법학과를 졸업하고 서울대 대학원 사회학과에서 박사과정을 수료한 뒤 현재 인하대 로스쿨에 재학 중이다. 이력에 나타나듯 그는 공부를 '기예' 수준으로 잘했다고 한다. 중학교 시절 공부를 너무 오래 해서 부모님이 걱정할 정도였다고 하니 흔히 말하는 '엄친아'가 아니었을까 싶다. 임재성 씨는 독서광에다 음악에도 조예가 깊은 아버지 덕분에 일주일에 서너 차례 동네 서점에 가서 책을 읽고, 늘 음악을 접하며 정서적으로 좋은 환경에서 성장했다고 한다.

학창시절 그의 꿈은 기자가 되는 것이었다. 법대에 진학하면서도 사법고시 대신 언론사에 입사할 준비를 하겠다고 마음먹었다.

오랜 꿈에 변화가 생긴 건 대학에 들어가면서부터다. 새내기였던 1999년 봄, 친한 선배의 연락을 받고 우연히 참여한 집회를 계기로 임재성 씨는 소위 '학생운동권'이 된다. 사회의 부조리하고 불평등한 부분들을 바꿔나가기 위해 다양한 활동을 해나가던 중, 2002년 평화인권포럼이란 단체를 통해 양심에 따른 병역거부에 관한 10만 명 서명운동을 벌였다. 4,000명에 달하는 학생들이 서명에 참가하고 사회적으로도 이슈로 떠오르면서 양심에 따른 병역거부 문제가 학생들 사이에서도 관심사가 되었다.

당시 학교에서 불교신자로서 평화주의적인 신념으로 병역을 거부한 오태양 씨의 강연이 열렸다. 강연이 끝난 뒤 뒤풀이 자리에서 임재성 씨는 오태양 씨를 비롯한 병역거부자들을 직접 만나 이야기를 나누어볼 수 있었다.

임재성 씨는 그들과 이야기를 나누며, 병역거부자들의 뜻이 자신의 삶의 지향점과 크게 다르지 않다는 생각을 했다. 그들이 말하는 평화는 결코 거창한 게 아니었다. 상명하복의 구조를 가진 군대에 들어가는 순간, 전투 명령이 떨어진다면 누군가를 죽이게 되는 상황이 올 수 있다. 누군가를 죽일 수도 있다는 사실에 대한 두려움, 생명에 대한 존중이라는 소박한 평화의 관점에서 그들은 병역거부를 선언한 것이다. 사람이 어떻게 사람을 죽이지? 난 못할 것 같은데, 하는 당연한 생각 말이다.

술자리가 파하고 집으로 돌아와서도 임재성 씨는 쉽게 잠을 이루지 못했다. 마음 한구석이 불편했다. 그날 임재성 씨가 느꼈던 불편한 감정의 정체는 바로 자기 자신에 대한 부끄러움이었다.

왜 나는 군대 문제를 진지하게 생각해보지 않았을까? 왜 군대라는 공간에 서 있을 나의 모습에 대해 진지하게 고민하지 않았을까? 결국 그날의 감정과 생각들이 임재성 씨를 양심에 따른 병역거부의 길로 이끌었다. 그것은 임재성 씨보다 먼저 평화주의적인 신념으로 병역을 거부한 선배 유호근 씨도 마찬가지였다고 했다.

"병역거부를 하면서 알게 된 호근이 형은 흔히 말하는 통일운동을 하던 대학생이었어요. 양심에 따른 병역거부가 사회적 이슈가 되지 않았던 시기에 그 형은 군대 문제를 병역특례로 해결하려고 정보처리기사 자격

증도 따고 나름대로 준비를 했죠. 근데 병역특례를 받는다 해도 4주의 군사훈련은 받아야 하는데, 형은 그게 불편했대요. 통일운동을 하는 사람이 북한 사람을 향해 총을 겨누고, 사람들을 죽일 수도 있는 군사훈련을 4주나 받아야 한다는 게 뭔가 찜찜했던 거예요. 그렇지만 막상 현실에서는 무엇을 해야 할지 알 수 없었죠. 이게 아니다 싶으면서도 말로 설명이 안 되는 갑갑함을 느끼던 그때, 인터넷 검색을 하다가 당시 사회적 이슈로 떠오른 '양심에 따른 병역거부'라는 단어를 본 거예요. 그 단어를 보자마자 바로 무릎을 쳤대요. 아, 이거구나! 내가 하고 싶던 게 바로 이거였구나, 하고요. 저도 그날 밤 바로 그런 심정이었습니다."

병역을 거부한 아들을 받아들인다는 것

2002년, 임재성 씨는 총학생회장 선거에 출마하면서 병역거부 예비선언을 했다. 병역거부에 대해 진지하게 고민하고, 이라크에 우리나라가 군대를 파병한다는 뉴스를 지켜보면서 그는 결심을 더욱 굳혔다. 대통령조차 명분 없는 전쟁임을 인정하는데, 한국 군대는 전쟁하러 떠나야 한다는 것을 이해할 수 없었던 것이다. 바보 같아 보일지라도 누군가 먼저 총을 내려놓아야만 전쟁이라는 문제를 해결할 수 있다고 그는 생각했다. 결정의 과정에는 그다지 흔들림이 없었다. 그만큼 신념이 확고했고 대가를 치러낼 마음의 준비도 되어 있었다.

하지만 단 하나 마음에 걸리는 것이 있었다. 과연 부모님을 이해시킬 수 있느냐는 것이었다. 성북구 토박이였던 임재성 씨의 집은 학교와 무척 가까웠다. 임재성 씨의 아버지는 아들이 병역거부 예비선언을 했다는 사실을 우연히 학내 대자보를 보고 알게 되었고, 큰 충격을 받았다. 아버지의 표현을 빌리자면, 학교에서 그 사실을 알고 집까지 걸어가는데 바닥의 보도블럭이 일어나서 얼굴로 막 덮치는 느낌이었다고 한다. 아들이 학생운동을 한다는 사실이 부모님에게 감기 정도였다면, 병역거부를 선언했다는 사실은 암 선고나 마찬가지였던 셈이다.

막상 영장이 나왔을 때는 정말 심각했다. 부모님이 대성통곡하며 반대하는 상황에서 임재성 씨는 무조건 영장을 들고 집을 나왔다. 임재성 씨의 마음도 무너질 듯 아팠다.

부모님을 가장 괴롭힌 건, 당신의 아들이 군대를 가지 않으면 감옥에 가야 한다는 사실이었다. 병역법이 옳고 그르고, 병역거부자의 선택이 맞고 틀리고를 떠나 자식이 감옥에 가야 한다는 사실이 부모님에겐 엄청난 두려움이었다.

아버지는 아들에게 감옥에 갔다 와서 사람 구실을 할 수 있겠냐고 물었다. 어머니는 더욱 완고했다. 조금이나마 물러서는 태도를 보인 아버지를 원망하며 이혼하겠다고 할 정도였다.

만약 누군가 임재성 씨에게 강의실에서 학생들에게 병역거부의 이유를 밝히고 설득하라고 하면 차라리 쉬웠겠지만, 가족들을 이해시키기는 정말 어려웠다. 결국 그는 어머니에게 거창한 신념을 설명하는 대신, 자신의 마음에 대해 솔직히 털어놓았다.

"엄마, 나는 마음이 원래 그렇게 생긴 거 같아. 누가 지나가는 할머니를 못살게 굴라고 시키면 못하잖아. 나한테는 병역거부가 그래. 감옥은 갈 수 있어도 군대에서 총을 들고 남을 죽이는 훈련은 못할 것 같아. 고생스럽더라도 차라리 감옥에 가는 게 나한테는 더 편하고, 그래야 떳떳하게 살 수 있을 거 같아."

그런 아들을 향해 어머니는 울먹이며 매달렸다.

"그런 거 시키면 흉내만 내면 되잖아! 때리는 척만 하면 되잖아!"

임재성 씨의 어머니는 아들의 감옥행을 막기 위해 끝까지 필사적으로 노력했다. 임재성 씨가 입대 거부 의사를 밝힌 후 병무청에서 전화가 왔다. 알고 보니 어머니가 병무청까지 찾아가서 입대 연기를 신청해놓은 거였다. 임재성 씨를 호출한 병무청 직원은 평화적 신념으로 입대를 거부한다는 그의 말을 듣고는 대뜸 이렇게 말했다.

"평화? 무슨 평화? 너희 집 평화나 지켜! 어머니가 멀쩡한 아들 감옥 가게 됐다고 여기까지 찾아와서 얼마나 울면서 영장 연기해달라고 했는지 알아?"

임재성 씨는 말문이 막혔다. 병무청 직원의 조롱 섞인 말에 몸이 부들부들 떨렸지만, 정작 무슨 말을 어떻게 해야 할지 떠오르지 않았다. 자신의 신념을 비하하는 병무청 직원의 말을 듣고도, 그곳까지 찾아가서 아들을 위해 눈물로 사정하는 어머니의 모습이 눈에 어른거려 말 한마디 못하고 서 있을 수밖에 없었다.

어머니는 모든 게 자신 탓이라고 자책하며 힘들어하셨다. 심지어 임재성 씨가 어렸을 때 말썽 부리면 매를 들었던 일을 떠올리고 내가 너를 많이 때려서 이렇게 된 거냐며 울먹이셨다. 아들이 감옥에 가던 날에도 어머니는 끝내 외면했다. 수감되고 7개월 동안 면회 한 번 안 올 정도였다. 동네가 다 알게 똑똑하고 공부도 잘해서 집안의 자랑이고 희망이었던 아들이 한순간에 전과자가 되었으니 자식을 외면하는 와중에도 얼마나 홀로 피눈물을 흘렸을까.

임재성 씨는 자신이 수감되고 난 뒤에, 어머니가 교회도 나가고 시부모님께도 지극한 효부가 되었다는 이야기를 들었다. 당신이 지금까지 잘못 살아왔기 때문에 아들이 벌을 받고 있는 거라는 자책에서 나온 행동이었다. 그런 어머니의 마음이 임재성 씨를 더 아프게 했다.

임재성 씨가 출소하던 날 친구들이 두부를 사들고 마중 나왔다. 그가 교도소 문 앞에서 두부를 받아먹으려 하자 뒤에 조용히 서 있던 어머니가 말렸다.

"죄 지은 것도 아닌데 두부를 왜 먹어."

그 말을 듣는 순간, 임재성 씨는 울컥했다. 그 한마디에 어머니의 마음이 전해져왔기 때문이었다. 아버지와는 병역거부 문제로 이야기도 많이 하고 나름 설득하는 시간도 있었지만 어머니는 처음부터 끝까지 감옥만은 안 된다는 생각으로 반대만 하셨기에 제대로 이야기 나눌 기회조차 없었다. 그런 어머니의 입에서 '너는 죄가 없다'는 말이 나온 것이다. 임재성 씨는 처음으로 어머니에게 자신의 마음을 인정받고, 용서받는 기분이 들었다.

누군가를 해하지 않겠다는 결심이 죄가 되는 것은 아니다. 단지 그 결심과 행동이 법의 테두리에 속하지 않았기 때문에 임재성 씨는 전과자가 된 것이다. 하지만 전과자라는 낙인은 아무리 긴 시간이 흐른다 해도 임재성 씨나 그의 부모에게는 깊은 상처로 남아 있을 것이다. 죄 없는 내 자식이 왜 교도소 문 앞에서 속죄를 상징하는 두부를 먹어야 하나? 그날 임재성 씨의 어머니가 뱉은 한마디는 사실 세상을 향해 외치고 싶던 말이었을지도 모른다.

우리가 진정 원하는 건 평화인가, 전쟁인가

뉴스 화면에 날렵한 모양의 총알이 클로즈업된다. 총알은 마치 물속을 헤엄치는 물고기처럼 유연하게 목표물의 움직임을 쫓는다. 미국에서 개발했다는 새로운 기능을 탑재한 총알이다. 이 총알의 특징은 사람의 체온을 감지해서 방아쇠를 떠난 후에도 총알 자체가 조준 능력을 상실하지 않는다는 것이다. 이 놀라운 신무기에 대해 인터뷰하는 관계자의 목소리에는 자신감이 실려 있다. 방아쇠를 떠나서도 끝까지 적을 향해 움직이는 놀라운 총알. 대체 인간에게 왜 이렇게 대단한 총알이 필요한 걸까? 막대한 돈과 시간과 인력을 들여 이런 무기를 개발하면서, 한편으로는 '위 아더 월드(we are the world)'를 부르는 이 세상이 정말로 원하는 건 무엇일까? 평화일까, 아니면 전쟁일까?

"'우리의 소원은 통일, 꿈에도 소원은 통일'이라고 노래하면서 한편으로는 '잊지 말자 6·25!'라고 전쟁에 대한 기억을 주입하죠. 그게 우리의 모순입니다. 통일을 이루려면 어떻게 화합할 것인지를 고민해야 하는데 겉으로는 '미래의 통일'을 말하면서도 계속해서 '과거의 전쟁'만을 강조합니다. 평화로운 일요일 아침 총성이 울렸다는 6·25는 알아도 7·27 정전협정이 이루어진 날은 모르는 거죠."

임재성 씨는 병역거부 항소심 재판 때 판사에게 자신의 무죄를 주장했다. 무죄판결을 내려준다면 보다 평화로운 사회를 만드는 데 큰 도움이 될 거라는 의견도 덧붙였다. 하지만 판사는 다음 번 선고공판에서 판결을 내리며 미리 써온, 판결문에도 없는 긴 글을 읽었다.

"피고인은 피고인의 병역거부가 전쟁을 멈추는 길이라고 이야기하나,

인류 역사에서 전쟁이 없던 적은 없었다. 전쟁에 대비하는 것이 바로 평화를 유지할 수 있는 길이다."

판사는 평화를 위해서 평화를 준비해야 한다는 임재성 씨의 말을 순진한 젊은이의 치기로 치부하며 꾸짖었다. 판사가 선고할 때 피고인에게는 발언권이 없었기에, 임재성 씨는 묵묵히 판결문을 들으며 마음속으로 이렇게 반론했다고 한다.

'판사님, 인류의 역사에서 늘 전쟁이 있었다는 것과, 앞으로도 계속 전쟁이 있을 것이라는 것은 전혀 다른 문제입니다. 있어왔다는 이유로, 앞으로도 그럴 것이라 말하면 안 됩니다. 그리고 그 모든 전쟁의 순간마다 전쟁을 거부했던 이들이 있었습니다. 더 많아져야 하는 것은 전쟁이 아니라 그 전쟁을 거부했던 실천입니다. 물론, 그렇게 거부했던 이들은 늘 철없는 이상주의자로 손가락질 받았습니다. 지금 대한민국에서도 그렇습니다. 그 이상을 묵묵하게 실현하는 삶을 살아 보겠습니다'라고.

결국 임재성 씨는 교도소에서 출소한 후 '평화 연구가'라는 직책을 자신을 소개하는 가장 첫머리에 올려놓고 평화에 대한 본격적인 연구를 시작했다.

임재성 씨는 한국 사회야말로 평화에 대한 담론이 가장 필요한 나라라고 생각한다. 일제 식민지, 한국 전쟁, 군사독재, 베트남 참전 등을 겪으며 만연한 군사주의 문화 속에서 정작 평화는 이야기되지 못했다는 것이다. 정부는 국방의 중요성을 강조하며 항상 휴전을 상기시키는 교육을 해왔다. '전쟁이 끝났다고 착각하지 마라, 전쟁은 끝나지 않았다'라고. 우리는 그런 교육을 끊임없이 받으며 학교에서 6·25를 기념하는 포스터를 그리고 글짓기를 했으며 봄, 가을이면 전쟁기념관으로 소풍을 갔다. 수도 한

복판에 전쟁기념관을 세워 평화가 아닌 전쟁을 기념하는 나라. 전쟁의 역사를 '전시'하고 그것을 단체로 '관람'하며 성장하면서도 전쟁의 참상과 비극을 새기기보다는 엉뚱하게도 '안보의식'이라는 교훈을 강요받은 우리들.

임재성 씨는 병역거부가 단지 소수 특정 사람들의 인권 문제로만 한정되는 것을 경계해야 한다고 한다. 양심에 따른 병역거부자들이 던지는 질문은 사람과 사람, 사람과 국가가 어떻게 폭력 없이 평화롭게 공생할 수 있을지에 대한 것이다. 먼 미래 속에서가 아니라, 지금도 충분히 실천 가능한 현실 속의 평화 말이다.

평화주의 관점과 병역거부자의 마음

평화주의 관점에서 병역을 거부한다는 것은 '나는 누군가를 해할 수 없다'는, 어쩌면 누구나 공감할 수 있는 마음에서 출발한다. '나'의 생명을 지키기 위해 '남'의 생명을 해하는 것은 과연 정당한가? 설령 전쟁과 같은 극단적인 상황이라 해도 인간은 총을 들고 있는 그 순간, 자신이 살인을 저지를 수 있다는 사실에 대해 두려움을 갖는 것이 정상이다.

2차 세계대전 당시 조사에 의하면, 미군이 적군과 직접 맞닥뜨렸을 때 방아쇠를 당긴 확률이 20%도 안 됐다고 한다. 인간은 자신의 죽음에 대해 두려움을 가진 것처럼, 타인을 죽이는 행위에 대해서도 본능적인 두려움을 갖고 있다. 내가 쏘지 않으면 상대가 먼저 나를 쏠 수 있는 상황에서도 살인에 대한 두려움은 본능적으로 나타나는 것이다. 그런 조사 결과가 나오자 미군은 사격훈련 표적을 사람 모양으로 바꾸어 갑자기 튀어나오도록 바꾸었다. 조건반사적으로 인간을 향해 방아쇠를 당기도록 훈련한 것이다. 그러자 실전에서 적군을 향해 방아쇠를 당기는 비율이 현격하게 올라갔다고 한다.

하지만 그 훈련이 살상을 한 군인의 마음 속 고통까지 없애주진 못했다. 베트남전이나 이라크전과 같은 전쟁에서 사회로 복귀한 병사들 중 다수가 외상 후 스트레스 증후군 등으로 고통받았던 것이다. 전쟁 중에 공격을 받고 사망한 사람이나, 적을 향해 방아쇠를 당겨야 했던 사람이나 결국 고통받는 피해자가 된다는 점에서는 다를 바 없다. 그래서 임재성 씨는 오히려 전쟁에 참전했던 이들이야말로 평화운동가로 나서야 한다고 생각한다.

9·11 테러가 일어나면서 미국에서는 군대에 가겠다는 사람의 수가 늘었다는 통계가 있다. 무고한 사람들이 희생된 그 엄청난 테러는 전 세계로 보도되었고 많은 미국인들은 살상의 주범 오사마 빈 라덴을 향한 복수심을 품었다. 그로부터 10년 후 마침내 오사마 빈 라덴이 미국 특수부대에 의해 사살되었을 때, 사람들은 3,000명을 죽인 살인마에게 드디어 복수했다고 기뻐했다.

하지만 기쁨에 들떠 부부젤라를 불어대던 그들이 잊고 있던 건, 테러와의 전쟁을 치르며 아프카니스탄과 이라크에서 희생된 사람들의 비극과 참상이다. 군인보다 더 많은 민간인이 희생되고 아직 삶을 꽃피워보지도 못한 어린이들까지 전쟁의 포화 속에 스러져갔다.

자신들이 피해자가 되었던 것만을 기억한다면, 전쟁은 언제든 일어날 수 있다. 이 전쟁은 피해자의 정당한 복수라고 생각할 테니까. 하지만 그 과정에서 어느 누구도 자신이 가해자가 될 거라고 생각하지는 않는다. 폭력은 그렇게 재생산된다.

어떤 이는 이렇게 물을 것이다. 누구는 가고 싶어서 군대에 가는 거냐고, 누구는 하고 싶어서 총을 드는 거냐고. 강제로 시키니까, 국방의 의무니까 어쩔 수 없이 하는 것 아니냐고 말이다. 하지만 그런 상황 속에서도 각자가 가지고 있는 양심에 따라 행동하는 것이 '병역거부자의 마음'인 것이다. 임재성 씨는 심리학자 밀그램의 '권위에 대한 복종 실험'을 그 '마음'에 대한 예로 들었다.

밀그램은 평범한 미국 시민들을 대상으로 모집단을 만들어 실험을 진행했다. 실험에는 시행자, 선생, 학생 이렇게 세 개체가 참여했다. 실험에 참가한 시민에게 선생 역할을 맡게 하여, 유리벽 너머로 보이는 학생이 문제를 틀릴 때마다 시행자가 벌을 주도록 지시하면, 선생이 그 벌로 전기충격을 주도록 시켰다. 하지만 전기충격을 당하는 역할을 맡은 학생과 지시하는 시행자는 사실 연기자였고 실제로 전류는 흐르지 않았다. 이 실험에서 시행자는 권위적인 인물을 뜻하고, 선생은 권위적인 인물의 명령에 복종하는 역할을 뜻했다.

선생 역할을 맡은 시민 참가자들은 이 같은 사실을 모른 채 학생이 문제를 틀려 시행자가 벌을 지시할 때마다 더 높은 강도의 전기충격을 가했고, 학생은 고통스러워 하는 연기를 했다. 결국 참가자(선생 역할)들은 실험을 주관하는 시행자에게 학생을 상대로 이렇게 위험한 실험을 진행해도 되는지 물었다. 그러자 시행자가 '괜찮다, 내가 책임진다'라고 장담해주었다. 그 말을 듣자, 선생들은 고통스러워하는 학생을 보면서도 실험을 재개했고, 400볼트 이상까지 전압을 높인 사람들이 무려 70%에 달했다고 한다.

"밀그램의 실험을 보면 아무리 선량한 사람이라도 옳지 못한 권력에 지배를 받게 되면 점점 야만성과 비인간적인 태도를 갖게 된다는 것을 알 수 있습니다. 그게 전쟁입니다. 복종과 폭력의 메커니즘이죠. 하지만 30%의 사람들은 이를 끝까지 거부했습니다. 저 사람이 저렇게 아파하는데 어떻게 더 버튼을 누를 수 있느냐고 항의했습니다. 못한다고 했습니다. 그 30%가 병역거부자의 마음입니다. 저는 그 30%를 점점 늘리는 게 평화운동이라고 생각합니다."

평화의 언어를 만들어가는 길

사람은 누구나 자신을 가해자의 위치에 놓기를 꺼려한다. 누군가를 때리거나 공격할 때에도 내가 먼저 피해를 입었기에 반격하는 것일 뿐이라 자위하고, 군인이 되는 것도 내 나라, 내 가족을 지키기 위한 것일 뿐이라고만 생각한다. 내가 폭력의 가해자가 되거나 가해국의 군인이 되리라곤 생각하지 않는다. 군사주의 사회에서는 이런 심리를 이용해 적을 상정해놓고 자신이 피해자가 될 수 있다는 공포만을 주입해왔다. 그것은 더 많은 무장을 갈구하게 만들고, 자신이 행하는 폭력은 피해를 막기 위한 정당한 것이라고 생각하게 만든다.

하지만 진실은 그렇지 않다. 상황에 따라 나도 가해자가 될 수 있다. 폭력이라는 상황 속에는 가해자와 피해자가 따로 존재하는 것이 아니기 때문이다. 내가 행하는 폭력이 정의로운 방어적 수단일 것이라는 자기 위안에 빠져 있을 것이 아니라, 나도 언제나 가해자가 될 수 있다는 경각심을 가져야 한다. 대한민국 군대가 다른 나라 혹은 같은 민족에게 가해자로서 존재할 수도 있다는 자각을 통해 주저하는 마음을 갖는 것이 바로 가해자로서의 윤리인 것이다.

병역거부자의 마음은 가해자의 윤리에서 출발한다. 나도 상황에 따라 누군가를 해하는 가해자가 될 수 있다는 자각에서, 남을 해칠 수 없기에 총을 들 수 없다는 병역거부자의 마음이 시작되는 것이다.

"병역이라는 말 뒤에 '거부'라는 단어가 붙었을 때 우리에게 금지되었던 새로운 사고의 영역이 열리게 되었죠. 국가의 강제와 충돌하는 개인의 양심, 그리고 거부의 가능성에 대해 생각해보게 된 거죠. 더 중요한 건 그 거부를 선택한 이들이 자신의 양심을 다른 사람들 앞에서 말하기 시작한 거죠. 총을 들 수 없는 자신의 양심을 언어로 전하기 시작한 것, 저는 이 '언어'에 주목합니다."

임재성 씨는, 양심적 병역거부 운동은 우리 사회에 부재했던 평화의 '언어'를 만든 운동이라고 말한다. 많은 병역거부자들이 재판 과정에서 제출한 소견서 하나하나가 이 사회에 없던 말들을 만들어나갔다고 그는 생각한다. 그래서 앞으로 그가 해나갈 병역거부 운동의 목표는 좀 더 많은 평화의 언어를 만드는 것이라고 한다.

임재성 씨가 책을 쓰며 느낀 것은 우리나라에 평화에 대한 연구가 무척 부족하다는 사실이다. 특히 군대나 징병제에 대한 연구가 더욱 그러하다. 그는 한국 사회에서 평화에 대한 연구가 더욱 활발히 이루어질 수 있도록 '흙' 같은 역할을 담당하고 싶다고 한다. 평화라는 꽃이 피기에는 아직 시기상조이지만 평화의 씨앗이라도 뿌릴 수 있는 한 줌의 흙 같은 역할을 하고 싶은 것이다.

누구나 평화를 지향한다고 이야기하지만 우리의 역사와 현실은 결코 평화에 이르는 길을 쉽게 내어주지 않았다. 『삼켜야 했던 평화의 언어』라는 그의 책 제목처럼, 모든 사람들이 원하고 반길 것이라 믿었던 '평화'가 사실은 입 밖으로 나오는 것조차 숨죽여야 했던 시간이 있었다. 자국의 이익을 위해 전쟁을 정당화하고, 평화보다는 안보 논리를 우선시하는 지금 시대에, 그 누구라도 평화의 도구를 자처한다는 것은 힘들고 고통스러운 길일 것이다.

그러기에 성 프란치스코는 차가운 바닥에 무릎을 꿇고 신에게 평화를 향한 간절한 기도를 올렸는지 모른다. 평화라는 먼 길에 닿게 하는 도구가 되게 해달라고. 임재성 씨가 만들어가는 평화의 언어가 그 먼 길을 만들어가는 도구가 되어주기를 바란다.

우리나라에서 병역거부를 이유로 수감되는 이들의 대부분은 여호와의 증인 신자들이다. 누군가는 그들을 향해 국민의 의무를 이행하지 않는 이단 종교의 신자라 비난하기도 한다. 하지만 우리는 그들의 신앙과 신념에 대해 얼마나 알고 있을까? 여호와의 증인 신자로서 종교적 신념에 따라 병역을 거부한 박치형 씨를 통해 우리와 함께 살아가는 이웃으로서 그들의 이야기를 들어본다.

소수
종교인으로 살아간다는 것

어느 사회에서나 종교는 무척 민감한 문제다. 종교는 삶을 풍요롭게도 만들지만 그로 인해 갈등과 반목, 전쟁과 같은 심각한 분쟁이 발생하기도 한다. 여러 종교가 공존하고 있는 우리나라의 경우도 마찬가지다. 자신이 믿는 신이 다르다는 이유로, 교리가 다르다는 이유로, 소수종교라는 이유로 타종교를 비난하는 경우를 우리는 심심치 않게 목격한다. '여호와의 증인'이라는 종교가 대표적이다.

여호와의 증인이 처음 우리나라에 들어온 일제 강점기 시절부터, 유신 시대를 거쳐 현재에 이르기까지 그들은 많은 핍박을 받아왔고, 그 이유의 중심에 병역거부가 있었다. 분단국가라는 특수성을 가진 우리나라에서 병역거부는 개인적 신념의 차원을 뛰어넘는 국가적인 사안으로 확장된다. 병역의 의무를 이행하지 않는 교리를 가진 종교는 곧 '병역 기피자'를 양산하는 반국가적인 종교라는 딱지가 붙을 수밖에 없는 것이다. 때문에 병역거부는 여호와의 증인 신자들을 결코 이해할 수도, 받아들일 수도 없는 신앙을 가진 사람들로 치부하게 만드는 거대한 벽이 되고 있다.

그들은 정말 우리와 다른 사람들일까?

한 가족, 여러 종교

박치형 씨는 여호와의 증인이다. 종교적인 신념으로 병역을 거부했고 1년 6개월의 형량을 선고받아 복역한 뒤, 2014년 6월 말 출소했다. 내가 박치형 씨를 만난 때는 그가 출소한 지 딱 한 달째 되던 날이다. 그는 며칠 후 아내와 신혼여행을 떠난다며 밝은 얼굴로 나를 맞이했다. 하지만 밝은 표정처럼 그가 걸어온 길이 평탄하기만 한 것은 아니었다.

1984년생인 박치형 씨는 2003년 서울대학교 건설환경공학부에 입학하기 전까지 광주광역시에서 성장했다.

그의 본가는 뿌리 깊은 기독교 집안이다. 큰아버지와 큰고모부는 교회의 목사이고, 막내 고모는 선교사였다. 하지만 박치형 씨의 아버지만 유독 종교가 없었다. 광주에 있는 모 대학의 교수인 그의 아버지는 어려서부터 기독교적인 환경에서 자라면서 오히려 모든 종교에 대해 부정적인 입장이 되었다고 한다. 그런 집안 분위기 속에서 박치형 씨의 어머니가 여호와의 증인 신자가 되면서 크고 작은 갈등이 생겨나기 시작했다.

"어머니가 아버지와 결혼할 당시에는 여호와의 증인이 아니었어요. 결혼 생활을 하면서 여호와의 증인이 되신 거죠. 그 소식이 알려지자마자 할아버지, 할머니가 찾아오셨어요. 어떻게 이단 종교를 믿을 수 있느냐며 어머니에게 당장 그만두라고 크게 화를 내셨죠."

하지만 어머니는 그런 상황에서도 끝까지 자신의 종교를 버리지 않았다고 한다. 그때 박치형 씨는 초등학교 4학년이었다. 어린 마음이었지만 박치형 씨는 어머니가 그렇게까지 소중하게 생각하는 종교가 무엇인지 궁금해졌고, 어머니를 따르고 싶은 마음에 여호와의 증인 집회에 나가보기도 했다. 하지만 이런 생활은 얼마 못 가 아버지의 반대에 부딪혔다. 모든 종교에 대해 부정적이었던 박치형 씨의 아버지는, 여호와의 증인에 대해서는 유난히 강한 거부감을 갖고 있었다.

명절에 세배를 안 하거나, 국경일에 태극기를 게양하지 않는 것 등등 모두가 아버지의 눈에 거슬렸고, 남들이 이단이라 부르는 유별난 종교라는 생각에 더 마음에 들어하지 않았다. 그때마다 집안에 큰소리가 났고 어머니는 혼자 눈물을 삼켜야 했다. 종교에 대한 아버지의 편견과 분노는 점점 수위를 더해갔고, 박치형 씨가 대학에 입학할 때까지 계속되었다. 당시 박치형 씨는 침례를 받지 않아 정식 신자는 아니었지만, 아버지와의 종교적인 갈등으로 인해 광주를 얼른 떠나고 싶은 마음뿐이었다.

서울로 올라와 대학에 다니면서부터 박치형 씨는 본격적으로 여호와의 증인과 성서 공부를 시작했다. 아버지의 반대에도 불구하고 신자로서 계속 살아갈 수 있을지에 대한 확신이 필요했고, 무엇보다 병역거부에 대한 종교적인 확신이 필요했기 때문이다. 성서를 공부하고도 자신에게 그런 확신이 생기지 않는다면 힘들고 고된 여호와의 증인 신자 생활을 그만 둘 생각까지 했다.

하지만 이런 이유로 시작한 성서 공부는 오히려 그의 신앙을 더욱 굳건하게 해주는 계기가 되었다. 공부를 깊이 할수록 종교에 대한 확신을 가지게 되었고 형제, 자매(같은 신자들을 형제, 자매라고 부른다)의 신실한 모습에 감화되어갔다. 그가 만나고 함께 지냈던 여호와의 증인들은 인간적인 면에서 친절하고 따뜻했을 뿐 아니라, 일상생활에서 성서에 들어 있는 하느님의 계명을 충실히 실천하며 살아가는 모습이 인상적이었다.

박치형 씨는 '침례 받지 않은 전도인'이라는 신분으로 성서 공부를 계속 해나갔다. 여호와의 증인은 침례를 받아야 정식 신자로 인정받는데, 정식 신자가 되기 전에도 일정 수준 이상의 도덕적 자격을 갖추면 전도 봉사활동에 참여할 수 있다. 이들을 가리켜 침례 받지 않은 전도인이라고 부르는데, 보통 침례 받을 때까지 몇 달 정도 이 신분을 유지하게 된다. 하지만 박치형 씨는 남들과 달리, '침례 받지 않은 전도인'으로 무려 4년의 시간을 보냈다. 4년이라는 시간은 종교에 대한 믿음을 확고히 하기 위한 시간이기도 했지만, 한편으로 아버지의 극심한 반대를 극복하고 병역 거부를 선언해야 하는 현실적인 문제에 대해 스스로 마음의 준비를 하기 위한 시간이기도 했다.

당시 아버지는 박치형 씨가 여호와의 증인이라는 종교에 대해 진지하게 고민하고 있다는 사실을 전혀 알지 못했다. 아버지가 여호와의 증인에 대해 강한 반감을 가지고 있다는 사실을 알고 있었기 때문에 박치형 씨는 이 사실을 비밀로 할 수밖에 없었다. 아버지는 그가 대학 1학년 되던 해부터 군대는 언제 갈 건지, 학사장교로 갈 건지 석사장교로 갈 건지 등을 물어오곤 했다.

결국 박치형 씨는 대학교 4학년 때인 2006년 침례 받기로 결심한다. 자신의 믿음에 확신이 생긴 만큼 더 이상 미룰 수 없었다. 침례를 받는다는 것은 정식 신자로 인정받는다는 절차상의 의미도 있지만, 그것보다 중요한 것은 자신의 몸과 마음을 온전히 하느님께 바친다는 것을 의미한다.

침례를 받겠다고 결심한 것은 박치형 씨에게 축복이면서, 새로운 고난이 펼쳐지는 것을 의미했다. 그의 앞엔 종교적인 편견을 가진 아버지를 설득해야 하는 일과, 병역을 거부하고 감옥에 가야 하는 현실이 모두 기다리고 있었다. 하지만 종교에 대한 박치형 씨의 확신은 분명했고, 그 확신으로 인해 행복했다.

성서에 일치하겠다는 삶

여호와의 증인은 19세기에 미국에서 시작된, 1세기 초기 그리스도교로의 회복을 추구하는 종교다. 2014년 기준으로 전 세계 239개국에 약 800만 명의 신자가 있고, 우리나라에는 1912년 처음 전파된 이래로 현재 약 10만 명의 신자가 있다.

여호와의 증인이라는 이름은 성서 이사야서 43장 10절에 나오는 표현에서 따온 것으로, 여호와에 관해 증거한다는 의미에서 여호와의 '증인(Witnesses)'이라고 정한 것이다.

여호와의 증인이 어떤 종교인지에 대해서는 여러 측면에서 설명할 수 있겠지만, 내가 이 신자들에게서 받은 가장 강한 인상은 '원칙론자'들이라는 것이다. 박치형 씨를 포함해 내가 만나본 신자들은 대부분 논리적이고 온화한 성품이었지만, 종교적 원칙에 대해서만큼은 철저하다는 인상을 받았다. 속세에 살아가는 수도승 같은 느낌이랄까.

프롤로그에서 설명한 것처럼, 이들은 삼위일체나 지옥의 존재 등을 인정하지 않고, 예수께서 못 박힌 곳이 십자가가 아니라 일자 기둥이었다며 십자가 역시 인정하지 않는다. 이런 점들이 다른 기독교 종파와의 주요한 차이점이며, 그들로부터 이단*이라는 비판을 받고 있는 이유이다.

박치형 씨는 자신의 종교가 다른 기독교 종파로부터 이단이라는 비판을 듣는 것에 대해 안타까워했다. 교리의 옳고 그름을 따지는 것은 종교적인 영역의 문제이기에 차치하고서라도, 이단이라고 하는 지극히 상대적인 개념을 확대 해석해 다른 종파를 비난하거나 차별해서는 안 된다고 그는 강조한다.

"다름을 인정하고 서로의 종교를 존중하면 좋지 않을까요? 자신의 종교를 다른 사람에게 전파하는 것은 얼마든지 가능하지만 결국 최종적인 선택은 당사자의 몫이라고 생각해요. 그 선택에 대해 자기와 다르다는 이유로 비난하는 것은 성숙하지 못한 자세라고 생각합니다."

여호와의 증인은 일상에서 지켜야 하는 몇 가지 원칙을 가지고 있다. 그 원칙 중에는 사회적 관습이나 법과 충돌을 일으키며 논란이 되는 부분도 있지만, 이는 모두 여호와의 증인들에게 있어서 성서에 있는 말씀을 근거로 한 타협할 수 없는 종교적 원칙들이다.

특히 논란이 되어온 것 중에 하나가 국기에 대한 경례 거부이다. 누군가는 이를 두고 여호와의 증인들이 국기로 상징되는 국가의 존재를 부정한다며 비난한다. 하지만 여호와의 증인들은 국가를 부정하는 것이 아니

*이단(異端, heresy): 어떤 종교집단 내부에서 정통 교리에서 크게 벗어나는 주장에 대하여 정통자 측에서 부르는 배타적 호칭을 가리키는 말. 이는 다른 종교나 종파를 가리키는 이교(異敎)와는 의미가 다르고, 근대에 들어와서는 신앙의 자유라는 원칙이 일반화되어 있기에 의미가 희미해진 단어이다. (두산백과 인용)

라, 국기가 물상에 대한 숭배가 될 수 있기에 경례를 거부하는 것이라고 주장한다. 국기라는 것 자체가 로마 군인의 깃발에서 유래된 국가주의의 주된 상징물이기 때문에, 하느님께 자신을 온전히 드린다는 여호와의 증인으로서의 삶에 맞지 않으므로 거부하는 것이다.

여호와의 증인들은 모든 정치 문제에 중립 입장을 유지하는데, 이 원칙으로 인해 특정 정당이나 후보를 위해 투표를 하지도, 선출직 공직에 출마하지도 않으며, 그 어떤 로비 활동도 벌이지 않는다. 병역을 거부하고 전쟁에 참여하지 않는 이유 중 하나도 정치 문제에 있어 중립을 지킨다는 원칙에 기반한 것이다. 이는 예수께서 제자들에게 '세상에 속해서는 안 된다'고 가르쳤으며 정치 문제에서 어느 쪽을 편들어서도 안 된다고 하신 말씀(요한 17:14, 16; 18:36; 마가 12:13-17)을 근거로 한 행동이다.

하지만 여호와의 증인들이 이렇게 정치적 중립을 지킨다고 해서 국가의 존재까지 부정하는 것은 아니다. 오히려 "모든 사람은 위에 있는 권위에 복종하십시오"(로마 13:1)라는 성서에 근거해 나라를 다스리는 정부의 권위를 존중한다. 때문에 이들은 법규를 준수하며 정부에 대한 납세의 의무를 철저히 지키는 것을 원칙으로 삼아 살아가고 있다.

그 외에도 여호와의 증인들은 같은 신자들끼리만 결혼하고, 수혈하지 않으며, 흡연해서는 안 되며, 생일을 기념하지 않는 등의 여러 원칙들을 지키며 살아가야 한다. 이런 원칙들이 성서의 내용을 근거로 정해진 것이라고 하지만, 이 모두를 지키며 산다는 것은 결코 쉬운 일은 아닐 것이다.

"공자님 말씀 중에, 종심소욕불유구(從心所欲不踰矩)라는 말이 있잖아요? 나이 70세가 되면 내가 하고 싶은 대로 해도 법도를 어기지 않게 된다는 뜻이죠. 그런데 이 말은 제 신앙과도 일치합니다. 하느님의 말씀을 내 안으로 온전히 받아들이고 나면, 내가 하고 싶은 대로 해도 성경 말씀에 어긋남이 없고 제게도 아무런 불편함이 없는 거죠. 마지못해 의무감에서 한다면 힘들겠지만 마음에서 우러나오는 대로 하면 이보다 행복한 일이 없습니다.”

박치형 씨가 병역을 거부하고 감옥을 택했던 것도 성경 구절을 근거로 한 원칙을 지키기 위함이었다. “내가 여러분에게 새 계명을 줍니다. 서로 사랑하십시오”(요한 13:34), “원수를 사랑하십시오”(마태 5:43, 44)라는 구절이 그것이다. 이것은 모든 여호와의 증인들이 자신의 삶 속에서 실천해야 할 중요한 덕목이고, 그 구절을 바탕으로 만들어진 자신의 양심을 지키는 일이기 때문에 병역을 거부하고 있는 것이다.

여호와의 증인들은 ‘서로를 사랑하라’는 성경 구절에 근거해 일상생활에서 다른 사람에게 상처가 될 수 있는 욕설이나 폭력을 행하지 않고, 심지어 폭력 묘사가 많은 영화도 보지 않는다. 그런 이들이 총을 들고 누군가를 죽이는 연습을 하거나 전쟁이 일어났다고 해서 누군가를 향해 죽음의 방아쇠를 당길 수 있을까? 실전이 아닌 군사훈련이라고 할지라도 살인을 연습하는 행위는, 원수와 이웃 그리고 동료 그리스도인을 사랑하라는 성경 구절과 신앙을 통해 만들어진 자신의 양심에 어긋나는 행위인 것이다. 이런 이유로 전 세계의 여호와의 증인들은 국적과 시대를 불문하고 어떠한 상황 아래서도 병역을 거부해왔다. 나치시대의 독일은 물론이고, 우리의 일제 강점기와 6·25 때도 양심에 따른 병역거부자는 언제나 존재했다.

병역과 관련해 ‘군대 아니면 감옥’이라는 선택지밖에 없는 현실로 인해 벌어지는 고통은 병역거부 당사자뿐만 아니라, 그 가족들에게까지 영향을 미친다. 이는 침례와 병역거부를 앞두고 있었던 박치형 씨에게도 마찬가지였다.

"영화 〈얼음강〉을 보면서 자꾸 제 일이 겹쳐졌어요. 어머니와 아버지가 바뀌었을 뿐 영화에서처럼 저도 한쪽 부모님의 반대 때문에 너무 힘들었거든요. 그때까지 아버지에게는 말할 엄두가 나지 않아 비밀로 하고 있었지만 앞으로의 일이 더 걱정이었죠."

그런데 정작 군 입대를 앞두고 침례를 받을 때는, 뜻밖에 어머니가 무척 힘들어했다고 한다. 박치형 씨의 어머니는 여호와의 증인이었기에 아들의 신념에는 충분히 공감했지만, 정작 자신의 아들이 감옥에 가야 하는 현실 앞에서는 깊이 고민할 수밖에 없었다. 종교인으로서 당연히 받아들여야 하는 일이지만, 아들을 둔 어머니로서는 감당하기 힘든 현실이었던 것이다.

"다른 사람의 아들이 중립(교리에 따라 입대를 거부하고 감옥에 가는 것을 지칭하는 여호와의 증인 용어) 지키는 것을 보아오던 것과, 내 자식이 당장 감옥에 가는 건 완전히 달랐던 거죠. 아버지의 불같은 반대에도 꿋꿋하게 종교를 지켜나가시던 분이 그런 모습을 보이니까 제겐 충격이었어요. 다른 한편으로는 마음이 많이 아팠구요."

결국 박치형 씨는 침례를 받았다. 병역거부로 인해 감옥에 가야 하는 현실 또한 자신의 삶으로 받아들였다. 침례를 받을 당시 어머니와 형에게만 사실을 알렸고 아버지에게는 말하지 못했다. 아버지가 사실을 알게 되면 어머니에게 피해가 갈까봐 걱정되었기 때문이다. 박치형 씨를 인도했던 어머니도 마냥 기쁘게 축하해줄 수 있는 상황이 아니었다. 하지만 박치형 씨의 마음은 그지없이 행복했다고 한다. 박치형 씨는 침례를 받기 전과 후의 마음을 연애와 결혼에 비유했다.

"연애할 때는 그 사람을 알긴 알아도 속속들이 알기에는 한계가 있잖아요. 침례받기 전이 연애라고 한다면, 침례를 받고 나서는 결혼으로 한 가정을 이루는 느낌이었어요. 성서의 깊은 내용도 더 잘 받아들이게 되고, 하느님과도 더욱 가까워진 느낌이 들면서 마음에 안정이 찾아왔죠."

침례를 받은 후 2007년, 그는 유럽으로 배낭여행을 떠났고, 여행을 하는 중에 유럽 각국의 베델을 방문했다. 베델은 '하느님의 집'이라는 뜻으로, 각 나라에 있는 여호와의 증인 지부 사무실을 지칭한다. 박치형 씨는 당시 유럽 11개국을 여행하면서 각국의 베델을 모두 가보았다. 모두 같은 형태, 같은 성경을 공부하고 있다는 것이 신기했고, 같은 종교인이라는 사실 하나만으로 혈육을 대하듯 따뜻하게 대해주는 벽안의 형제들이 친근하게 느껴졌다. 국가를 초월해 신앙으로 하나가 된 경험은 박치형 씨의 신앙에 더 큰 확신을 불어넣어주었다.

유럽 여행을 다녀온 후 그는 대학원에 진학했다. 대학원에 적을 두고 있으면 만 29세까지 병역 연기가 가능했다. 그가 병역을 연기했던 것은 아버지에 대한 걱정이 가장 큰 이유였다. 힘들어하던 박치형 씨에게 형은 로스쿨 시험을 보는 게 어떻겠느냐고 권유했다. 그래야 나중에 아버지가 모든 사실을 알게 되었을 때 덜 죄송스럽고, 출소 후에도 현실적으로 살 수 있는 길이 열리지 않겠냐는 것이었다.

하지만 박치형 씨는 평범한 직장을 다니며 좀 더 여유롭게 종교생활을 하고 싶었다. 그래도 일단 시험이라도 보라는 형에게 떠밀려 응시했고 2010년 부산대와 영남대의 로스쿨에 합격했다. 막상 결과가 나오자 주변에서 군법무관으로 병역을 해결하라고 제안하기도 했지만, 군법무관도

4주간의 군사훈련을 받아야 한다는 점에서 해결방법은 되지 못했다.

사랑은 힘이 세다

고민하던 박치형 씨는 당면한 현실에 직면하기로 결심했다. 계속 미루거나 돌아간다고 해결될 문제가 아니었다. 로스쿨 등록을 포기했고, 2012년 10월 입영 영장을 받았다. 병무청에 전화해 직접 병역거부 의사를 밝혔다. 1년 6개월 형이 확정적이었지만, 양심에 따른 병역거부자들이 처벌받는 부당한 현실을 알리기 위해 대법원까지 상소해볼 생각이었다.

그해 11월 첫 재판이 열렸다. 그는 불구속 상태에서 재판을 진행하기 위해 각종 서류와 탄원서를 준비했다. 본인의 탄원서를 비롯해 직장 동료, 같은 회중 사람들, 대학과 중·고등학교 은사님 등 많은 이들이 써준 탄원서를 모아 제출했다. 1심 재판의 판사는 양심에 따른 병역거부자들에 대해 비교적 우호적인 입장을 가지고 있었다. 그는 박치형 씨가 병역을 거부하려는 이유에 대해 법정에서 충분히 이야기할 기회를 주었고, 이례적으로 변호사와 단독으로 병역을 거부하는 신념에 대해 질의응답할 수 있도록 기회를 주기도 했다. 결과는 다른 경우처럼 1년 6개월의 실형 선고였지만, 판사는 항소(1심 판결에 불복하여 항소심 법원에 재판을 청하는 행위)할 뜻을 밝힌 그에게 불구속을 내려주었다.

그렇게 1심 재판을 마치고 항소심을 준비할 때 그에게 일생일대의 중요한 일이 일어났다. 바로 미래를 함께할 평생의 반려자를 만난 것이다.

"당시 저랑 같은 회사에 근무하던 사람이었죠. 회사는 같아도 건물이 달라서 자주 못 봤지만 그래도 가끔 얼굴은 봐서 기억하고 있었죠. 배우 문근영을 닮았거든요.(웃음) 같은 여호와의 증인이었구요. 원래 호감이 있던 사람인데다가 마침 소개팅 제안이 들어왔기에 제 상황이 좋지 않았음에도 불구하고 만나게 되었습니다."

그렇게 만난 박치형 씨와 현혜정 씨는 처음부터 모든 것이 너무 잘 통했다고 한다. 종교, 문화, 사람, 회사 이야기 등을 비롯해 사소한 개인적 취향에 이르기까지 비슷한 점이 무척 많았다. 첫 만남부터 이야기는 끝없이 이어졌고, 두 사람은 금세 사랑에 빠졌다. 둘은 첫 만남 이후로 하루도 빼놓지 않고 매일 만났다. 첫눈에 사랑에 빠진다는 게, 운명적인 사람을 만난다는 게 이런 건가 싶었다.

그러나 박치형 씨에겐 넘어야 할 현실적 난관이 있었다. 연애 초기에, 그는 모든 상황에 대해 솔직히 이야기를 털어놓았다. 현재 병역거부 문제로 재판 중에 있으며, 언제 감옥에 가게 될지 모르는 상황이라고. 그 이유로 헤어지게 될지 모른다는 두려움이 있었지만 고백했다. 그런데 현혜정 씨는 그의 마음을 너무도 잘 이해해주었다. 어떤 상황도 받아들일 수 있다며 오히려 그에게 용기를 북돋아주었다. 그가 재판하며 법정 투쟁하는 것 또한 당연하게 여겼고, 형을 선고받고 감옥에 가더라도 기다리겠다고 했다. 현혜정 씨의 오빠 역시 이미 병역거부로 감옥에 다녀온 아픈 사연이 있었기에 박치형 씨를 더욱 잘 이해해주었다.

만난 지 한 달도 안 돼 박치형 씨는 청혼했다. 자신과 평생을 함께해줄 수 있느냐고. 현혜정 씨는 기꺼이 청혼을 받아들였다. 두 사람은 평생을 함께하기로 약속했다. 그리고 불과 얼마 뒤, 결혼 날짜를 잡았다. 평생을 함께하리라는 확신이 있었기에 더 늦출 필요가 없다고 생각했다.

그 즈음 박치형 씨의 항소심 심리가 열렸다. 그는 자신이 대법원까지 상소할 것이고 조만간 결혼하는 현실적인 상황을 설명하며, 판사에게 유죄를 내리더라도 불구속 처분을 해달라고 요청했다. 하지만 항소심 판사는 그 요청에 대해 어떤 언급도 하지 않았다. 박치형 씨는 판사가 양심에 따른 병역거부 문제에 대해 완고한 입장을 가진 듯한 인상은 받았지만 정확한 의향까지 알 수는 없었다. 항소심 재판이 진행되던 무렵, 박치형 씨와 현혜정 씨는 한창 결혼 준비로 바빴다. 판사에게 청첩장도 보내고, 박치형 씨의 탄원서는 물론 현혜정 씨의 탄원서까지 여러 차례 보내며 선처를 호소했다. 행복하고도 불안한 나날이었다.

결혼이 눈앞에 다가오자 박치형 씨에게는 또 다른 고민이 생겼다. 아버지께 모든 사실을 알려야 했다. 아버지는 당시까지 상황을 전혀 모르고 있었다. 박치형 씨는 아버지께 A4지 다섯 장의 장문의 편지를 썼다. 지금까지 자신이 살아온 인생과 그 과정에서 만나게 된 신앙, 피할 수 없는 병역거부의 현실, 그리고 재판을 앞두고 평생을 함께할 배우자를 만나게 된 사연까지. 아버지에게 모든 사실을 솔직히 털어놓았다. 그는 자신의 진심이 아버지의 얼어붙은 마음을 움직이길 바랐다.

초조한 기다림의 시간이 흘렀고, 얼마 뒤 답장이 도착했다. 하지만 아버지가 보내온 답장은 단 몇 문장에 불과했다. "네 뜻은 잘 알겠으니 이제 네 인생 살아라. 아들 없는 셈 칠 테니 더 이상 연락하지 마라"라는 것이었다. 아버지는 큰 충격을 받았던 것이다. 결국 아버지의 분노는 어머니에게 번졌고 두 분은 별거하는 상황에까지 이르렀다. 그동안 숨겨왔던 속내를 털어놓았지만, 자신으로 인해 상처받은 부모님을 생각하면 박치형 씨의 마음은 한없이 무거워졌다. 아버지는 며느리의 얼굴조차 보지 않으려 했다. 결혼식을 앞두고 현혜정 씨와 함께 아버지가 있는 대학의 연구실로 찾아갔을 때도 반응은 냉랭하기만 했다. 근처 식당에서 밥을 사주며 "잘 살아라" 하고 한마디 한 게 전부였다. 아버지는 끝내 그들의 결혼을 축복해주지 않았다. 이 모든 게 종교적인 갈등에서 시작된 것이라 생각하니 박치형 씨의 마음은 누구보다 안타깝고 아팠다.

2013년 3월 27일, 두 사람은 어렵사리 결혼식을 올렸다. 그들에게 주어진 신혼생활은 꿈결처럼 행복했지만, 한편으로 불안한 마음이 가시지 않았다. 결혼식을 올린 지 3주 만에 항소심 선고일이 잡혔다. 1년 6개월의 실형이 선고될 것은 확실했지만, 중요한 것은 구속 유무였다. 이미 대법원에 상고(항소심 법원의 판결에 불복하여 대법원에 재판을 신청하는 행위)할 뜻을 밝혔고, 청첩장, 혼인신고서 그리고 아내와 주변 사람들의 탄원서까지, 불구속에 도움이 될 만한 자료들은 모두 제출한 상태였다. 재판 당일, 박치형 씨는 불구속의 희망을 안고 법정으로 향했다.

박치형 씨는 결혼 예복으로 맞췄던 양복을 입고 법정에 섰다. 최후 변론에서 그는 자신의 신념에 대해 이야기하며, 결혼한 지 3주밖에 안 된 신혼이고, 대법원까지 갈 생각이니 불구속으로 재판받을 수 있게 해달라고 간곡히 요청했다. 판사는 재판 내내 그와 단 한 번도 눈을 맞추지 않았다. 곧이어 선고가 내려졌다. 1년 6개월의 실형, 그리고 곧바로 박치형 씨를 법정 구속시키라는 판결이었다.

순간 박치형 씨는 머릿속이 멍해졌다. 믿기지 않았다. 구속시킬 만큼 위급한 사안도 아니고, 도주나 증거 인멸의 우려가 있는 것도 아니었다. 상고 절차가 남아 있는 상태에서 너무 가혹한 처사였다. 충격을 받은 박치형 씨를 무시하고 판사는 다음 사건을 진행시켰다.

마음을 진정시킬 새도 없이 박치형 씨는 양쪽 팔을 붙잡힌 채 법정 밖으로 끌려 나갔다. 법정 문이 닫히는 순간, 아내의 얼굴이 보였다. 차마 울지도 못하고 눈물만 그렁그렁하게 맺힌 아내의 얼굴이 닫히는 문틈으로 사라져갔다. 포승줄에 묶여 이송되는 와중에도 박치형 씨는 그 찰나의 모습이 잊히지 않아 마음이 찢기듯 아팠다.

구속 4시간 후 첫 접견이 있었다. 박치형 씨와 현혜정 씨는 아무 말도 못하고 눈물만 흘렸다. 재판 후 함께 집으로 돌아갈 줄 알았던 아내를 이런 곳에서 마주하게 될 줄은 몰랐다. 울지 말라고 아내의 손이라도 잡아주고 싶었지만 가림막에 막혀 아무것도 해줄 수 없었다. 박치형 씨는 감옥에 갇힌 자신보다, 결혼한 지 3주도 안 돼 남편과 헤어져 긴 시간을 홀로 보내야 하는 아내가 더 걱정되었다. 누구보다 행복한 시간을 보내야 하는 신혼에 생이별해야 했으니, 두 사람 모두에게 갑작스런 시련이 시작된 것이었다. 너무나 짧은 신혼이었다.

긴 기다림 끝에서 만난 희망

좋은 대학을 나와 사랑하는 사람과 결혼하고 안정적인 삶을 선택할 수 있는 조건을 갖춘 그가 이렇게 힘든 삶을 선택한 이유는 무엇일까? 여호와의 증인이라는 종교적인 신념을 떠나, 한 인간으로서 병역을 거부할 수밖에 없는 마음이란 어떤 것인지에 대해 물어보았다.

"예전에 사진 한 장을 본 적이 있습니다. 제가 아는 형의 사진이었는데요, 원래 여호와의 증인이었다가 종교 생활이 힘들어 그만 둔 형이었어요. 결국 나중에 군대에 갔는데 그 형의 군대 사진을 우연히 보게 됐어요. 근데 그 형의 얼굴이, 제가 본 얼굴 중에 가장 고통스러운 표정이었던 거 같아요. 표정이 얼마나 일그러져 있었는지 지금도 생생히 기억나요. 그건 육체적 고통 때문이 아니라 죄책감 때문에 괴로워하는 얼굴이었어요. 종교 생활을 그만두긴 했지만 그 형의 마음속에는 다른 사람을 해칠 수 없다는 신념이 남아 있었던 거죠. 종교와 상관없이 형의 양심이 죄책감을 불러일으킨 거예요. 제가 현실적인 어려움을 피하기 위해서 군대에 갔다면 양심을 지키지 못했다는 자책감으로 평생 불행한 삶을 살 거 같았어요. 법에서 정의하는 양심의 개념을 보면 '내가 이렇게 행동하지 않고는 내 존재가 무너져버리는 정도의 신념'이라고 되어 있어요. 저는 그 말이 제가 병역을 거부하는 이유에 대한 답을 보여준다고 생각합니다."

남편이 구속된 날, 현혜정 씨는 신혼집으로 돌아왔지만 차마 그곳에 있을 수 없었다. 집에 들어서자마자 현관에 놓인 남편의 신발을 보고 평평 눈물을 쏟았다. 곳곳에 남편의 흔적이 남아 있는 집에 있을 수 없던 현혜정 씨는 아는 언니의 집에서 하룻밤을 보내야 했다.

박치형 씨는 감옥에서 아내에게 하루 다섯 장씩의 편지를 쓰며 그리움을 달랬다. 아내 역시 매달 여섯 번의 접견과 세 번의 전화 통화 기회를 한 차례도 놓치지 않으며 정성으로 옥바라지에 힘을 쏟았다.

그들은 단 하루도 빼놓지 않고 서로에게 편지를 썼다. 편지를 매개로 출소 이후의 삶을 꿈꾸며 고통의 시간을 견뎌냈다. 신혼여행도 다녀오지 못했고, 재판에 쫓기던 불안한 마음에 보통의 신혼부부라면 당연히 누리는 일상을 함께하지도 못했다. 함께 퇴근해 저녁식사를 하고, 손잡고 산책하는 너무도 당연한 일상이 두 사람에게는 가장 큰 소원이었다.

마침내 출소하는 날, 자유의 몸이 되어 아내와 만난 순간 박치형 씨는 말할 수 없이 기뻤지만 동시에 가슴이 저며왔다. 자신이 수감될 때에 비해 아내의 모습이 무척 야위어 있었던 것이다. 아내는 자신의 고통에 대해 편지에 다 털어놓지 않은 것 같았다. 그것은 옥중의 남편과도 나눌 수 없는 자신만의 온전한 고통이었기 때문일 것이다.

박치형 씨는 가족의 지지를 받지 못하는 입장으로 병역을 거부하고 수감된 힘든 상황이었기에, 자신을 선택하고 고통을 함께해준 아내가 더욱 고마울 수밖에 없었다. 아내가 없었다면 그 시간을 어떻게 견뎠을지 상상하기 힘들었다. 서로에 대한 사랑과 믿음이 그 힘겨운 시간을 통과해낼 수 있던 가장 큰 힘이었다.

대한민국에서 여호와의 증인 신자로서 살아간다는 것은, 그리고 그 신앙에 따라 병역거부를 한다는 것은 쉬운 선택이 아니다. 박치형 씨는 자신의 선택과 경험들이 여호와의 증인들 사이에서 결코 특별한 과정은 아니라고 말한다. 그리고 만약 자신에게 똑같은 선택지가 주어진다고 해도, 당연히 같은 선택을 할 것이라고 한다. 현실적인 어려움이 따를지라도 성서에 근거한 삶을 사는 것이 자신에게 당당하고 행복한 삶이라고 믿기 때문이다.

그는 종교 문제로 갈등을 겪어야 했던 아버지나 불구속 판결을 내려줄 수 있었음에도 자신을 구속한 판사에 대한 개인적인 원망은 없다고 했다. 다만 대체복무제라는 대안이 있음에도 모든 병역거부자를 감옥에 보내는 현실이 바뀌기를 바란다고 했다. 자신들의 아이가 태어나고, 그 아이가 같은 신념을 갖게 된다면, 미래에는 자신처럼 가슴 아픈 일을 겪지 않아도 되는 현실이 되기를 바란다고 말이다.

양심에 따른 병역거부는 단순히 군 입대를 거부하는 협의의 의미가 아니다. 병역의 의무를 이행하기 위해 입대했으나 자신의 양심에 반하는 명령을 수행해야 할 때 거부권을 행사하는 것을 '선택적 병역거부'라고 부른다. 2008년 미국과의 쇠고기 수입 재협상 요구로 시작된 촛불집회 때 현직 의경이 시위진압 거부와 함께 양심선언을 하며 병역을 거부했다. '촛불 의경'이라 불리며 2008년 여름의 대한민국을 뜨겁게 만들었던 이길준 씨의 이야기를 들어본다.

촛불
의경

2008년 5월, 대한민국을 가장 뜨겁게 달구었던 것은 단연 '촛불'이었다. 이명박정부의 미국산 쇠고기 수입재개 협상에 반대하는 시민들이 촛불을 들고 나오면서 수천, 수만 개의 작고 연약한 불빛들이 모여 대한민국 심장부인 광화문 광장을 거대한 불빛으로 출렁이게 만들었다.

바로 그때, 시위대의 반대편에서 시위를 진압하던 한 의경이 있었다. 그는 진압작전에 투입되면서 '인간성이 하얗게 타오르는' 양심의 고통을 느꼈고, 결국 시위대를 진압하라는 명령에 불복하고 병역거부를 선택한다. 그는 중랑경찰서 방범 순찰대 소속 의경 이길준 씨다.

당시 나 역시 작은 촛불 하나를 들고 시위에 참여했다. 광화문 광장 한가운데 거대하게 세워진 '명박 산성' 컨테이너를 보며 나는 그 너머에 있을 수많은 의경들을 떠올렸다. 명령에 복종하기 위해 어쩔 수 없이 커다란 방패를 들고 시위대와 맞서야 했던 갓 스물이 넘은 어린 청년들. 아마도 그 가운데에 이길준 씨도 있었을 것이다.

인터뷰하기 전, 그에 관한 기사들을 찾아보면서 당시 이길준 씨의 선택이 사회적으로 얼마나 큰 파장을 남겼는지 실감할 수 있었다.

2008년 촛불시위는 다양한 계층의 참가자들이 자발적으로 모여들었다는 점 때문에 웹 2.0에 빗대어 '민주주의 2.0'이라 불릴 만큼 새로운 방식으로 민심이 결집된 집회였다. 집회가 100일 이상 지속되었고 정권 퇴진 운동으로까지 전개되면서 진압도 격해져 정부의 과잉진압 논란까지 불거졌다. 그 첨예한 정국에서 시위진압 명령을 거부하고 병역거부를 선언한 이길준 씨에 대한 각계의 관심과 기대는 무척이나 뜨거웠다. 또한 이길준 씨의 선택은 '선택적 병역거부'*라는 점에서도 화제가 되었다. 1985년 생, 스물네 살의 나이에 이길준 씨는 그 어렵고 막중한 결심을 어떻게 실행에 옮겼을까?

왜 한 가지 선택만이 존재하는가

이길준 씨는 현재 서울시 은평구에서 마을 청년 활동가로 일하고 있다. 마을 공동체에 도움이 되는 다양한 활동을 펼쳐 좀 더 살기 좋은 마을을 만들어나가는 일이다.

---

* 병역 의무를 이행하기 위해 입대했으나 자신의 양심에 반하는 명령에 대해 거부권을 행사하는 것을 선택적 병역거부라고 부른다. 베트남 전쟁과 같은 침략 전쟁에 대한 병역거부, 팔레스타인 점령지에 대해 군사행위를 거부했던 일부 이스라엘 군인들의 행동이 대표적인 선택적 병역거부의 예라고 할 수 있다.

"박원순 시장님이 만든 일자리죠. 사실 저는 천편일률적인 일보다는 그 지역만의 고유성이 살아 있는 지역 문화를 만들어가는 것에 대한 갈망이 있었거든요. 그런데 막상 실무를 해나가다 보면 제 생각과 맞지 않을 때도 많아요.(웃음)"

이길준 씨는 한양대학교 국문학과 출신으로, 어릴 때부터 창작을 좋아했고 그것으로 소통하는 삶을 꿈꿨다고 한다. 그는 초등학교 4학년 때 영화 《쥬라기 공원》을 보고 영화감독이 되고 싶다는 생각을 하기도 했다. 그때부터 동네 비디오 가게를 열심히 드나들며 수많은 영화를 보았고, 틈틈이 글도 쓰곤 했다.

그래서 고등학교 때는 교내 방송반 동아리에 들어가 활동했는데, 막상 들어간 방송반은 그의 기대와 많이 달랐다고 한다. 그곳은 군대 못지않게 군기가 세서 선배들이 폭력을 통해 강압적인 분위기를 조성했다. 학교 내에서도 폭력이 당연시되는 분위기여서 교사와 선배에게 맞는 것이 자연스러운 일상이 될 정도였다. 획일적인 제도와 불합리한 폭력이 상존하는 학교 생활에 회의감이 든 이길준 씨는 심각하게 자퇴를 고민했다. 하지만 부모님을 설득하는 일은 쉽지 않았다. 자퇴 문제로 부모님과 끝없는 실랑이를 벌였지만, 결국 설득하지 못하고 학교를 졸업해야만 했다.

"제가 가장 중요하게 여기는 가치는 자유예요. 그걸 억압당하는 순간이 오면 견디기가 힘들었어요. 내가 주체가 되지 못하고 타의나 명분에 끌려가는 것도 같은 경우죠."

이길준 씨가 말한 '자유를 억압당하고 주체가 되지 못한다는 것'은 아마도 개인의 개성을 무시하고 한 가지 선택만을 강요하는 획일적인 제도 아래 살아가는 일일 것이다. 만약 이길준 씨가 자신의 개성을 존중받을 수 있는 환경에서 학교를 다녔다면 심각하게 자퇴를 고민할 만한 갈등이 없었을지도 모른다. 예민한 감성을 가진 누군가에게는 자신의 삶에 있어, 한 가지 선택만이 존재한다는 사실 자체가 억압적으로 느껴질 수 있는 것이다.

이길준 씨는 03학번으로 대학에 입학했다. 그는 대학에서 다양한 친구들을 만났고 학생회 활동도 했다. 또한 또래의 친구들처럼 그 역시 병역 문제에 대해 깊이 고민했다. 전쟁과 폭력에 대해 동의하지 못했기에 군사 훈련을 받아야 하는 군대에 대해 회의가 들기도 했지만, 현실에서 그가 선택할 수 있는 다른 대안은 없었다. 양심에 따른 병역거부에 대해 알고 는 있었지만 군대 대신 감옥에 갈 정도의 확신은 없었다.

결국 그는 서울경찰청에서 행정업무를 맡고 있는 친구를 지켜보면서 의경 입대를 결심했다. 의경이 되면 최소한 전쟁을 준비하는 전투훈련 대신, 경찰 행정업무만을 지원할 수 있게 될지 모른다고 기대했기 때문이다. 현실적으로 징병제를 받아들여야 하는 상황에서, 전쟁을 준비하고 군사훈련을 해야 하는 군인보다는 의경이 되는 것이 낫다고 판단한 것이다.

이길준 씨는 2007년 11월에 의경에 지원해 다음해 2월에 입대했다. 하지만 그때까지 이길준 씨는 부모님을 제외한 누구에게도 입대 사실을 알리기 어려웠다고 한다. 심지어 사귀던 여자친구에게도 입대 전날에야 털어놓았을 정도였다. 전쟁과 폭력을 반대하는 이길준 씨에게는 입대한 다는 사실이 자신의 가치관에 모순되는 행동처럼 느껴져, 견디기 어렵고 외면하고 싶어서 마지막까지 함구한 것이다.

내 계급은 걸레

2008년 2월, 이길준 씨는 아버지와 함께 논산 훈련소로 향했다. 아버지의 이런저런 당부를 흘려들으며 그는 자신에게 주어진 2년이라는 시간이 아무런 파고 없이 조용히 스쳐 지나가기를 바랐다. 하지만 이길준 씨에게는 훈련소 첫날부터 하루가 백 년보다 길게 느껴졌다.

의경은 6주의 군사훈련을 받은 후 경찰학교에서 1주간 이론 수업을 받는다. 수업을 마치면 그간 받은 이론 교육에 관한 시험을 보는데 거기에서 5등 안에 들면 자기가 원하는 보직을 받을 수 있다. 이길준 씨는 시위를 진압하는 기동대만은 피하고 싶었다. 하지만 시험 결과가 그의 뜻대로 나와 주지 않았고 결국 중랑경찰서 방범대로 자대 배치를 받았다. 평소에는 방범 업무를 담당하지만 큰 시위가 벌어지면 진압 임무를 맡아 출동하는 부대였다.

의경은 일반 군대의 이등병, 일병, 상병, 병장에 해당하는 이경, 일경, 상경, 수경의 계급이 있지만 현실에서는 계급이 의미가 없었다. 계급보다 부대 내 서열이 우선시됐다. 부대 내의 온갖 잡일을 도맡아 하는 막내 기수인 '걸레', 왕고참의 옷을 다림질해주는 기수라는 뜻의 '받데기', 고참은 챙기고 후임은 갈구는 기수인 '챙', 그리고 모든 사역에서 제외되고 전역을 준비하는 기수인 '열외'가 존재한다. 이것을 흔히 '자체 카스트'라고 부르는데 이들 간에는 엄청난 군기가 존재한다.

일반 군대가 전쟁을 대비한 '훈련'을 하는 반면, 의경은 시위대 진압을 포함한 '실전'을 수행하기 때문에 내무반의 군기가 무척 셌다. 구타나 욕설은 당연한 일상이었고, 신병들은 고참의 허락 없이는 화장실에 가거나 물 마시는 것조차 마음대로 할 수 없었다.

의경 사회에는 '가스(gas)'라는 은어가 있다. 가스가 걸리면 기본권이 하나씩 금지된다. 예를 들어, 담배 가스가 걸리면 아무도 담배를 피우지 못한다. 시위진압이 연달아 있거나 민감한 상황에 봉착하면 가스의 강도가 점점 높아져서 담배 가스, 전화 가스에서 물 가스, 잠 가스, 화장실 가스로까지 확대되어 내 몸이 내 것이 아닌 상황에까지 이르게 된다.

또 '뜬다'라는 은어도 있다. 이 말은 최소한의 신체만 바닥에 댄 채 몸을 띄우는 것을 의미하는데, 주로 구타나 기합 받을 때 사용된다. 기마 자세나 양반다리 자세를 한 채 몸을 바닥에서 띄운 채로 버텨야 하는데, 육체적으로 엄청난 고통이 따르고 '뜬' 자세를 제대로 유지하지 못하면 군홧발이 날아든다.

"이런 상황들이 너무 힘들어서 몇몇 동기들과, 우리가 '열외'가 되면 이런 불합리를 다 없애자고 말하곤 했습니다. 그런데 사실 이런 외적인 폭력의 문제는 내적인 갈등에 직면했던 때와 비교한다면 차라리 버틸 만한 것이었죠. 정말 힘들었던 건 촛불시위가 시작되면서부터였습니다."

나는 저 반대편으로 가고 싶다

정부에 미국산 쇠고기 재협상을 요구하는 촛불집회가 조금씩 일어나던 시기였다. 이길준 씨는 당시 사회적 분위기나 집회의 내용에 대해서는 잘 알지 못했다. 소대원 30명이 함께 생활하는 내무반에는 TV가 있었지만 뉴스는 틀어놓지 않았기 때문이다. 간혹 시위진압을 나가면서도 출동하는 이유에 대해서는 알지 못했다.

그러던 중 이길준 씨에게도 첫 휴가가 찾아왔다. 이길준 씨는 3박 4일의 휴가 동안 친구들을 만났고 비로소 촛불집회와 그 배경에 대해 듣게되었다. 친구들과 함께 촛불시위 현장을 찾은 이길준 씨는 사뭇 마음이 복잡했다. 다양한 계층이 어우러진 시위대의 분위기는 그 어느 때보다 평화롭고 자유로운 활기에 차 있었다. 그는 시위대의 요구사항에 대해서도 공감하는 면이 많았다. 그리고 그들과 함께하고 있는 그 순간이 그렇게 좋을 수가 없었다.

그러다 문득 불과 며칠 전까지 자기가 서 있던 곳을 바라보았다. 처음으로 진압을 나갔던 5월 19일, 버스에서 꼬박 밤을 새우고 멍한 정신으로 새벽을 맞던 순간이 떠올랐다. 그 자리에 왜 나와 있는지도 모른 채 방패를 들고 무조건 앞으로 가라는 단 하나의 명령을 따르던 자신의 모습이 그곳에 있었다.

'바로 저기가 내가 서 있던 자리구나…….'

이길준 씨의 가슴 속에 휑한 바람이 지나갔다. 의경에 복무하는 기간이 흔적도 없이 사라지는 조용한 시간이 되기를 바랐지만 결코 그렇게 될 수 없을 것 같았다. 이길준 씨는 무거운 마음으로 부대에 복귀했다. 그런데 휴가에서 돌아오자, 부대의 분위기는 완전히 달라져 있었다.

"시위가 조금씩 격렬해지고 있었거든요. 의경 사회를 이끄는 힘 중의하나가 바로 공포입니다. 의경들은 대부분 이곳에 와서 처음으로 시위대와 마주하게 되거든요. 그런데 시위대를 진압할 때 내 몸이 다치지 않아야 하니까 신경이 날카로워지고, 그러면서 자연스레 시위대를 적으로 인식하게 되는 거죠. 또 선임들이 그런 적대적인 분위기를 부추기면서 계속

군기를 잡으니까, 진압을 나갈 때면 의경들도 시위대에 대해 적대적인 공포를 느끼게 되는 겁니다. 바로 그 공포가 의경들을 움직이게 하는 동력이 되는 거예요."

2008년 5월 31일. 5만 명이 넘는 대규모 시위가 있던 날이었다. 이길준 씨가 휴가를 마치고 복귀한 후 나간 첫 진압에서 물대포가 등장했다. 시위대와 대치가 시작되자 소대별로 스크럼을 짜서 앞으로 전진해야 하는 상황이었다. 시위대에 피해가 안 가게 하려고 해도 뒤에서 선임들이 욕하고 때리면 무조건 앞으로 밀고 나가야 했다. 시위대가 이에 저항하며 맞서는 순간 물대포에서 물이 쏟아졌다.

순식간에 시위대의 진영이 흐트러지고 의경들이 바리게이트를 넘어가 방패와 곤봉으로 시위대를 진압했다. 조금 전까지 함성과 구호, 노래가 들리던 광장은 비명과 흐느낌의 아비규환으로 변했다. 그렇게 정신없이 방패와 곤봉을 휘두르다 정신을 차려보면 날이 밝아 있었다. 촛불로 일렁이던 광화문 광장이 텅 비고, 새벽바람을 따라 쓰레기만 이리저리 몰려다니고 있었다.

상황을 정리한 후 쉬면서 대기하는 동안 이길준 씨의 머릿속에는 시위대의 모습이 떠올랐다. 미국과의 쇠고기 재협상 요구, 의료보험 민영화 반대, 경쟁만을 강조하는 교육제도 반대……. 그들의 구호가 귓가에 쟁쟁했다. 이길준 씨는 시위대가 정부에게 요구하는 사항에 대해 전적으로 동감하고 있었다. 자신이 살아가고 있는 이 사회가 잘못된 방향으로 나가는 것을 막기 위해 힘을 보태고 싶었다. 그런데 지금 자신은 오히려 그 시위대를 진압하라는 명령에 복종하고 있었다.

마음 속 괴리감이 점점 커져갔다. 나는 왜 여기에 있는 거지? 그는 저

반대편으로 가고 싶었고, 의경 버스에 앉아 있는 자신의 모습을 인정하기 어려웠다. 내가 나인 것 같지 않았다.

시위대를 진압하고 내무반으로 돌아오면 진압 당시 소극적인 모습을 보인 의경들에 대한 구타가 시작됐다. 특히 제대로 앞으로 밀고 나가지 못한 의경들은 엄청 맞았다. 선임들이 폭행을 가할 때는 항상 불을 꺼놓고 때렸다. 어둠 속에서 맞는 것은 더욱 공포스러웠다.

이길준 씨 역시 시위진압을 소극적으로 했다는 이유로 폭행을 당하곤 했다. 선임이 단봉을 가져 오라고 하더니 그대로 머리를 내려쳤다. 하도 맞다 보니 맞는 것이 두렵지 않던 그였지만, 어둠 속에서 두개골이 쪼개지는 것 같은 통증을 느꼈을 때는 살려달라는 말이 절로 나왔다. 부대 안에서는 선임들의 폭언과 폭력에 시달리고 시위현장에서는 시위대로부터 조롱을 당했다. 양심이 있으면 항명해보라는 야유와 함께 주차금지 푯말부터 모래주머니, 물병, 심지어 까나리 액젓까지 날아들었다. 맞는 것이 아프기도 했지만 무엇보다 기분이 참담했다.

무엇보다 그를 힘들게 한 것은 이 상황을 스스로 선택했다는 사실이었다. 다른 대안이 없어 반쯤은 포기하며 선택한 길이었지만, 어쨌든 의경이 된 것은 이길준 씨 자신의 결정이었다.

'이제라도 멈추자. 지금 멈추지 못한다면 이후의 삶도 결코 달라지지 않을 것이다. 학교 문제도 그랬고, 입대 문제도 마찬가지다. 더 이상 지난 날처럼 나의 신념을 포기하고 싶지 않다.'

결국 이길준 씨는 결심을 굳혔다.

병역거부를 선언하다

촛불집회가 잠시 소강국면에 접어들면서 촛불집회 진압 1호 특별 휴가가 떨어졌다. 서울경찰청 산하 중대가 돌아가며 받게 되는, 중대원 전체에게 주는 2박 3일의 꿀맛 같은 휴가였다. 그 휴가를 받기까지 명령을 거부하고 싶었던 상황이 수도 없이 생겼지만 이길준 씨는 끝까지 참아냈다. 부대 내에서 자신의 결심을 실행에 옮기면 제대로 발언조차 못한 채 조용히 묻힐 수 있는 상황이기 때문이었다. 그는 고통스러운 나날들을 버티며, 휴가일이 오기까지 견디고 또 견뎠다.

휴가 첫날, 이길준 씨는 부대를 나와 시원한 맥주를 한잔 들이켰다. 맥주는 시원했지만 그의 마음은 심란했다. 그는 부대로 복귀하지 않고 병역거부와 양심선언을 하기로 계획을 세운 상태였다. 자신의 신념에 반하는 명령을 더 이상 따를 수 없었고, 부대 내에서 이루어지는 구타, 가혹행위와 인권침해에 대해서도 세상에 알리고 싶었다.

기다리던 순간이었지만 막상 닥치니 부모님 생각에 마음이 무거워졌다. 그의 계획을 돕기로 한 친구는 여러 상황을 고려하며 고민을 거듭했지만, 이길준 씨는 부모님 외에는 크게 걱정되는 것이 없었다. 병역거부를 하지 않고 현실과 타협한 결과 군대 내에서 겪은 마음의 상처와 자책들에 비하면, 양심선언 이후 자신에게 닥칠 어려움은 충분히 헤쳐 나갈 자신이 있었다.

휴가 둘째 날, 이길준 씨는 평화운동 단체인 '전쟁없는세상'의 활동가들과 만남을 가졌다. 그는 부대 내에서 겪었던 모든 일들과 자신의 결심에 대해 이야기했다.

이후 상황이 빠르게 돌아갔다. 각종 매체의 기자들이 모여들었고, 휴가 복귀일이 촉박했기에 단 몇 시간 안에 기자회견에 대한 사항들을 결정해야만 했다.

하지만 이길준 씨는 아직 부모님과 이야기도 못 한 상황에서 먼저 기자회견을 할 수는 없었다. 휴가 복귀 전날, 집으로 돌아온 이길준 씨는 뜬눈으로 밤을 새웠다. 부모님께 말도 못 꺼냈기에 편지라도 써보려고 했지만 이상하게 한 글자도 쓸 수가 없었다. 결국 다음 날 아침 노트북을 비롯해 평소보다 많은 짐을 챙겼다. 아들의 이상한 행동이 마음이 걸렸던 어머니가 불안한 표정을 지었다. 그는 그런 어머니를 보면서도 자신의 결심에 대해 말하지 못했다. 어떻게 말해야 할지 차마 입이 안 떨어졌다. 대신 그는 말없이 어머니를 꼭 안아드리고 집을 나왔다.

이길준 씨는 병역거부 기자회견이 예정된 장소인 기독교회관으로 향했다. 전날, 이미 언론과 인터뷰한 보도자료가 배부되었기에 더 이상 미룰 수 없던 그는 무거운 마음으로 집에 전화를 걸었다.

상황을 들은 부모님은 펄쩍 뛰었다. 곧바로 부모님이 달려왔다. 이길준 씨를 돕기 위해 나온 변호사, 교수 등이 부모님을 설득했지만 어머니는 기자회견을 하면 당신이 죽어버리겠다고 오열했고, 그러는 사이 부대 복귀 시간이 경과했다. 이내로 시간을 더 지체했다가는 강제 연행될 수도 있는 상황이었다. 결국 이길준 씨는 기독교회관에서의 기자회견을 취소하고 신변을 보호할 수 있는 신월동의 한 성당으로 이동했다.

처음 써본 양심선언문

당시 이길준 씨를 향한 각계의 관심과 기대는 엄청났다.

촛불집회를 통해 정부 정책에 대한 반대의 목소리가 들불처럼 번져나가고 있는 상황에서도 정부는 소통의 의지를 전혀 보여주지 않았다. 그 갈등의 한가운데에 시위대와 의경이 있었고, 한 의경이 부대에 복귀하지 않은 채 양심선언을 시도하는 중대한 사건이 발생한 것이다. 이런 정국에서 '촛불집회 진압 거부 의경'의 말 한마디, 행동 하나에 세간의 관심이 모아지는 것은 어쩌면 당연한 결과였다.

하지만 이길준 씨는 그러한 사회적 요구에 부응하기 위해 병역거부를 선택한 것이 아니었다. 물론 자신의 신념에 반하는 명령을 강제로 수행해야 하고, 인권의 사각지대에서 폭력에 노출될 수밖에 없는 전·의경 제도의 잘못된 시스템을 바꾸는 데 기여하고 싶다는 이유도 있었다. 하지만 그에 앞서 자신의 삶을 온전히 주체적으로 살아보려고 하는 몸짓이기도 했다.

한 번도 자신이 원하는 삶을 살지 못했다는 것은 그의 마음속에 뿌리 깊게 남아 있는 상처였다. 그 상처의 이면에는 자기가 자신의 삶을 지켜내지 못했다는 자책과 반성이 있었다. 그래서 용기를 냈고, 이번만은 좌절하고 싶지 않았다. 분위기에 등 떠밀려서 하는 '선언'보다는 온전한 자신의 목소리를 내고자 하는 뜻이 더 컸다.

그러기 위해 가장 시급한 것은 부모님을 설득하는 일이었다.

신부님은 이길준 씨와 부모님에게 방을 하나 내주었다. 정말 오랜만에 부모님과 한방을 쓰려니 기분이 묘했다. 고등학교 때 부모님의 반대로 자퇴를 포기한 이후, 이길준 씨와 부모님 사이에는 마음의 벽이 있었다. 아들이 전과자가 되는 것을 가만히 지켜볼 수는 없는 부모님과 자신의 삶을 신념대로 살아내고 싶은 아들. 서로가 서로를 설득하려는 지루한 시간이 이어졌다. 이길준 씨가 끝내 고집을 꺾지 않자 아버지가 눈물을 보였다. 하지만 아들의 뜻은 확고했고 성당 밖에는 양심선언을 기다리는 수많은 사람들이 모이고 있었다.

"부대로 복귀한다면 그 이후의 삶은 더 힘들어질 것 같아."

어머니는 그렇게 말하는 아들의 얼굴을 물끄러미 바라보았다. 이제 더 이상 막을 수 없다는 안타까움과 절망감이 하룻밤 새 어머니를 십 년은 더 늙어 보이게 만들었다.

그날 밤 이길준 씨는 '나는 저항 한다'라는 제목의 양심선언문을 썼다. 생각을 정리할 수 있는 시간이 많지 않았기에 글을 쓰면서 복잡하게 흩어져 있던 생각의 줄기를 모으고 가다듬었다. 그는 글에서 자신의 행동을 통해 스스로 삶의 주인이 되어감을 느끼고, 폭력이 강요되고 반복되는 지금의 전·의경 제도가 해결되기를 바란다고 썼다. 아울러 자신은 어지러운 정국의 희생양이 아니며, 어떤 이해관계에도 휘둘림 없이 타인과 조화를 이루는 평범함 삶을 살고 싶다는 솔직한 심정을 담았다.

나는 이길준 씨의 양심선언문을 보면서 그가 오롯이 지키고 싶어 했던 양심이란 타인의 가치나 이해에 구속받지 않는 주체적인 삶이라는 것을 알 수 있었다. 그것은 시위진압을 거부하는 의경으로서의 양심선언이자 이길준이라는 한 개인으로서 지금까지의 자신의 삶과 분명한 선을 긋는 새로운 출사표였다.

이길준 씨는 성당에서 기자회견을 열고 밤새 쓴 글을 읽었다. 그가 기자들의 질문에 답하고 있을 때 경찰들이 회견장 안으로 밀고 들어왔다. 그들 중에는 사복을 입은 같은 부대의 의경도 있었다. 이길준 씨는 그들을 보며 묘한 감정을 느꼈다. 불과 며칠 전까지 함께 근무하던 사람들이 감시의 눈빛으로 단상 위의 자신을 보고 있었다. 신부님이 나서서 경찰들을 내보냈다. 그리고 이길준 씨는 성당 지하에 있는 작은 방으로 안내되었다.

방안에 들어서자 다 끝났다는 후련함과 이제 시작이라는 두 가지 생각이 동시에 밀려들었다. 그동안 고민하던 일이 기자회견을 통해 일단락되었다는 후련함과 동시에 벌써 수감생활이 시작된 것 같은 고립감이 들었던 것이다.

기자회견이 끝나자 촛불을 든 사람들이 성당 마당으로 모여들었다. 양심선언의 주인공 이길준 의경을 응원하고 그를 공권력으로부터 지키기 위한 사람들이었다. 그렇게 5일간의 농성이 시작되었다.

이길준 씨의 농성은 많은 관심과 지지를 받았다. 이길준 씨의 친척과 친구들은 물론이거니와 성당 주변의 주민들, 그리고 인터넷을 보고 찾아온 지지자들이 응원의 메시지와 더불어 후원물품들을 보내왔다. 성당 밖에 진을 치고 있는 경찰들로부터 그를 지키기 위한 지킴이도 등장했다. 양심에 따른 병역거부자에게 이처럼 많은 지지와 격려, 관심이 쏟아진 것은 극히 이례적인 일이었다. 저녁 8시에는 성당 마당에서 촛불집회가 열렸다. 작은 성당 마당에 200여 개가 넘는 촛불들이 모여 이길준 씨의 양심선언을 응원했다.

그렇게 많은 사람들의 지지와 관심이 들끓고 있던 그때, 지하 작은 방에 홀로 있던 이길준 씨는 성당 마당에 흘러넘치는 뜨거운 열기와는 다른 착잡한 기분을 떨치기 어려웠다. 시간이 흐를수록 농성이 뭔가 잘못 흘러가고 있다는 생각이 들었기 때문이다. 주체적인 삶을 살아보겠다는 결심으로 시작한 일인데 그 농성 안에 정작 자신이 없었던 것이다. 기자회견을 하고 시작된 농성 첫날에는 자신의 목소리를 적극적으로 내겠다는 생각으로 기자들이 찾아오면 최대한 많이 만나려고 했다. 하지만 그를 찾아온 기자들은 그의 이야기에 귀를 기울이기보다는 자신들이 생각하는 틀 안에서 그를 포장하려고 했다.

농성장에는 자신의 이름을 내건 피켓과 '전의경제 폐지'라는 플랜카드와 지지자들로 넘쳤지만 이길준 씨는 그들과 말 한마디 편하게 할 수 있는 상황이 아니었다. 밖으로 나가면 당장 경찰에 검거될 처지였기에, 마당으로 나가 촛불집회를 함께할 수도 없었다. 지하 작은 방에서 하루에도 몇 번씩 찾아오는 사람들을 만나 그들의 이야기를 들어야 했다. '촛불 의경 이길준'을 향한 기대치가 너무 크고 무거웠다.

그러던 중 이길준 씨와 비슷한 경험을 한 병역거부자가 찾아왔다. 2003년 한국군의 이라크전 파병에 반대하며 현직 군인 신분으로 병역거부를 한 강철민 씨다. 그 역시 이길준 씨처럼 병역의무를 이행하기 위해 입대했지만, 미국의 부당한 이라크 침략전쟁에 한국군이 파병할 것이라는 소식을 접한 뒤 파병 철회를 주장하며 병역을 거부하고, 휴가 미 복귀 후 일주일간 농성을 했다.

사안은 달랐지만 선택적 병역거부라는 점에서 두 사람은 많은 공통점이 있었다. 여러 가지 비슷한 상황을 먼저 경험했던 강철민 씨는 이길준 씨의 손을 잡아주며, 외부적 상황이 어떻게 돌아가든 자신의 주체적인 마음을 끝까지 잃지 말라고 조언해주었다.

이길준 씨 역시 자기를 향한 세간의 관심이 중요한 게 아니라고 생각했다. 바로 이 순간, 자신이 선택하여 믿고 지향하는 것을 실천하고 싶었을 뿐이지, 이 분위기를 이용해서 어떤 다른 것을 얻겠다는 의도는 없었다. 비슷한 또래의 젊은이들이 한쪽은 시위대가 되고 한쪽은 진압대가 되어 맞닥뜨리게 만드는 구조의 문제점을 지적하고, 거기에서 벗어나 살 수 있다는 것을 보여주고 싶은 것뿐이었다.

결국 이길준 씨는 5일간의 농성을 마무리하며 "현행법을 어겼을지언정 인간의 도리는 어기지 않았다"라는 말을 남기고 경찰에 자진출두했다.

재판, 나는 저항한다

중랑경찰서 유치장에 수감된 이길준 씨는 곧바로 검찰 조사를 받았다. 조사과정에서 만난 검사는 사실관계를 확인하기보다는 논쟁을 통해 이길준 씨의 신념을 깎아내리고 싶어 했다.

검사는 시위대가 청와대를 향하고 있는데 의경이 그들을 진압하지 않는 것이 잘못 아니냐고 질문했다. 검사는 촛불 시위대가 잘못이지 그들을 진압한 의경은 잘못이 없다며 강도가 총칼을 들고 집안으로 들어오는데 이를 저지하지 않을 사람이 어디 있겠느냐는 논리를 폈다. 그리고 조사 둘째 날부터는 양심선언의 배후가 누구인지 끈질기게 물었다. 심지어는 대학 때 그가 친구들과 만들었던 사적인 모임까지 알아내 국가전복을 꿈꾸는 단체가 아니었냐고 몰아붙이기도 했다.

구속영장 심사에서 불구속 처분을 받은 이길준 씨는 경찰서를 나서며

재판 때까지 자신의 생각을 정리할 시간이 생겼음에 안도했다. 그런데 경찰서 출구에는 자신의 부대에서 온 간부들이 지키고 서 있었다. 불구속되었으니 원래의 부대로 데려가겠다는 것이었다. 병역을 거부한 뒤 불구속 처분을 받은 사람을 다시 부대로 데려간다고 하니 이길준 씨는 어처구니가 없었다. 이길준 씨는 집으로 가겠다고 버텼지만 결국 부대로 끌려갈 수밖에 없었다. 그는 원래 지내던 내무반에서 하룻밤을 보냈다. 부대에서는 그 혼자 침상 하나를 쓰게 하고 아무도 가까이 다가가지 못하게 했다. 이길준 씨는 부당한 연행에 대해 거세게 항의해봤지만 어찌할 도리가 없었다. 선임들이 돌아가며 그를 감시했다.

그러다가 비번이었던 소대장이 부대로 돌아오면서 상황은 좀 편안해졌다. 그는 감시조를 없애고 이길준 씨와 많은 이야기를 하려고 노력했다. 소대장은 다른 건 바라지 않고 같이 무사히 제대하고 싶다는 말을 해주었다. 자신을 진심으로 걱정해주는 소대장의 마음이 느껴져서 고마웠다. 또 어떤 선임은 남들이 안 보는 틈을 타, 몰래 그의 손을 꼭 잡아주고 가기도 했다. 아무런 이야기도 나눌 수 없었지만 그런 선임의 행동이 백 마디 말보다 힘이 되었다. 조직의 한 사람으로서가 아니라, 같은 처지의 또래 청년이 건네는 무언의 응원처럼 느껴졌기 때문이다.

영장 실질 심사를 다시 받게 되었다. 그런데 검찰 쪽에서 고발 내용을 하나 더 추가했다. 원래는 부대 미복귀, 상관에 대한 명예훼손이 고발 내용의 전부였는데, 여기에 중대장에 대한 명령 불복종 죄가 추가된 것이다. 어떤 연유에서 이 죄가 추가된 것이었을까? 이길준 씨가 불구속 처분을 받고 집으로 돌아가려 할 때였다. 갑자기 나타난 중대장이 그를 곧바로 시위현장으로 데려가려 했던 웃지 못할 상황이 있었다. 중대장은 빨리 부대에 합류하자며 막무가내로 그를 잡아끌었다. 시위진압을 할 수 없다며 병역거부를 선언하고 5일간 농성까지 한 사람을 다시 시위현장으로 끌고 가려고 했던 것이다.

의경사회의 문제점 중의 하나가 중대장 같은 지휘관이 각 의경의 사정을 잘 모르는 경우가 많다는 것이다. 더 높은 보직으로 가기 위해 거쳐 가는 자리 정도의 역할만 하기 때문이다. 그래서 이길준 씨의 휴가 미 복귀 배경에 대해 잘 알지 못한 중대장이 그를 내무반도 아닌 시위현장으로 데려가려 한 것이었다. 당시 이길준 씨가 중대장을 설득하며 버텼고, 검찰이 이때의 실랑이를 문제 삼아 중대장에 대한 명령 불복종 죄를 추가한 것이었다.

1심 재판에서는 그와 함께 생활했던 내무반 선임과 동기들이 검찰 쪽 증인으로 나와 그에게 불리한 증언을 했다. 이길준 씨가 주장한 내무반에서의 인권 문제나 시위진압 과정에서 행해지는 폭력 등에 관한 내용이 실제와 많이 다르다는 것이었다. 어떤 선임은 시위진압 기간 중 휴가를 나가 있었음에도 마치 자기가 그 현장에 있었던 것처럼 거짓 증언을 하기도 했다. 마지막에 동기가 나와 자신에게 불리한 증언을 할 때는 이길준 씨도 화가 나서 "정말 그런 일이 없었냐"라며 격앙된 목소리를 냈다.

하지만 변호인 측에서는 증언해줄 사람을 찾기 어려웠다. 이길준 씨에게 유리한 증언을 해줄 현직 의경이 현실적으로 있을 수 없기 때문이다. 증언 내용만 놓고 보면 마치 이길준 씨가 거짓말하고 있는 것 같은 형국이었다. 세간의 이목이 집중된 사건이다 보니 1심 판사는 이길준 씨에게 발언할 기회를 많이 주었지만, 그가 홀로 그 많은 이들을 상대하기에는 너무 벅찼다.

이번에는 검사가 이길준 씨를 직접 심문하고 싶다고 요청했다. 그에게 집요한 질문 세례를 퍼부었던 검사였다. 검사는 이번에도 똑같은 질문을 했다.

"시위대가 청와대로 가고 있다. 그것을 막지 않는 게 과연 정당한가? 시위대가 대통령에게 가서 도대체 무슨 일을 하겠는가?"

"대통령을 만나서 대화하겠지요. 그게 시위대의 목표니까요."

방청석에서 웃음소리가 들렸다. 검사는 질문을 마치고 오히려 이길준 씨를 칭찬했다. 그는 과거 이길준 씨가 인터넷에 올렸던 소설까지 모두 찾아서 읽고는 재능이 많은 청년인데 구형하게 되어 아쉽다는 소견을 피력한 후, 자그마치 3년을 구형했다.

"정말 기억에 남는 검사였죠. 병역거부자는 1년 6개월을 선고하는 게 정형화되어 있는데 굳이 3년을 구형하면서 저를 생각해주는 척했거든요.(웃음) 결국 1심에서 1년 6개월의 형량이 선고됐고, 검사도 저도 둘 다 항소했습니다. 검사는 형량이 너무 적다고 항소했고, 저는 검찰 측의 고발 내용이 모두 인정된 것에 불복해서 항소한 거죠."

하지만 2심 재판 결과, 또 다시 검찰 측의 고발 내용 세 가지가 모두 인정되었다. 게다가 6개월의 형량이 추가되어 2년이 선고되었다. 입대 후 병역을 거부한 경우는 입대 전 병역거부에 비해 죄질이 더 나쁘다는 이유에서였다. 입대 전 병역거부가 개인적 사유라면 입대 후 병역거부는 경찰의 명예를 훼손하고 경찰조직에 대한 신뢰를 무너뜨리며 국가의 시스템을 교란시킨다는 점에서 더 위중한 범죄라는 것이었다. 재판은 3심까지 갔으나 결국 2년으로 형이 확정되었다.

과거로 다시 돌아가도 동일한 결정을 할 것이다

이길준 씨는 출소 후 많은 병역거부자들이 겪는다는 '출소병'을 앓으며 힘든 시간을 보냈다. 감옥에서 생각했던 것과 실제 다시 접한 세상과의 괴리에서 오는 슬럼프였다. 처음 출소했을 때는 사람들도 많이 만나고 인터뷰도 적극적으로 했다. 하지만 현실은 달랐다. 세상에 나오면 뭐든지 잘할 수 있을 것 같았는데 현실의 벽은 만만치 않았고 사람들의 기대 또한 견디기 힘들었다. 게다가 인간관계에서 심각한 위기를 겪기도 했다. 그러자 모든 것이 다 허망해졌다. 더 이상 말을 하기도 싫었고 말이나 글로부터 벗어나고 싶어졌다. 그래서 무조건 기타를 붙들고 자기의 이야기들을 곡으로 써나갔다. 음악을 통해 상처받았던 자신의 마음을 치유해나갔다.

그렇게 힘든 시간을 보내고 나서야 사람들의 기대, 스스로에 대한 기대를 다 포용할 마음이 생겼다고 이길준 씨는 고백한다. 그렇게 자신을 조금씩 추슬러나가며 다시 글도 쓸 수 있게 되었고, 얼마 전에는 자신이 쓴 소설로 문학상을 수상하기도 했다.

"20대 초반에는 스스로에 대한 채찍질로 자책도 많이 했어요. 하지만 지금은 자신이 해왔던 모든 것을 다 끌어안고 가는 것이 삶이라는 생각이 들어요."

이길준 씨는 마지막으로 병역거부라는 선택이 자신의 삶에 미친 영향에 대해 이야기를 꺼냈다. 억압적이고 폭력적인 학교를 끝까지 다녀야 했고, 동의하지 않으면서 어쩔 수 없이 입대해야 했던 두 차례의 경험을 통해 그는 자존감이 많이 없어졌다고 한다. 하지만 병역거부를 선언하면서 처음으로 내면의 목소리에 귀 기울이고 실천하는 법을 깨달았기에 지난 선택에 아무런 후회가 없다는 것이다.

"병역거부를 하든, 꾹 참고 견뎌서 제대를 하든 삶은 계속 되죠. 병역거부도 그저 삶의 한 과정이니까요. 저는 누군가 어떤 결정을 내리든 간에, 자신의 삶에 대해 자기 스스로에게 계속 질문을 던지는 게 중요하다고 생각해요. 내가 원하는 게 무엇인지 스스로에게 말해보고 자기 목소리에 귀를 기울여야 합니다. 어떤 결정을 했느냐보다는 그 결정을 내리기까지의 '과정'이 중요한 거니까요. 그래서 저는 과거로 돌아가더라도 같은 선택을 할 것 같습니다. 촛불 의경 이길준이 아니라 그냥 저 자신 이길준으로서 말이죠."

종교적인 이유로 병역거부를 하는 건 특정 종교 신자들만의 일이 아니다. 개신교 신자인 이상민 씨는 7년간의 고민 끝에 자신의 종교적인 신념을 바탕으로 병역거부를 선택했다. 군 장교 출신의 아버지와 친척들 사이에서 성장한 그는 병역거부를 결정하기까지 부모님과 오랜 갈등을 겪어왔다. 2014년 4월 구속된 그는 현재 서울 남부구치소에 수감되어 있다.

7년의
터널

"저를 고발해주십시오"

전화벨이 울렸다. 엄마다. 나는 잠깐 망설이다가 전화를 받았다. 그간의 갈등을 떠올리면 마음이 무겁기도 하지만 우선은 핸드폰 창에 떠오른 '엄마'라는 두 글자가 반가웠다.

"상민아, 집에 좀 와라. 너무 보고 싶다."

엄마 목소리를 듣는 순간 서운하고 불편했던 감정이 모두 녹아버렸다. 시계는 벌써 자정을 지나고 있었지만 나는 서둘러 택시를 타고 집으로 향했다. 군 입대일이 이틀밖에 남지 않은 지금, 병역거부 문제로 불거진 부모님과의 갈등을 완전히 봉합할 수는 없어도 작은 화해의 불씨는 살릴

＊이 장은 이야기를 더욱 생생하게 전달하기 위해 1인칭 시점으로 서술했다.

수 있을 것 같았다.

그런데 현관에 신발이 가득했다. 의아해하며 들어서는데 엄마보다 낯선 얼굴들이 먼저 나를 반겼다.

"상민아, 엄마 교회 집사님들이야. 널 위해 기도해주러 오셨어."

엄마와 같은 교회에 다닌다는 그분들은 나를 에워싸더니 방 한가운데 앉혀놓고 통성기도와 방언을 쏟아내기 시작했다. 나는 처음에는 당혹스러웠지만 이게 엄마가 결정한 최선의 방법인가 싶어 참고 있었다. 그러나 그분들의 행동은 도를 넘어, 다음날 아침 집을 나서려는 나를 물리적으로 막아서기까지 했다. 오히려 엄마는 더 이상 내 결심을 돌릴 수 없다는 것을 받아들이는 듯 그만 보내주라며 말리는데, 그분들은 엄마의 말도 아랑곳하지 않고 "하나님께서 상민이를 감옥에 보내지 않겠다는 기도 응답을 주셨다"라며 나를 막아섰다.

"저에 대해서 뭘 안다고 그런 말씀을 하시는 거예요? 그동안 내가 이것 때문에 얼마나 오래 마음고생을 했는지 알기나 하세요?"

나는 참다못해 소리를 질렀다. 그분들은 내 입장이나 내 부모의 가슴앓이와는 상관없이 자신들이 좋은 대로 행동하고 있었다. 나는 모욕감과 분노를 느꼈다. 이런 방법까지 생각해낸 엄마가 안쓰러우면서도 답답했다. 아버지는 내 결심을 늦게 알았기에 강경할 수밖에 없다 해도 엄마는 조금이나마 이해할 줄 알았다. 그런데 끝내 이런 모습으로 헤어지게 되는가 싶어 안타까운 마음으로 뛰쳐나오듯 다시 집을 나오고 말았다.

결국 사랑하는 부모님과 작은 화해의 인사조차 나누지 못한 채 이틀의 시간이 흐르고 입대 날 아침이 밝아왔다. 나는 병무청에 전화를 걸었다.

"오늘이 입대 날인데 종교적 신념에 따라 소집에 응하지 않겠습니다.

저를 고발해주십시오."

7년이란 긴 시간 동안 나 홀로, 때로는 엄마와 여자친구 그리고 또 다른 가족들과 부대끼며 갈등해온 문제, 가슴속에 돌덩이처럼 걸려 있던 문제가 일단락될 시간이 온 것이다. 나는 차라리 후련했다.

내겐 너무 멋졌던 F5 전투기

아버지는 공군 파일럿이었다. 우리 가족은 아버지의 근무지를 따라 광주, 강릉, 수원, 예천 등을 다니며 공군 관사에서 생활했다. 군인답게 군살 없는 몸매에 제복을 차려입은 아버지는 늘 당당한 모습이었다. 나는 다른 군인 가족의 아이들과 비행장을 놀이터 삼아 뛰어다니며 놀았다. 흰 눈이 가득 쌓인 강릉 비행장의 활주로에서 눈 치우는 군인들 틈에 끼여 철모르고 뛰어놀던 그때, 나는 친구들과 하늘을 보며 전투기 기종을 알아맞히는 놀이를 하곤 했다.

우리는 고작 열 살 남짓의 아이들이었지만 미사일 이름과 성능, 전투기 기종에 대해 줄줄 꿰고 있었다. 다른 아이들이 건담 로봇을 조립하고 있을 때 우리는 전투기 프라모델을 만들며 놀았고 장난감 총을 개조해서 성능을 더 높이는 방법에 통달해 있었다. 마치 군인이 된 것처럼 친구들과 각종 전투를 벌이던 게 내 유년 시절의 가장 큰 추억이다.

나를 무척 사랑해주셨던 외할아버지도 육군사관학교 출신의 군인이었기에 나는 누구보다 군대에 친숙했다. 아버지가 소령으로 전역한 후 민간항공기 조종사가 되어 서울로 올라올 때까지는 민간인보다 군인들과 지낸 시간이 더 많을 정도였다.

그때의 나는 지금의 내 모습을 상상할 수 있었을까. 기독교 평화주의 신념으로 병역을 거부하고 가족들의 가슴에 대못을 박으며 평생 전과자로 살아갈 것을 스스로 선택한 지금의 내 모습을. 하늘을 나는 F5 전투기를 향해 신나게 손을 흔들고 날렵한 전투기와 제복을 입은 아버지를 동경하던 소년이 10여 년이 흐른 지금, 그 모든 것들에 거부감을 느끼고 병역을 거부하게 되리라곤 꿈에도 생각하지 못했다.

서울에서의 생활

열두 살 무렵, 아버지의 전역과 함께 우리 가족은 정든 관사를 떠나 서울로 왔다. 서울은 적응하기 힘든 도시였다. 나는 전학 간 초등학교에서 처음으로 '왕따'를 경험했다. 군대 관사에서 지낼 때는 학교 규모도 학년당 두 반 정도로 작았고, 친구들 간에 경쟁도 벽도 없었다. 그저 다 같이 어울려 놀면 그뿐이었다.

하지만 서울은 달랐다. 아이들은 하루에도 서너 군데의 학원을 다니며 엄청난 양의 공부를 했고, 경쟁도 무척 심했다. 한번 싸우면 절대 화해하지 않고 서로 외면하고 지내는 모습도 내겐 충격이었다. 거기에 비하면 관사 친구들과 벌이던 가상의 전투는 아무것도 아니었다. 나는 그런 문화에 적응하는 게 무척 어렵고 힘들었다.

그래서였을까. 부모님을 따라 다니게 된 교회에서 나는 심리적 안정감을 얻게 되었다. 당시 교회 목사님은 우리가 관사에 살 때 군목으로 있던 분이었다. 교회에서는 학교와 달리 아이들과도 쉽게 친해질 수 있었고, 낯선 서울살이에 부대끼던 나와 부모님에게 적잖은 위로가 되었다.

부모님은 하나뿐인 자식인 내게 기대가 컸다. 어렸을 때 내가 동화책보다 백과사전을 즐겨보던 모습을 보고, 부모들이 흔히 자식에게 품게 되는 막연한 기대감으로 내 장래를 설계하고 계셨던 것이다. 하지만 나는 공부가 싫었다. 머리를 쓰는 일보다는 몸으로 하는 일이 적성에 맞다고 생각했기에 실업계 고등학교에 진학하고 싶었다. 그게 부모님과의 첫 번째 갈등이었다.

나는 충분히 스스로 진로에 대해 결정할 수 있는 시기라고 믿었지만 부모님은 실업계 고교 진학을 극구 반대했다.

아버지의 불같은 성격이 결국 내 고집을 꺾었다. 아버지는 좋은 가장이었지만 동시에 자신의 감정 조절에 미숙한 분이었다. 군대 생활의 스트레스 때문에 폭음할 때가 많았고 술에 취하면 엄마와 내게 종종 폭력을 쓰곤 했다. 전역한 뒤에도 그때의 습관을 버리지는 못했다. 어쩌면 나는 아버지를 통해 폭력의 그림자를 처음 보았는지도 모르겠다. 한없이 좋고 멋있던 아버지가 한순간 다른 사람이 되어버릴 때의 아찔한 기억. 그것이 불안한 감정으로 저장되는 순간 나는 아버지를 신뢰할 수 없게 되었다.

대학 진학을 앞두고 다시 한 번 갈등이 불거졌다. 내가 신학대학의 유아교육과에 가겠다고 하자 아버지가 펄쩍 뛴 것이다. 멀쩡한 사내자식이 여자애들이나 가는 그런 학과에 가서 장차 뭘 하겠느냐는 이유였다. 하지만 나도 이번에는 물러설 수 없었다. 초등학교와 중·고교 12년의 공교육을 거치면서 좋은 기억이 하나도 없었다. 공정함 대신 차별이 있었고 한 사람 한 사람의 개성을 보기보단 성적에 맞춰 줄 세우기에 급급한 공교육은 학생들을 피폐하게 만들 뿐이었다.

그래서 나는 아이들이 가정을 나와서 처음으로 생활하게 되는 유치원에서부터 제대로 된 교육을 해보고 싶었다. 그리고 무엇보다 이번에도 내 인생을 다른 사람이 선택하게 한다면, 앞으로는 더 이상 내 삶을 결정할 수 있는 용기를 잃어버릴 것만 같았다. 나는 끝까지 주장을 굽히지 않았고 이번에는 아버지가 물러섰다.

나는 대학에 진학하면서 성경 공부를 본격적으로 하게 되었다. IVF(Inter-Varsity christian Fellowship)라는 기독교 청년 선교 동아리에 가입해서 성경을 읽고 토론하고 함께 기도하면서 어릴 때부터 막연히 품어왔던 신앙을 키워나갔다. 이렇게 같은 과 동기들과 친해지고 동아리 활동도 해나가면서 안정을 찾아가던 무렵 예기치 않은 터닝 포인트가 찾아왔다.

기독교 평화주의

2007년, 대학교 2학년 때 나는 우연히 『복음과 상황』이라는 기독교 월간지를 읽게 되었다. 그 책에 기독교 평화주의에 대한 신념으로 병역을 거부한 박정경수 씨의 기사가 실려 있었다. 그때까지만 해도 나는 종교적인 이유로 병역을 거부하는 이들은 여호와의 증인뿐인 줄 알았다. 그런데 박정경수 씨의 인터뷰를 보니 그는 나와 같은 개신교도로서 기독교 평화주의 신념을 들어 양심에 따른 병역거부를 했던 것이다.

처음에는 그저 신선하기만 했다. 그런데 점차 기독교 평화주의라는 용어가 낯설면서도 흥미롭게 다가왔다. 기독교는 당연히 평화의 종교이지만 거기에 '주의'라는 말이 붙으니 새로운 느낌이 들었다. 기사를 덮고 나서도 계속 머릿속을 떠나지 않았다. 그 일을 계기로 기독교 평화주의에 대한 공부를 해나가다 보니 '주의'라는 말은 생각보다 강한 힘을 지니고 있다는 걸 알게 되었다. 그건 바로 행동을 동반하기 때문이었다.

평화는 어릴 때 내가 생각했던 것처럼 F5 전투기가 지켜주는 것이 아니었다. 평화는 평화로써 지켜질 때 가장 의미가 있다. 하지만 평화를 지켜나가는 과정은 결코 순탄하지 않음을 나는 박정경수 씨의 사례를 통해 실감했다. 평화의 방법으로 평화를 지키겠다는 그의 신념은 군대 대신 감옥에 가야 하는 대가를 치러야 했다.

사실 나는 병역을 거부한다는 신념을 갖고 있지만 군대의 기능을 완전히 부정하지는 않는다. 군대가 전쟁 억제 기능을 하고 있다는 것도 잘 알고 있다. 때문에 군대에 가거나 군인으로서의 삶을 사는 사람들을 비난한다든지 이해하지 못하는 것도 아니다. 내 친구들 또한 학사장교나 일반 군인으로 병역의 임무를 다하고 있다. 나는 그 친구들에게 거부감을 느끼지 않는다. 다만 내가 기독교인으로서, 어떤 이유에서든지 누군가에게 폭력을 가하고 다른 사람에게 상처와 피해를 줄 수 있다는 점이 두렵고 불편할 뿐이다.

박정경수 씨의 인터뷰 기사는 종교의 가치에 대한 내 생각에 불을 지펴주었다. 어릴 때부터 꾸준히 교회를 다니기는 했지만 내가 기독교에 대해 알고 있는 것은 지극히 피상적이었다. 종교가 생활의 일부이긴 했으나 내면 깊숙이 파고들어오지는 못했던 것이다. 그러다 대학 입학 후 성경을 심도 있게 공부하면서 내가 믿고 있는 종교에 비로소 의지할 수 있는 마음이 생겼고, 믿음이 깊어지던 무렵에 그 기사를 접한 것이다. 그때부터 무려 7년이란 긴 시간 동안 내가 믿는 것을 실천하는 일이, 과연 나란 인간이 감당할 수 있는 일일까 하는 화두를 붙들고 지내야 했다.

기독교인으로서 병역을 거부하는 것이 어떤 이에게는 모순으로 보일 수도 있다. 기독교는 국가가 양심에 따른 병역거부를 인정하는 것이 이단 종파의 논리를 옹호하는 것이라고 보고, 다른 어떤 종교보다 강력하게 반대하고 있기 때문이다.

하지만 기독교 평화주의의 역사는 길고 분명하다. 그 뿌리를 찾아 거슬러 올라가면, 로마시대를 비롯해서 초기 기독교인들도 군대를 당연히 피해야 할 것으로 여겼음을 알 수 있다. 예수님의 가르침인 이웃 사랑의 계명을 지키기 위해서는 살인이나 폭력 같은 행동을 할 수 없기에 많은 기독교인들이 병역을 거부했다.

이러한 전통은 지속적으로 이어져, 1·2차 세계대전 중에도 병역을 거부하고 전쟁을 반대한 기독교인들이 많이 생겨났다. 20세기 세계 복음주의를 이끌었던 존 스토트(John Stott, 1921~2011) 목사도 해군 대령인 부친과의 다툼에도 불구하고, 2차 세계대전 당시 기독교 평화주의의 신념으로 병역을 거부했다.

사실 요즘 사회에서 평화를 위협하는 것은 전쟁이나 핵무기뿐만이 아니다. 빈곤, 환경 파괴, 과도한 경쟁과 이기심으로 인한 눈에 보이지 않는 폭력들이 훨씬 위협적이다.

군대에 가서 총을 드는 대신 이처럼 눈에 보이지 않는 폭력의 위험에 놓여 있는 사람들을 찾아 봉사하고 도울 수 있는 대체복무의 길이 열린다면 기독교 평화주의의 전통이 사회적 순기능을 담당하며 이어질 수 있다고 나는 생각한다. 그러나 우리나라의 현실은 그렇지 못하다. 우리나라에서는 4주간의 군사훈련과 예비군 소집에 응해야 한다는 조건을 전제로 대체복무가 인정되고 있어서 집총 자체를 거부하는 나 같은 사람에겐 무용지물이나 다름없다.

모니터를 잡고 울다

박정경수 씨의 인터뷰 기사를 보았던 대학 2학년 스물한 살 때부터 3년 여를 나는 혼자 고민했다. 병역을 거부하겠다는 결심은 섰지만 누구에게 알릴 수도 없었고 또 내가 그 선택을 끝까지 감당하고 책임질 수 있을지 확신도 서지 않았기 때문이다. 하지만 내가 옳다고 믿는 것을 할 수 있는 것이 바로 내 신앙고백이라는 생각이 들었다. 평화의 소중함과 가치를 알고 있다면 나는 평화주의자가 될 수 있어야 했다.

결심을 굳히고 평화운동 단체인 '전쟁없는세상' 사무실을 찾았다. 거기에서 병역을 거부하고 수감생활을 했던 사람들을 만나 내 결심을 더욱 확고히 하고 싶었다. 그러나 막상 만난 그들은 내게 다시 한 번 더 생각하라고 조언해주었다. 선택도, 그에 대한 책임도 결국 당사자의 몫이므로 더 신중히 결정하라는 것이었다. 그런데 이상하게도 그런 말을 들으니 내 마음이 더 단단해지는 걸 느꼈다.

2008년 12월. 내 마음은 날씨만큼이나 스산했다. 학교도 휴학과 복학을 반복하며 이어가는 상황이었고 마음먹은 일을 실천해야 한다는 부담감도 만만치 않았다. 결심을 행동으로 옮기기까지 해결해야 할 과제들이 너무 많았다.

가장 큰 문제는 역시 가족이었다. 아버지는 애초부터 설득할 수 없을 거라고 생각했지만 엄마가 받을 충격이 걱정이었다. 친가에는 알리지 않는다고 해도, 같이 살고 있는 외할아버지나 나를 유독 예뻐했던 외가 친척들에게 병역을 거부하고 감옥에 가려 한다는 사실을 알리는 게 결코 쉽지 않았다. 가족에게 상처를 주는 일이기 때문이다. 그래서 나는 대체복무제 시행에 희망을 걸고 있었다.

그 제도가 실행되면 감옥이나 전과자라는 말을 빼고 나의 신념을 이야기할 수 있고 가족들을 설득하는 것도 훨씬 순조로울 것 같았다. 다행히 당시 대체복무제에 대한 사회적 분위기와 여론도 호의적으로 형성되고 있었고, 국방부에서도 2009년 실행을 목표로 대체복무 제도 방안을 수립하고 있어서 곧 좋은 결과가 있을 거라고 기대했다.

그런데 2008년 12월 24일 크리스마스 이브, 평소처럼 컴퓨터를 켜고 뉴스를 검색하던 나는 그대로 얼어붙고 말았다. 모니터에는 '대체복무제 전면 백지화'라는 기사가 떠 있었다. 양심에 따른 병역거부에 대해 보수적인 시각을 보이던 이명박 후보가 대통령에 당선되자, 국방부가 대체복무제는 시기상조라며 전면 백지화를 발표한 것이다.

나도 모르게 모니터를 붙들고 눈물을 쏟았다. 어쩌면 조금은 쉽게 갈 수 있을지도 모른다고 생각했던 길에 커다란 바윗돌 하나가 굴러들어온 것 같았다. 내 힘과 의지로는 도저히 치워버릴 수 없는 거대한 장애물 앞에서 나는 무력하게 울고 말았다.

국방부는 여론조사 결과 응답자의 68.1%가 대체복무제를 반대했다는 이유를 들었다. 하지만 여론조사의 문항은 구조적으로 반대 여론을 형성할 확률이 높아 보이는 문항들로 이루어져 있었다.

예를 들어, 여론조사지의 첫 번째 문항에서 "종교적 사유 등 병역거부란 종교나 개인적 신념에 의해서 무기 사용을 거부하는 것으로, 군복무 대신 사회봉사 등의 공익 분야에서 대체복무 허용을 요구하는 것을 말한다"라고만 되어 있다. 대체복무자가 군복무자보다 더 긴 시간 동안 복무해야 하며 노인, 장애인, 환자 등을 수발하는 어렵고 힘든 일을 수행하게 될 거라는 사실은 빠져 있었다.

단순히 군 복무 대신 공익 분야의 대체복무를 허용하는 것에 동의하느냐고 묻는다면 형평성 차원에서 많은 이들이 동의하지 못할 것은 뻔한 일이기 때문이다. 단어 하나의 미묘한 뉘앙스에도 사람들의 선택이 달라질 수 있다는 점을 고려할 때 이런 문항들은 여론을 호도할 수 있는 함정이 커 보였다. 그래서 이런 문항들로 채워진 여론조사 결과가 대체복무제를 전면 백지화시킨 주요 근거로 작용했다는 사실이 더 안타깝게 느껴졌다.

큰일이 큰 사람을 만든다

3년간의 자취생활을 청산하고 집으로 들어갔다. 대학교를 졸업하면 어차피 영장이 나올 텐데 그 전에 가족들에게 내 생각을 알리고 서로 마음을 정리할 시간이 필요하다고 생각해서였다.

나는 먼저 엄마에게 병역거부의 의사를 알렸다. 엄마의 충격은 예상보다 훨씬 컸다. 다른 문제는 다 차치하고라도 하나밖에 없는 아들이 전과자가 되어 평생 사회에서 그림자처럼 사는 것만은 절대 볼 수 없다며 펄쩍 뛰었다. 함께 사는 외할아버지나 아버지에게는 알리지도 못한 채 나는 엄마를 설득하려고 노력했다. 하지만 자식이 전과자가 된다는 두려움이 앞섰던 엄마는 내 이야기를 들어주지 않았다. 그 와중에 사귀던 여자친구와도 결별했다. 내 신념을 이해해주던 친구였지만 엄마가 그렇게까지 반대하는데도 결국 부모에게 상처를 주는 길을 선택한 나를 이해할 수 없다고 했다. 쉽지 않을 거라 예상했지만 막상 현실에 부딪치고 보니 너무 힘들고 괴로웠다.

엄마는 나를 설득하기 위해 정신과 상담을 받아보자고 했다. 이를 통해 내 판단이 잘못된 것임을 증명하고 싶어 했지만 결과는 오히려 반대였다. 내가 아니라 자식의 독립성을 인정하지 못하는 엄마의 태도에 문제가 있다는 결과가 나왔고, 교정의 대상은 내가 아닌 엄마를 향했다. 이런 결과를 받아들이지 못하던 엄마는 나에게 각종 상담 치료들을 받아보자고 제안했다.

엄마는 더 이상 나를 설득하는 것은 포기한 상태였고 어떻게든 내가 감옥에 가는 것을 막기 위해 군 면제 판결을 받을 수 있는 방법을 찾고 있었다. 하지만 당연하게도 엄마가 원하는 결과는 나오지 않았다. 엄마도 나도 서로를 이해시키기 위해 고군분투했지만 결국 문제는 원점으로 돌아가 있었다.

2013년 여름, 처음으로 영장이 나왔다. 나는 더 이상 연기하지 않기로 마음먹었다.

사실 엄마와의 갈등 못지않게 내 뇌리를 떠나지 않았던 건 스스로에 대한 불신이었다. 내가 정말 병역을 거부하고 그에 대해 끝까지 책임질 수 있는 깜냥의 사람일까? 나는 아직 나를(그런 큰일을 감당해낼 만한 사람으로) 온전히 믿을 수 없었다. 하지만 우연한 기회에 이 고민이 정리되는 계기가 생겼다. 인터뷰 기사를 접하고 알게 된 박정경수 씨를 종종 만나곤 했는데 어느 날 그분이 나를 모임에 초대했고, 모임의 간사 한 분이 이런 말을 해주었다.

"큰 사람이 큰일을 만드는 게 아니라, 큰일이 큰 사람을 만드는 거죠."

그 말이, 스스로를 불신하던 나에게 자신감을 주었다. 지금까지 살아온 내 삶의 자취가 중요한 게 아니라, 내가 현재 발을 딛고 있는 좌표가 중요하다는 깨달음이 찾아왔다. 스스로를 검증하겠다는 압박감에서 벗어나니 마음이 한결 편안해졌다.

입영 날짜가 2주일 앞으로 다가왔다. 함께 사는 외할아버지를 제외하고 아버지를 비롯한 가족 대부분이 나의 병역거부 사실에 대해 알게 되었다. 그러던 어느 날 밤 아버지가 내 방으로 들어왔다. 아버지는 말없이 내 앞에 무릎을 꿇었다.

"상민아, 아버지 부탁이다. 제발 군대 가라."

내가 말릴 새도 없었다. 아버지는 그 상태로 한참 동안 내 앞에 무릎을 꿇고 미동도 하지 않았다. 차라리 나를 욕하고 때리던 아버지가 더 나았다. 그 모습은 자식으로서 차마 감당하기 어려웠다. 아버지는 나의 병역거부 결심을 알게 된 지 얼마 되지 않았지만 엄마를 통해 그간의 상황을 듣고 내 뜻을 돌리기 어렵다는 걸 알고 있었던 것 같다. 그렇기에 더 절박하고 힘들었을 것이다. 하지만 아버지는 내 생각이 무엇인지 알려고 하기도 전에 무조건 설득부터 하려고 했다. 실업계 고교 진학을 반대하던 그때와 조금도 달라지지 않았고 나를 바라보는 시각 또한 고등학생에 머물러 있음을 느꼈다.

결국 나는 다시 집을 나올 수밖에 없었다. 입영이 2주밖에 안 남은 상황이었고, 지금 풀지 못한다면 감옥까지 가족과의 갈등을 안고 갈 수밖에 없었지만 감정의 골이 깊어진 탓에 함께 있는 것 자체가 서로에게 상처가 되었다. 눈물을 삼키며 집을 나서면서, 나는 너무 늦게 이야기한 것을 후회했다. 물론 미리 이야기했다고 해서 부모님에 대한 나의 미안함이 덜어지지는 않겠지만 서로 싸우고 부딪칠지라도 충분한 시간을 가졌으면 하는 후회가 밀려왔다.

그러나 어찌 이것이 나와 우리 부모님만의 문제일까? 부모와 자식 간의 갈등을 넘어서는 제도적이고 구조적인 문제가 놓여 있었기 때문에 우리는 함께 고통받았던 것이다.

더 평화롭고 고요한 세상을 바라며

2014년 3월 12일. 머릿속으로 수도 없이 그려보던 풍경이 눈앞의 현실이 되었다.

"피고 이상민에게 병역법 위반으로 1년 6월을 구형합니다."

검사가 짧게 구형을 마쳤다. 판사는 병역을 거부하는 이유에 대해 소명하라고 했다. 나는 기독교인으로서 평화주의적인 신념으로 병역을 거부한다고 대답했다. 그리고 이에 덧붙여 법정 구속은 면할 수 있게 해달라는 것과 신변을 정리할 시간을 줄 것을 요구했다. 길고 길었던 고민의 시간에 비해 재판은 간단히 종결되었다. 판사의 최종 선고가 남아 있긴 하지만, 이제 내게 실질적으로 남은 과정은 감옥에서 보내야 하는 1년 6개월의 시간이다.

양심에 따른 병역거부를 하면서 나는 많은 난관을 만나야 했다. 그중에서 가장 큰 고통은 가족과의 갈등이었다. 나를 끔찍이 아끼고 사랑하는 외할아버지는 당신의 외손자가 독일로 유학간 것으로 알고 있다. 연로하신 외할아버지께 차마 사실을 말씀드릴 수 없었기 때문이다. 1심 선고를 앞두고 있는 지금에도 나는 부모님과 화해하지 못하고 있다. 이런 관계 속에서 감옥에 들어가야 하는 현실이 너무 슬프고, 나의 선택으로 부모님에게 드린 상처는 더욱 죄송스럽다.

하지만 지금도 안타까운 것은 양심에 따라 병역을 거부한다는 사실이 이렇게 당사자와 그 가족들에게 상처가 되는 일일 수밖에 없는 우리나라의 현실이다. 국가가 양심에 따른 병역거부를 인정하고 그들에게 대체복무의 길을 열어준다면 병역을 거부한다는 사실이 이렇게 많은 사람들에게 상처와 고통이 되지는 않을 것이다.

2013년 11월, 부산 WCC(World Council of Churches, 세계교회협의회) 총회에서 만난 페르난도 엔스(Fernando Enns) 목사의 말이 떠오른다. 그는 광주민중항쟁을 최초로 외신에 알린 폴 슈나이츠 목사의 사위로 지금 독일 하이델베르크 교수로 재직 중이다. 이 분 역시 18세에 병역을 거부했다. 독일은 양심에 따른 병역거부자들에게 대체복무의 길을 활짝 열어놓았고 2011년에는 징병제 자체가 폐지됐지만, 페르난도 엔스 목사가 병역을 거부했을 당시만 해도 독일 사람들은 병역거부자들을 향해 매국노, 남자답지 못하다는 등의 비난을 퍼부었다고 한다. 하지만 지금은 그런 말자체를 꺼내는 사람이 거의 없다고 한다. 병역을 거부한다는 것이 사회의 구성원으로서 할 수 있는 다양한 삶의 선택 중 하나로 자연스레 받아들여지고 있는 것이다.

세상은 변해가기 마련이고 역사적으로 옳은 것은 반드시 드러난다고 페르난도 엔스 목사님은 말씀해주셨다.

나는 지극히 평범한 사람이다. 하지만 내가 믿고 있는 평화에 대한 신념이 분명하기에 그와 반대되는 길을 거부할 뿐이다. 성경에 "거짓 평화는 가고 진정한 평화가 올 것이다"라는 말씀이 있다. 나는 힘이 전제된 평화를 신뢰할 수 없다. 당장 우리나라 경우를 보더라도 한반도를 둘러싸고 군비 경쟁을 벌이는 모습은 평화보다 불안을 느끼게 한다.

한때 나는 병역거부가 내 인생의 전부처럼 느껴져서 마치 사형수가 된 것 같은 기분으로 살았던 적이 있다. 우리 사회에서 병역거부자를 바라보는 시선이 곱지 않아서 내 신념대로 살아간다는 사실이 나뿐만 아니라 우리 가족 모두의 삶을 송두리째 흔들어버릴 것 같은 두려움이 컸다. 하지만 지금은 삶의 일부로서 내 신념을 지켜나가고 싶다. 앞으로 내 앞에 펼쳐질 인생에는 당연히 지금보다 더 힘든 순간들도 올 것이다. 하지만 그 순간에, 내가 지금까지 겪었던 이 고통스런 경험이 난관을 이겨낼 큰 원동력이 될 것임을 믿는다.

앞으로의 삶은 지금과 달리 더 조용하고 고요했으면 좋겠다. 굳이 운동가나 활동가의 삶을 살지 않더라도 생활 속에서 작은 평화를 실천하며 살고 싶다. 다만 앞으로 우리 사회가 양심에 따른 병역거부자들을 따뜻한 시선으로 받아들일 수 있게 될 때, 내가 남긴 선례가 의미 있게 작용하길 바랄 뿐이다. 하지만 그런 세상이 오려면 우리 사회 전체의 변화가 전제되어야 할 것이다.

언젠가 우리 사회가 각자의 양심에 따라 병역을 거부한 청년들을 감옥에 보냈던 일들에 대해 잘못을 고백하는 때가 오길 바란다. 그리고 이미 많은 나라에서 인정하고 있는 양심의 자유에 대해 우리 사회만 시계가 거꾸로 가지 않기를 간절히 소망한다.

⋮

이상민 씨는 인터뷰를 마치고 얼마 뒤인, 2014년 4월 30일, 1심 선고공판에서 1년 6월의 실형을 선고받고 법정 구속되어 현재 서울 남부구치소에 수감 중입니다.

혹한의 시절

1970년대엔 양심에 따른 병역거부자들의 신념을 꺾기 위해 많은 공권력이 사용되었다. 폭력과 회유로 병역거부자들의 신념을 꺾으려 했던 군인들은 가해자일 수도 있지만, 명령에 복종할 수밖에 없었던 또 다른 피해자이기도 하다. 1970~80년대 군 헌병대에 근무하며 수많은 양심에 따른 병역거부자들을 관리 감독하는 역할을 맡았던 김성택 씨의 이야기를 통해 병역거부자들에게 가장 가혹했던 그 시절의 이야기를 들어본다.

반대편의 삶

헌병 간부에서 여호와의 증인이 된 **김성택**

여호와의 증인들을 설득시켜라

우리에게 안보가 중요하지 않았던 적은 한 번도 없었다. 남북분단과 휴전이라는 시한폭탄을 안고 살아가는 것이 우리의 운명이라는 안보논리 앞에서는, 그 어떤 것도 우선일 수가 없었던 것이다. 특히 1970~1980년대의 군사정권 하에서는 그런 위기의식이 반공 이데올로기와 결합하여 '민주주의'라는 단어조차 입 밖에 낼 수 없었다. 그 속에서 병역에 대한 의무는 더욱 강조되고 신성시되어, 병역을 거부한다는 것은 국가와 사회에 대한 중대한 반역으로 치부되었다.

박정희 정권은 1973년 '병역법 위반 등의 범죄 처벌에 관한 특별조치법'을 공포하여 병역거부자에 대한 처벌 형량을 3년 이상 10년 이하로 대폭 강화하고, 대통령이 직접 나서 '입영률 100% 달성'을 전국 병무청에 지시했다.

김성택 씨는 바로 이런 시기에 헌병 수사관으로 근무했다. 1964년 군에 입대해 직업 군인의 길을 걸어온 그는 헌병 보직을 받아 군인과 관련된 범죄 수사를 담당했다. 폭력, 절도 사건이나 총기 사건 등의 강력 범죄를 조사하는 게 그의 임무였다.

김성택 씨가 서울에서 부산으로 근무지를 옮겼을 때 영창 관리 업무를 맡았는데, 그곳에서 그는 많은 양심에 따른 병역거부자들을 만나게 됐다. 당시 병무청에서는 입영률 100% 달성을 위해 병역거부자들을 강제 입영시켰기 때문에, 입대 후 훈련소에서 집총을 거부하는 방식으로 병역거부가 이루어졌고, 그래서 군 헌병대에서 그들을 관리하는 경우가 대부분이었다. 당시는 양심에 따른 병역거부자의 거의 전부가 여호와의 증인 신자였는데, 김성택 씨를 비롯한 헌병들의 임무는 그들을 관리하고 때로는 설득시켜 총을 들게 만드는 일이었다.

"내가 부산에서 헌병으로 근무할 때는 영창에 집총 거부자들이 꽤 있었죠. 거의 15명 정도는 항상 있었으니까. 당시에 나 같은 사람 상식으로는 그 사람들이 전혀 이해가 안 갔지. 간첩도 아니고 빨갱이도 아닌데 왜 군대를 안 가겠다고 고집을 부리는지 알 수가 없었으니까. 그래서 심하게까지 때리지는 않았지만, 기합을 주기도 하고 어쨌든 좋게 대해주지 않았어요. 나는 군대에 와서야 여호와의 증인에 대해 처음 알게 됐기 때문에 그들이 정신병자인 줄 알았다니까요.(웃음) 총을 들어서 사람을 죽이게 되는 상황이란 게 항상 있는 것도 아니고 우리가 위협받을 때는 정당방위 차원에서 대응할 수도 있는 건데, 무조건 총을 들지 않겠다니 간첩의 지령을 받았나 하는 생각도 했습니다."

그로서는 절대로 총을 들 수 없다고 버티며 온갖 고초를 마다하지 않던 병역거부자들의 모습이 낯설기만 했다. 그래서 처음에는 그들의 배후에 누군가 있는 게 아닐까 의심하기도 했지만, 지내다 보니 그런 사람들이 아니라는 걸 알 수 있었다. 여호와의 증인들은 집총을 거부한다는 점만 제외하면, 다른 사람들과 크게 다를 바 없었다. 오히려 성격이 온순하고 정직해 행실 면에서는 다른 사람들의 모범이 될 정도였다.

김성택 씨가 근무하던 헌병대 내에서 폭행이나 구타 같은 일이 전혀 없는 것은 아니었다. 영창 내에 각종 사고가 많아서 지휘관이 관심을 갖고 주시하기 때문에 일과 시간 내에 구타가 벌어지는 경우는 드물었지만, 간부가 없는 저녁 시간에는 감방 창살에 매달리기를 시키거나, 원산폭격(바닥에 머리를 박는 자세) 등의 기합과 구타가 암암리에 행해졌다. 그래야 헌병들이 수감자들을 관리 감독하기 편하다고 생각해서였다.

하지만 여호와의 증인들에게 총을 들도록 설득하는 일은 쉽지 않았다. 기합이나 폭력, 밖에서 고생하는 가족들을 생각해보라는 설득과 회유에도 그들은 흔들리지 않았다.

김성택 씨가 근무했던 부산 헌병대에서는 그간의 경험을 통해, 여호와의 증인들은 설득이 안 통한다는 사실을 이미 알고 있었기 때문에 적극적인 시도조차 하지 않았다.

한번은 이런 일이 있었다. 가족 중에 혼자만 여호와의 증인인 수감자가 있었는데, 부모가 면회를 왔다. 김성택 씨가 보니 아버지는 갓을 쓰고 두루마기를 입었고 어머니는 쪽진 머리를 하고 있었다. 시골에서 막 상경한 모습이었다. 갓을 쓴 아버지는 수갑을 찬 아들을 보고 눈물부터 흘렸다. 네 종교를 막지는 않을 테니까 제발 군 복무를 한 후에 종교 활동을 하면 안 되겠느냐고 사정했다. 하지만 말없이 묵묵히 듣기만 하던 아들이 다른 모든 일은 부모의 뜻에 순종하고 따르겠지만 이 일만큼은 절대 따를 수 없다며 끝내 거부했다. 아들의 말을 듣고 난 아버지는 한참 동안 말이 없더니, 이내 따귀를 한 대 때리고는 지금부터 너는 내 아들이 아니라고 말하고 돌아섰다.

그 모습을 지켜본 김성택 씨와 동료 군인들은 그 병역거부자가 괘씸하다는 생각이 들었다. 멀리서 찾아온 부모의 마음을 아프게 하는 그의 태도가 이해가 안 되었던 것이다. 면회 온 부모를 안심시키기 위해서라도 앞에서는 말씀대로 하겠다고 하고 나중에 안 하면 되지, 굳이 부모 앞에서까지 융통성 없이 고지식하게 말하는 것이 마음에 들지 않았다. 그래서 기합을 주었다. 하지만 그는 그렇게 거짓말을 하는 것도 양심에 어긋난다며 자신의 뜻을 굽히지 않았다. 더 괘씸한 마음이 든 김성택 씨는 사람으로 태어나서 부모도 몰라보면서 무슨 종교를 이야기하느냐며 수모를 주었다.

물론 매우 드문 경우이긴 하지만, 설득과 회유에 마음을 바꾸는 경우도 있었다. 이렇게 끝까지 총을 안 잡으면 전과 기록도 생기고 나중에 취직도 안 되는데 어떻게 살 것이냐, 그리고 사랑하는 가족들을 생각해보라며 설득해 군 생활을 하도록 만든 것이다. 그런 경우 부대 지휘관의 입장에서는 잘못된 길을 가려던 사람을 구제한 것이라며 무척 기쁘게 여겼다고 한다.

병역거부자에게 총을 들게 하려던 시도는 다양했는데, 심지어 이런 시도는 재판장에서도 이루어졌다. 판사가 지금이라도 총을 들면 선처해주겠다고 하자, 재판장에 있던 병역거부자의 어머니가 부대에서 준비해준 총을 건네받고는 아들 앞으로 간 것이다. 어머니는 눈물을 흘리며 자신의 손에 든 총을 어떻게든 아들의 손에 쥐어주려고 했고, 아들은 그런 어머니를 안타깝게 바라보면서도 끝까지 총을 받지 않으려 했다. 총 하나를 사이에 두고 벌어진 어머니와 아들의 눈물겨운 몸싸움을 바라보면서 김성택 씨의 마음도 많이 안타까웠다고 한다.

수난의 시대

양심에 따른 병역거부자에게 총을 들게 하려는 시도와 가혹행위는 해당 부대 지휘관의 성향에 의해 많이 좌우되었다. 김성택 씨의 경우처럼 병역거부자에게 심한 가혹 행위를 하지 않는 선에서 이들을 관리 감독하는 사례도 있었지만, 다른 부대에서는 최소한의 인권도 보장해주지 않은 채 무참한 고문과 폭행을 일삼는 경우도 있었다.

여호와의 증인으로 1975년에 강제 입영된 한 병역거부자의 증언을 들어보면, 그들이 받았던 탄압의 단면을 알 수 있다. 경례를 하라는 명령에 따르지 않는다는 이유로 엄청난 구타를 당하고, 800g 무게의 재떨이를 입에 물고 있게 하거나, 30kg의 모래 가마니를 어깨에 메고 앉았다 일어섰다를 시키고, 원산폭격을 하게 하는 등의 기합이 이어졌다. 이런 구타와 가혹행위 이후에는 어김없이 회유가 이어졌다. '총을 들지 않고 군종(종교 업무를 하는 장교 혹은 사병)으로 풀릴 수 있게 해주겠다'고 회유했고, 이를 거부하면 또 잔인한 구타가 이어졌다. 심지어는 권총을 들고 협박하거나, 3~4일 동안 대변을 못 보게 하는 등의 인간의 기본권조차 제한하는 경우가 허다했다.

1970년대 당시의 증언을 들어보면, 가장 악명을 떨치던 곳은 양산 제 2육군교도소였다. 그곳에서는 20여 명의 병역거부자들이 함께 모래주머니를 차고 구보를 하거나, 150m의 경사진 자갈밭에서 통닭구이(두 손을 배에 나란히 대고 앞사람의 머리를 다리 사이에 집어넣어 계속 굴러가는 것)를 해야 했다. 주먹보다 더 큰 자갈이 깔린 비탈에서 통닭구이를 하다 보면 날카로운 돌에 온몸이 찔리고 머리와 팔에 엄청난 통증이 느껴졌다. 또, 일 년 중 가장 무더운 8월의 땡볕 아래서 3시간 동안 쉬지 않고 기합을 받다 보면 온몸이 땀과 흙으로 범벅이 되어 얼굴도 못 알아볼 지경이 되곤 했다.

이런 기합 외에도 병역거부자들을 괴롭힌 것은 군사적인 목적으로 쓰일 작업에 동원되는 일이었다. 병역거부자들은 총을 드는 것 외에도 군사적인 목적의 작업은 신념에 따라 일절 거부하였기 때문에 이로 인한 갈등도 컸다. 유격 훈련용으로 쓰일 구덩이 파기를 거부하자 30분 이상 구둣발로 차며 송풍구이(두 손을 배에 나란히 대고 그대로 데굴데굴 굴리는 것)를 시켰다. 송풍구이는 하고 나면 속에서 신물이 나고 현기증이 일어나며 정신을 잃게 되는 강도 높은 기합이어서 몇몇 사람들은 완전히 의식을 잃기도 했다. 그렇게 엄청난 기합을 당하면서도 밥은 일반 재소자의 3분의 1 정도만 받았다. 보다 못한 다른 재소자들이 자기 밥을 남겨 주기도 했으나 이마저 금지되어 병역거부자들은 배고픔에도 시달려야 했다. 그렇게 해서 간혹 총을 들기 거부하던 여호와의 증인의 신념을 꺾게 만들었을 경우에, 해당 헌병에게 포상 휴가와 함께 사단장 훈장까지 수여하는 일도 있었다고 한다.

여호와의 증인 내의 '수형자 가족 모임'이 당시 병역거부자들을 대상으로 벌인 조사 결과에 따르면 전체 응답자의 50% 이상이 이런 가혹행위를 당했다고 답했다. 가혹 행위의 종류는 부동자세, 얼차려, 구타의 순서로 나타났으며 식사 제한, 굶기기, 성적 수치심 유발 등도 적지 않았다. 더 심한 경우에는 기절할 때까지 물고문을 하거나 철창을 기어오르게 하고 라이터로 발바닥 지지기, 철사로 손톱 밑을 찌르기 등의 고문을 하기도 했다. 그 때문에 많은 병역거부자들이 출소 후에도 정신장애, 신체장애, 만성질환 등의 각종 후유증을 앓고 있는 것으로 나타났다. 조사 결과에 따르면 고문 과정에서 고막이 파열되고 성대가 손상되어 발음을 제대로 하기 어렵거나 공황장애와 같은 불안증에 시달리는 사례가 많은 것으로 드러났다. 또 어떤 부대에서는 '독거특창'이라는 이름의, 병역거부자만을 고문하고 회유하기 위한 특별한 장치가 사용되기도 했고, 심지어는 가혹한 구타로 인해 사망한 사례까지 있기도 하다.(부록 참조)

부산을 떠나 강원도 양구로

20대 초반부터 안정적인 군대 생활을 해왔던 김성택 씨의 삶에 조금씩 변화가 생긴 건 아내 때문이었다. 김성택 씨의 아내는 1973년 서울에 살 때부터 여호와의 증인으로서 성경 공부를 시작했다. 하지만 김성택 씨는 아내가 어떤 종교를 믿는지 자세히 알지 못했을 뿐 아니라, 종교 자체에도 전혀 관심이 없었다. 그는 헌병이라는 자신의 직업에 만족했고 건강도 좋았기 때문에 아무런 부족함을 느끼지 못했고, 굳이 종교를 찾고 싶은 마음이 들지 않았다.

그런데 어느 날 김성택 씨는 아내가 믿는 종교가 여호와의 증인이라는 사실을 알게 되었고, 그 이후부터 심각한 고민에 빠졌다. 그 종교를 믿으면 재산도 다 갖다 바치고 살림도 돌보지 않아 집안이 풍비박산난다는 소문이 있었기 때문이다. 그는 강하게 반대하지는 않았지만 불만과 걱정이 쌓여만갔다. 게다가 부산에서 영창 관리를 맡게 된 이후부터는 군대에서도 여호와의 증인들을 보아야 했고, 집에 와서도 같은 종교를 믿는 아내를 대해야 하는 것이 부담스럽기만 했다. 의도한 건 아니었지만 그의 일상이 모두 여호와의 증인들에 둘러싸여 있게 된 것이었다.

김성택 씨는 일단 부산을 벗어나야겠다는 생각이 들었다. 낯선 지역으로 전근을 가면 아내도 종교에서 점점 멀어지게 될 것 같았고, 영창에 있는 여호와의 증인들도 더 이상 볼 일이 없을 것 같았다. 때마침 다른 지역으로 전근 갈 기회가 생겼고, 김성택 씨는 자원해서 아는 이가 아무도 없는 강원도 양구로 근무지를 옮겼다. 이 모든 게 여호와의 증인들이 없는 곳에서 일하고 싶다는 마음에서 결행된 일이었다. 하지만 삶은 참 아이러니했다.

"양구에 집을 얻어 생활을 하다 보니 옆집에 사는 아가씨들과 안면을 트게 되었어요. 처음에는 사람들이 너무 착하고 생활도 모범적이어서 좋게 보았지요. 우리 아이들과도 친하게 잘 지내주고 아내와도 가깝게 지내서 정이 들었는데 아이고, 나중에 알고 보니 그들이 여호와의 증인이었던 겁니다."

어떻게 된 일인지, 김성택 씨 가족이 양구에서 집을 얻어 한참 생활하던 중에 알고 보니, 바로 옆집이 여호와의 증인의 집회 장소인 왕국회관이었던 것이다. 당시는 가정집을 왕국회관으로 사용하는 경우가 흔했기 때문에 김성택 씨는 나중에야 이 사실을 알게 되었다.

하지만 그 이웃과의 만남을 계기로 김성택 씨는 조금씩 변해가기 시작했다. 아내가 믿는 종교에 대해 관심도 갖게 되었고, 여호와의 증인에 대한 거부감도 조금씩 사라져갔다. 아내의 어깨 너머로 보고 들으며 성경에 대한 지식도 조금씩 늘어갔다. 그렇게 시간이 흐르자 나중에는 김성택 씨 자신이 신앙을 받아들일 것이냐의 문제만 남았을 뿐, 성경에 대해 이미 많은 부분을 알고 있는 상태가 되었다.

김성택 씨의 일상은 직업 군인으로 일하며 여호와의 증인의 생활 원칙을 지키는 어정쩡한 상태가 한동안 이어졌다. 김성택 씨는 이미 여호와의 증인으로서 지켜야 하는 여러 생활 규범들을 많은 부분 내면화했기에 모두 지키며 살아가려고 노력했다. 그렇다고 오랜 시간 해온 군대 생활을 쉽게 버릴 순 없었다. 여호와의 증인이라면 군인이라는 직업을 가지면 안 되지만, 군 생활을 그만둘 정도까지 종교적 확신이 있었던 것은 아니었던 것이다.

김성택 씨는 군대 내에서 자신이 여호와의 증인에 관심이 있다는 사실이 알려지는 것이 부담스러웠다. 거의 전부가 여호와의 증인이었던 병역거부자들을 관리하고 단속해야 하는 헌병대 상사가 여호와의 증인에 관심이 있다는 사실이 알려지면, 여러 측면에서 난처해질 수 있는 상황이었다. 간혹 부대 지휘관과 술자리 회식이 있을 경우에, 지휘관이 건배 제의를 하면 김성택 씨는 잔을 드는 척하다가 내려놓기 일쑤였다. 술잔을 들고 건배하는 행위가 여호와의 증인 신자로서 해서는 안 되는 일이라는 사실을 알고 있었기 때문이었다. 간혹 누군가가 "김 상사, 여호와의 증인 믿고 있나?" 하고 물으면, 그 종교가 어떤 건지 알아보는 정도라는 말로 어물쩍 넘기곤 했다.

양구에서도 병역거부자들을 다루다

강원도 양구의 근무지에도 양심에 따른 병역거부자가 많이 수감되어 있었다. 김성택 씨에게는 여호와의 증인들에 대한 편견이 많이 사라졌기 때문에 영창에 갇힌 그들이 예전과는 다르게 보였다. 그들이 어떤 신념으로 총을 들지 않는지 이제는 알 수 있었기 때문이다.

엄연한 군인 신분이었기에, 수감된 병역거부자들에게 어떤 고난과 어려움이 있더라도 반드시 신념을 지키라는 적극적인 말까지 해주지는 못했다. 다만 그들이 편안하게 생활할 수 있도록 잘 대해주는 것으로 자신의 마음을 대신하려 했다.

김성택 씨는 일과 시간이 끝난 뒤, 수감된 병역거부자들을 종종 호출했다. 그들에게 따뜻한 차라도 한잔 마시게 하며 이야기를 나누고 싶었기 때문이다. 하지만 이런 사정을 알 리 없던 수감자들은, 헌병대 상사의 호출을 받고는 잔뜩 긴장한 채로 나타나곤 했다. 김성택 씨는 수감자들과 대화를 나누며 간접적으로 여러 격려의 말들을 해주었다. "만약에 당신이 결심한 것이 옳다고 생각한다면 그 신념을 지키는 것도 좋을 거 같다"라며 자신의 마음을 에둘러 표현했다. 헌병대 상사가 건넨 뜻밖의 격려를 받은 수감자들은 조금씩 긴장을 풀었고, 김성택 씨의 말에 많은 힘과 용기를 얻어갔다. 그런 모습을 보는 김성택 씨의 마음도 뿌듯해지곤 했다고 한다.

"당시 내가 정식 여호와의 증인은 아니었지만, 병역거부로 수감된 사람들한테 나름대로 용기를 주려고 많이 노력했던 것 같아요. 나는 어느 정도 그들을 이해하고 있었기 때문에 가혹하게 대하지 않았지만, 다른 경우에는 험한 일도 많이 당했을 겁니다. 그렇게 힘들고 지칠 때 내가 조금이나마 위로가 되었으면 하는 바람이 있었죠."

김성택 씨는 당시 영창에 수감되었던 여호와의 증인들과 아직도 연락하면서 지낸다고 한다. 그들은 그 시절을 회상하며 김성택 씨에게 고맙다고 말하지만, 김성택 씨는 오히려 그들이 고맙다. 그들을 보며 자신의 신앙도 더욱 깊어졌고, 그들로 인해 병역거부자를 바라보는 시선도 많이 변했기 때문이다. 부산 헌병대 시절, 늙은 아버지의 애원을 끝내 거절하는 병역거부자를 보며 느꼈던 분노가 어느새 신념에 대한 이해로 바뀐 것이다.

여호와의 증인이 되다

1987년, 김성택 씨는 24년간 몸담고 있던 군 생활을 그만두고 강원도 양구에서 전역했다. 정식으로 여호와의 증인 신자가 되기 위해서였다. 아내의 권유에 따라 본격적인 성서 공부를 하다 보니 그것이 진리라는 확신이 들었기 때문이다. 특히 그는 성경 말씀을 생활 속에 실천하며 살아가는 삶이 무척 마음에 들었다고 한다. 김성택 씨는 좋아하던 술과 유흥을 모두 끊고 성서 공부와 봉사에 집중했다. 7개월간 집중적으로 성경을 공부해, 이듬해인 1988년 침례를 받고 정식으로 여호와의 증인 신자가 되었다.

양구는 지역 사회가 크지 않았기에 이전과는 달라진 그의 모습을 주변 사람들이 모두 알게 되었다. 한번은 군대 동료들과 자주 놀러가곤 하던 술집에 전도를 위해 찾아갔는데, 완전히 달라진 김성택 씨의 모습에 술집 종업원들이 모두 비웃고 놀려댔다. 멀쩡하던 사람이 갑자기 이상해졌다고 수군거리는 사람도 있었다. 불과 수년 전만 하더라도 술 먹고 농담하고 놀기 좋아하던 사람이 갑자기 바뀌었으니, 그런 반응이 어쩌면 당연할 수도 있었다. 김성택 씨는 사람들의 반응에 상관하지 않고 한 집도 빠뜨리지 않고 다니며 자신이 깨우친 진리에 대해 알리려고 노력했다.

하지만 김성택 씨에게도 여호와의 증인이라면 누구나 겪는 시련이 닥쳐왔다. 바로 두 아들의 병역 문제였다. 어릴 적부터 여호와의 증인이었던 두 아들은 모두 병역거부의 뜻이 확고했다. 아버지가 군 생활을 했던 시절과 마찬가지로, 두 아들이 군대에 입대해야 했던 1990년대에도 병역거부자에 대한 법은 바뀌지 않았다. 그래서 김성택 씨의 아들은 아버지가 근무했던 양구의 헌병대로 끌려간 뒤, 교도소로 이감되어야 하는 처지가 된 것이다.

헌병 수사관으로 근무하며 영창에서 수없이 보아온 병역거부자들의 모습이 떠올라 김성택 씨의 마음은 돌을 매단 듯 무거웠다. 게다가 첫째 아들의 경우, 자신이 근무했던 헌병대의 영창으로 보내야 했기에 마음이 그 어느 때보다 심란하고 괴로웠다. 시간이 흘러 조금 나아졌다고는 하지만, 병역거부자들이 당해야 하는 괴로움과 수모에 대해 누구보다 훤히 알고 있었기에 걱정은 더욱 컸다.

김성택 씨가 근무했던 부대의 지휘관과 옛 동료들도 이 사실을 이미 알고 있었다. 김성택 씨의 두 아들은 어릴 때부터 아버지가 일하던 부대에 회식이 있거나 하면 종종 놀러왔기 때문에, 부대 사람들도 김성택 씨의 아들들을 잘 알고 있었다. 그들은 아들을 감옥에 보낼 수는 없지 않느냐며 김성택 씨에게 일단 입대시키라고 설득했다. 그와 두 아들이 어떤 종교를 믿고 있는지 알고 있으니 취사병이나 총을 들지 않는 업무를 맡기면 되지 않겠느냐는 논리였다.

병역거부자를 관리하고 설득하는 입장에 있었던 김성택 씨가 이제는 아들의 일로 인해 반대 입장에 놓이게 된 것이다. 하지만 김성택 씨는 모든 결정은 당사자가 직접 내리는 것이니, 자신은 아들의 결정에 관여할 수 없다고 선을 그었다. 중립을 지키는 문제에 대해 피해 가지 않겠다는 의지가 강했던 두 아들은 결국 병역을 거부했다. 그 결과 김성택 씨의 두 아들 모두 각각 3년의 선고를 받은 뒤, 수감생활을 했다. 다행히 모두 무사히 수감생활을 마쳤지만, 아들이 감옥에 있는 동안 아버지로서 마음이 편할 수만은 없었다.

반대편의 삶에 공감한다는 것

김성택 씨는 두 아들을 감옥에 보내면서 그동안 군인 신분으로 만났던 수많은 병역거부자들을 떠올렸다고 한다. 그들에게 잘 대해주려고 나름대로 노력도 했지만, 막상 부모 입장에서 사랑하는 자식을 차가운 감방으로 보내자니 병역거부자들의 고통이 새삼 깊게 와 닿았다. 20대 초반, 아직 어리다면 어린 나이에 신념을 지키겠다는 의지 하나로 버텨내야 했던 모진 시간들과, 그 모습을 안타깝게 지켜볼 수밖에 없었던 부모들의 심정에 비로소 공감하게 된 것이다. 군인의 신분으로 그들의 반대편에 있었을 때는 전혀 알 수 없었던 마음이다.

병역거부자를 전혀 이해하지 못했던 직업 군인에서, 그 자신이 여호와의 증인이 되고 두 아들마저 병역거부로 감옥에 보내야 했던 부모로의 삶까지, 김성택 씨는 어쩌면 너무 멀리 떨어져 있는, 반대편의 두 가지 삶을 모두 겪어왔다.

그 넓은 삶의 간극을 이해하지 못할 사람도 있을 것이다. 하지만 우리가 어떤 사람을 설명할 때, 직업과 사회적 지위만으로는 그 사람을 온전히 설명해내지 못한다. 한 사람 안에는 무수히 다양한 마음이 공존하기 때문이다.

군인에서 여호와의 증인으로, 그리고 병역거부자 아들을 둔 부모로 살아온 김성택 씨의 삶을 보며, 나는 이 세상에 이해할 수 없는 신념이란 없다는 생각을 했다. 그가 병역거부자의 신념을 이해하게 되었듯이, 절대 납득할 수 없을 것 같은 타인의 신념도 선한 마음에 바탕한 것이라면, 결국 나 자신의 신념이 될 수 있는 것이다.

중요한 것은 나와 다른 타인의 삶에 공감해주는 마음과 인간에 대한 따뜻한 시선이다.

그리고 또 하나. 엄혹한 군사정권 하에서 인간으로서 최소한의 권리와 존엄성도 존중받지 못한 채 지옥의 시간을 보내야 했던 병역거부자의 역사는 우리가 풀고 가야 하는 숙제임이 틀림없다. 국가는 병역법의 적용 범위를 넘어서는 무차별한 폭력과 인권 탄압에 희생된 병역거부자들에게 사과하고 보상해야 할 책임이 있다. 자신의 양심과 신념을 지키기 위해 병역을 거부하는 것이 실정법에 대한 위반은 될 수 있어도, 그들에게 가해졌던 비인간적인 고문과 모독에 대해 면죄부를 주는 이유는 될 수 없기 때문이다.

인간에 대한 따뜻한 시선과 공감능력은 개인에게만 요구되는 것이 아니다. 국가도 예외일 수 없다.

정춘국 씨는 유신시절 여호와의 증인으로서 양심에 따른 병역거부를 했다. 1969년 첫 영장을 받고 병역거부로 수감된 것을 시작으로, 같은 죄명으로 총 세 차례에 걸쳐 7년 10개월을 복역했다. 정춘국 씨는 병역거부라는 죄명으로 복역한 최장기간 수감자이고, 이는 전 세계에서 유래를 찾기 힘든 사례이다. 우리나라 양심에 따른 병역거부의 역사에서 가장 가혹한 시기였던 1970년대, 국가의 폭력 속에서 단 한순간도 자신의 신념을 포기하지 않았던 한 청년의 이야기를 들어본다.

최장기
수형자

병역거부로 7년 10개월 복역한 **정춘국**

"리처드 바크의 『갈매기의 꿈』이란 책을 읽어보셨습니까? 거기에 조나단이라는 갈매기가 나옵니다. 저는 조나단이 더 높은 곳으로의 비행을 꿈꾸는 모습이 인상적이었어요. 속도와 비행의 재미를 즐기는 조나단이 참 좋았지요."

정춘국 씨를 만난 날, 그는 해맑은 미소를 지은 채 갈매기 조나단 이야기를 먼저 꺼냈다. 성성한 백발과 야윈 볼, 깊게 팬 주름에도 불구하고 그의 목소리는 경쾌했고 눈빛은 생생하게 빛났다. 아직도 소년 같은 순수함을 간직한 그를 보며 나는 조금 당황했다. 나는 그에게 어떤 이야기를 기대하고 온 걸까.

정춘국. 그는 40여 년 전, 서슬 퍼런 유신시절에 병역을 거부한 대가로 세 번이나 투옥되어 무려 7년 10개월을 감옥에서 보낸 사람이다. 그 사실만으로 나는 무의식중에 그가 강인한 투사의 모습일 것이라고 추측했는지 모른다. 하지만 마주앉은 정춘국 씨는 지극히 평범하고 소박한 이웃 아저씨의 모습이었다. 나는 정춘국 씨가 겪어낸 고통의 시간을 들으러 왔으나, 정작 그는 자신의 꿈과 삶의 의미에 대해 이야기해주었다. 그는 7년 10개월 동안 감옥살이를 한 것이 아니라, 그저 자신의 삶을 묵묵히 살아낸 것이었다. 그것이 그가 여전히 소년 같은 순수함을 간직한 이유일 거라고 나는 짐작했다.

첫 번째 수감

정춘국 씨는 충남대학교 의대에 진학할 정도로 성적이 우수했고, 온 집안의 기대를 한 몸에 받는 전도유망한 청년이었다. 어머니가 여호와의 증인이었지만 자식에게 자신의 종교를 강요하지는 않았다. 아들은 그저 어머니가 다니는 왕국회관에 몇 번 따라다니는 정도였다. 교도관에서 퇴직한 뒤 택시 운전을 하던 아버지는 의대에 다니는 아들을 무척 자랑스러워했다. 여덟 식구의 생계를 책임진 아버지의 어깨가 이때만큼은 아들에 대한 자랑과 희망으로 가벼웠으리라.

그러나 대학에 입학한 정춘국 씨는 아버지의 기대와는 어긋난 길을 걷기 시작했다. 여호와의 증인과 성서를 공부하면서부터다. 삶에 대한 의문과 회의로 방황하던 그에게 성서는 해답을 주었다. 들끓던 마음이 차분하게 가라앉으면서 마음속에 평화가 찾아드는 걸 느낄 수 있었다.

정춘국 씨의 아버지는 교도관으로 일했기 때문에 여호와의 증인들이 병역을 거부하고 수감생활하는 것을 익히 알고 있었다. 그래서 더욱 아들의 이런 모습을 걱정스럽게 지켜보았고, 결국 그의 종교를 반대하고 나섰다. 당시 정춘국 씨는 대학 동기들처럼 무관 후보생 신청서를 이미 제출한 상태였다. 졸업과 동시에 장교가 되어 군의관으로 근무할 수 있기 때문에 의대생이라면 누구나 신청하는 것이었다.

하지만 시간이 갈수록 정춘국 씨는 병역거부에 대한 생각을 굳혀가고 있었다. 거창한 결심이나 사상이 있어서가 아니었다. "친구를 위해 자기 생명을 내놓는 것보다 더 큰 사랑은 없습니다"(요한 15:13)라는 예수의 인간에 대한 사랑과 희생이 그에게는 가장 선하고 아름다운 가치로 다가왔고, 자신도 그 길을 따라 살고자 했다. 형주(刑柱, 십자가가 아니라 기둥에서 죽음을 의미)에서 수난을 당하고 인류의 죄를 대속하기 위해 죽음을 택한 예수의 모습에서 그는 "네 이웃을 너 자신처럼 사랑해야 한다"(마가 12:31)라는 성경 말씀이 단지 공허한 울림이 아니라 구체적인 실천임을 느낄 수 있었다. 예수는 자신의 삶과 죽음을 통해, 이웃을 사랑한다는 것이 나를 넘어서는 결단과 용기가 있을 때 가능한 일임을 몸소 보여주었다.

정춘국 씨는 그런 믿음을 가지고 있는 자신이 군대에 간다는 것은 하느님의 법을 저버리는 행위라고 생각했다. 진정한 평화는 총과 칼로 지켜지는 것이 아니라 적군과 아군의 경계를 넘어서는 이웃을 향한 사랑에서 출발하는 것이라고 믿었기 때문이다. 하지만 군대는 그 길과 정반대의 방향을 제시하고 있었다. 결심을 굳힌 정춘국 씨는 의대 1학년 2학기 등록을 포기했다.

1969년 봄, 그의 나이 스물한 살 때 마침내 첫 입대 영장이 나왔다. 하지만 상황은 녹록치 않았다. 당시는 1968년에 일어난 김신조 무장공비 사건으로 반공 분위기가 팽배했으며 북한에 대한 위협을 크게 느끼고 있던 시기였다. 그런 시대적 분위기는 장기집권을 꾀하던 박정희 정권의 필요와 맞아떨어지며 현역 근무자 외에 예비 병력도 최대한 늘려야 한다는 분위기가 조성되었다. 또한 반공 이데올로기가 최고조에 달하면서 군대의 중요성이 부각되었다. 그런 상황에서 종교적인 신념에 따라 병역거부를 한다는 것은 사회적으로 자살행위와 다름 없었다.

하지만 정춘국 씨는 자살행위와 같은 병역거부를 선택했고, 대전교도소에서 10개월을 선고받고 복역했다. 그것이 시작이었다.

온 집안의 기대와 의대생으로서의 보장된 미래, 자유롭고 달콤한 캠퍼스의 낭만도 그의 마음을 되돌릴 수 없었다. 과연 무엇이 갓 스물을 넘긴 앳된 청년에게 이런 용기와 강단을 주었을까? 왜 그는 뻔히 보이는 고통의 무덤 속으로 스스로 걸어 들어갔던 것일까? 하지만 그 시절을 이야기하는 정춘국 씨의 얼굴은 의외로 차분하고 담담했다.

두 번째 수감

10개월의 복역을 마치고 출소한 후에도 정춘국 씨는 안정된 생활을 계획할 수 없었다. 아직 병역문제가 해결된 것이 아니었다. 언제 다시 영장이 나올지 모르는 상황이었고 다급한 대로 생활비도 벌어야 했다. 그래서 손에 걸리는 일이면 무턱대고 할 수밖에 없는 처지였다. 닥치는 대로 학생들 과외며 허드렛일을 해야 했다. 그마저도 뜸한 시기에는 아는 사람의 소개로 화장품 외판 일을 했다. 그러던 중 결국 우려했던 일이 터지고 말았다. 두 번째 영장이 나온 것이다.

1974년, 정춘국 씨는 다시 병역법 위반이라는 같은 죄목으로 3년 형을 받았다. 특별조치법으로 만들어진 박정희 대통령의 병역법에 따라 병역거부자에게 부과되던 형량이 1년 이상 3년 이하에서 최하 3년 이상 최고 10년 이하로 조정된 결과였다. 총력안보라는 구호가 사회를 휩쓸고 있었고, 영장도 발부받지 않은 경찰과 병무청 직원들이 왕국회관으로 들이닥쳐 입영 연령대의 여호와의 증인들을 연행해가기도 하던 무자비한 시대였다.

정춘국 씨가 처음부터 3년 형을 받은 것은 아니었다. 검사는 3년을 구형했지만 이미 한 번 형을 살고 나왔다는 점을 감안해 판사가 1년 6개월로 감형해주었다. 하지만 정춘국 씨는 오히려 이에 대해 항소했다. 형량에 대한 항소가 아니었다. 항소의 이유는 병역거부의 이유조차 밝힐 수 없는 현실의 부당함에 대한 이의 제기였다.

그는 사실 처음 검사를 대면했을 때부터 자신이 병역을 거부하는 이유에 대해 밝힐 수 있는 기회를 청했다. 하지만 당시 사회 분위기 속에서 그의 요구가 받아들여질 리 없었다. 말할 수 있는 기회를 박탈당하자 그는 검사와 판사 앞으로 각각 한 통씩의 편지를 썼다. 자신이 왜 이 길을 가야만 하는지에 대해 말하고 싶었다. 성경을 통해 깨달은 이웃에 대한 사랑과, 사람을 향해 총을 겨눌 수 없는 자신의 마음에 대해 말하고 싶었다. 그들이 자신의 신념을 인정해줄 거라는 기대는 거의 없었지만, 아무도 자신의 신념에 대해 묻지조차 않았기에 그는 더욱 이 길을 가고자 하는 이유에 대해 밝히고 싶었다. 정춘국 씨에게는 그것이 몇 년을 복역하느냐 하는 문제보다 더 절실했다.

많은 사람들이 종교보다는 국가가 우선이라고 말했다. 그 역시 국가를 부정하는 것은 아니었다. 단지 하느님의 법과 국가의 법이 상충될 때 보다 상위의 개념인 하느님의 법을 따르겠다는 것이 정춘국 씨의 신념이었다. 병역을 거부한다는 것은 단순히 군대에 가지 않겠다는 것이 아니라 하느님의 뜻과 반대되는 세상의 법을 거부함으로써 하느님의 사랑을 실천하겠다는 그의 의지인 셈이었다.

살인자에게도 살인의 이유를 묻는데 신념에 따라 병역을 거부한 사람에게 그 이유조차 묻지 않는 사회를 향해 정춘국 씨는 단 한마디라도 하고 싶었던 것이다. 자신은 세상이 손가락질하는 것처럼 낙오자, 혹은 이단 종교의 광신도가 아니라 하느님이 인간에게 가르쳐준 평화의 길을 가고 있는 한 사람일뿐이라고 말이다.

그러나 정춘국 씨의 절실함은 통하지 않았다. 오히려 검사는 판사에게 그를 감형한 판결에 대해 이의를 제기했고, 항소심 판사는 검사의 의견을 받아들여 1년 6개월 형을 깨고 3년 형을 선고했다.

스물일곱의 나이로 그는 다시 대전교도소에 수감되었다. 그곳에서 24명이 좁디 좁은 방 하나를 함께 썼다. 여호와의 증인들을 일반 재소자와 섞어놓으면 전도할 우려가 있다고 해서, 방 하나에 여호와의 증인들만 꽉 채워넣은 것이다.

하루 중 잠깐 산책하는 시간을 빼고 나면 그는 온종일 감방에 갇혀 있어야 했다. 다른 재소자들은 공장에 나가서 일을 하는 시간이 있었지만 여호와의 증인 재소자들은 그마저도 금지되었다. 다른 재소자와 접촉하는 것을 방지하기 위해서였다. 그들은 교도소 내에서도 철저히 '분리'되어 하루 24시간을 감금당한 채 지내야 했다.

그들은 '갇혀' 있다는 압박감으로부터 한시도 해방될 수가 없었다. 모로 누워 자는 '칼잠'을 잘 때도 모두 한 방향으로 잘 수 있는 공간이 나오지 않아서 서로 머리와 발을 엇갈려 누운 채로 자야 했다. 조금만 몸을 돌리면 옆 사람의 발가락이 얼굴에 닿을 지경이었다.

감방 안의 생활은 맹물처럼 무미건조하면서도 한편으론 몹시 쓰디썼다. 동료들과 기도를 할 때면 정춘국 씨는 항상 날짜를 먼저 말했다. 똑같은 공간에서 똑같은 사람들과 똑같은 일상을 반복하다 보면 시간 개념이 사라졌기 때문이다. 감옥에서는 몸만 굳는 것이 아니라 마음도 굳었다. 싱싱했던 과일이 점점 수분이 빠지고 쪼글쪼글하게 썩어가듯이 그곳에서는 몸도 시간도 정신도 서서히 말라갔다. 어떤 날은 전혀 엉뚱한 날짜가 그의 입에서 튀어나왔다. 다시 정정해서 말하려 해도 오늘이 몇 년 몇 월 며칠인지 머릿속이 깜깜해지곤 했다.

그래도 시간은 흘러 출소 날짜가 하루하루 다가왔다. 출소를 앞둔 한 달여 전부터는 아침에 눈을 뜨면 머릿속에 그날의 날짜가 자동으로 떠올랐다. 무의미하게 순환 반복되던 숫자들에 의미가 생겼다. 하루를 살고 나면 그만큼의 무게가 등짝에서 떨어져 나갔다. 하루가 24시간으로 정해져 있다는 것은 얼마나 다행스러운 일인가. 하루가 25시간이거나 48시간이 아닌 것에 감사했다. 조금의 오차도 없이 흘러가는 시간은 그에게 희망을 품어도 좋다고 속삭여주었다. 이제 그만 이 지루한 술래잡기를 끝내고 집으로 돌아가도 좋다고 말이다. 그리고 마침내 3년을 꽉 채운 출소일 아침, 교도관의 발소리가 들렸다.

"469번 나와."

그는 천천히 일어섰다. 꿈이 아니기를. 발바닥에 닿는 한기마저 이 순간이 현실이라는 증거처럼 느껴졌다. 그렇게 출소일 새벽이 밝아왔다.

세 번째 수감, '아! 어머니······'

교도관이 정춘국 씨를 데리고 간 곳은 교도소 보안과였다. 출소를 앞둔 재소자를 보안과로 데려가는 것은 이례적인 일이었다. 출소를 위한 행정절차를 간단히 마친 후, 교도관이 그를 낯선 남자에게 인계했다. 가죽 점퍼를 입은 낯선 남자가 재빨리 그의 팔을 낚아챘다. 순간, 정춘국 씨의 머릿속에 불길한 예감이 스쳐갔다.

교도소의 철문이 열렸다. 교도소 앞에는 낯익은 얼굴 하나가 애타게 그를 기다리고 있었다. 그리운 어머니······. 기다리고 기다리던 아들의 출소일에 맞춰 어머니가 찾아온 것이었다. 두 사람의 눈이 마주쳤다. 하지만 그걸로 끝이었다. 오랜 시간 자신을 기다려온 어머니의 손을 그는 잡아드릴 수조차 없었다. 핏줄의 끈끈함은 권력의 서슬 앞에서 아무것도 아니었다.

그날 정춘국 씨는 세상 속으로 걸어 나가지 못했다. 가죽 점퍼를 입은 병무청 직원은 대기시켜놓은 차 문을 열더니, 그 안으로 정춘국 씨를 밀어넣었다. 정춘국 씨는 아무런 무게감도 없이 차 뒷좌석에 밀쳐졌다. 출소와 동시에 정춘국 씨에게 새로운 입영영장이 발부된 것이었다. 기어코 그에게 총을 들게 하려는 병영국가의 노력은 집요했다. 정춘국 씨는 새로운 사단으로 이송되어 지금까지 간신히 버텨온 시간들을 또 다시 반복해야만 했다. 차 문이 닫히고 거친 시동 소리와 함께 차가 출발했다. 그는 무력하게 차창에 얼굴을 기댔다.

'아, 어머니······.'

멀어져가는 차의 뒤꽁무니를 멍하니 바라보고 있는 어머니의 모습이 눈에 들어왔다. 3년간의 복역을 끝내고 출소하는 아들을 맞이하기 위해 새벽부터 추위에 떨며 기다렸을 어머니다. 그는 눈물 대신 마른 침을 삼키며 얼굴을 만지듯 차가운 차창에 손바닥을 댔다.

정춘국 씨는 자신의 선택에 죄책감을 가진 적도, 후회를 품었던 적도 없었다. 힘들게 들어간 의대를 6개월 만에 그만두었을 때도, 처음으로 철창에 갇혀 수의를 입었을 때도 두렵지 않았다. 동생의 대학 진학을 위해 자신의 학업을 포기했던 형이 그를 뒷산으로 끌고 가 야단치며 매질을 했을 때도 그저 달게 감수했다. 하지만 멀어져가는 어머니의 모습을 보며 처음으로 마음이 무너져 내리는 것 같은 고통을 느꼈다.

아버지는 원망할 대상이라도 있었다. 아들을 여호와의 증인 집회에 데려갔던 아내, 아버지와 가족을 배반한 아들, 그것도 아니라면 아들이 믿고 있다는 종교라도 원망할 수 있었을 것이다. 하지만 어머니는 다르다. 어머니는 여호와의 증인이었고 한번도 강요한 적은 없지만 아들에게 처음 신앙을 준 분이었다. 그렇기에, 지금 아들이 겪고 있는 참혹한 고통 앞에서 어머니의 심정이 얼마나 처참하게 찢길지 너무나도 훤하게 짐작이 갔다. 앙상하게 마른 어머니가 2월의 매서운 겨울 칼바람 속에서 멀어져가는 모습을 보자 그는 닥쳐올 현실이 새삼 실감이 났다.

벌써 두 번의 수감, 3년 10개월의 세월을 차가운 감방에서 보냈지만 아직도 끝나지 않은 것이다. 출소와 동시에 그를 맞아준 건 철창 밖 세상이 아니라, 세 번째 수감이었다.

"내려!"

차가운 가죽 점퍼의 질감이 얼굴을 스쳤다. 날이 완연히 밝아 있었다. 은박지 같은 겨울 해가 날카로운 빛을 내쏘며 눈앞을 스쳐갔다. 정춘국 씨는 병무청 직원에게 한 팔을 잡힌 채 엉거주춤 차에서 내렸다. 낯선 군부대의 모습이 보였다. 그는 병무청 직원에 의해 단독 입영 조치되었다. 3년 형을 살고 출소한 지 몇 시간 안 돼, 그는 다시 '병역거부자'가 되어 국군 32사단 영창으로 끌려온 것이다.

정춘국 씨는 군법재판에 회부되었다. 집총 거부 최고형이 2년인데 그는 4년을 선고받았다. 과거에도 병역을 거부한 전력이 있다는 것이 최고형보다 무려 2년을 더 높게 선고한 이유였다. 일종의 가중처벌이었다. 스물한 살 푸르던 청춘에 시작된 감옥살이가 스물아홉, 이제 서른을 바라보는 나이를 앞두고 있는데 다시 4년을 선고받은 것이다. 정춘국 씨는 형을 선고받고 뒤를 돌아보았다. 백발의 어머니가 마른 손에 손수건을 쥐고 그를 바라보고 있었다. 출소하던 날 교도소 문밖에서 스치듯 보았을 때는 미처 몰랐는데, 어머니는 어느새 할머니가 되어 있었다. 아들이 군대에만 가도 어머니의 가슴에는 눈물이 흐른다는데, 세 번이나 감옥으로 가는 아들의 모습을 지켜보며 살았으니 당신의 얼굴에는 남들보다 곱절의 시간을 살아낸 것 같은 고단함이 얼룩져 있었다.

새로운 4년 형

헌병대장의 눈빛에는 살기가 돌았다. 스치기만 해도 뼛속까지 뚫고 들어가 심장을 쪼개버릴 것 같은 강렬한 눈빛. 공포감에 똑바로 서 있는 것조차 버거웠다. 정춘국 씨가 수감되기 몇 달 전 영창 내에서 사고가 있었다. 곤봉으로 구타당하던 재소자의 뒤꿈치가 완전히 으스러진 것이다. 그 사건 이후로 곤봉이 금지되었지만 더 지독한 구타가 기다리고 있었다.

"10초 내로 옷 벗는다, 실시!"

말이 떨어지기가 무섭게 군홧발이 날아들었다. 내린 눈이 얼어붙은 바닥 위로 정춘국 씨는 나뒹굴었다. 정신없이 몰아치는 군홧발과 주먹질에 실신하면 얼굴 위로 물이 쏟아졌다. 정신을 차리면 기어서 감방으로 돌려보냈다. 밤이 되어도 잠을 재우지 않았다. 다른 수감자들이 잠을 자는 동안에도 철창에 몇 시간씩 매달려 있는 고문에 시달렸다. 괴로움을 느낄 새도 없었다.

며칠 후 정춘국 씨는 안경도 없는 상태에서 조사계로 끌려갔다. 그는 안경이 없으면 사람도 알아보지 못할 정도로 눈이 나빴다. 조사계의 상사 한 명이 그를 기다리고 있었다.

"이거, 네 꺼 맞나?"

정춘국 씨는 자신에게 건네진 서류를 코앞으로 끌어당겨 읽었다. 병적(兵籍) 확인서였다. 자신의 이름이 맞는지 확인한 정춘국 씨는 나머지 사항들도 더듬더듬 확인해나갔다. 학력 관련 사항을 보는 순간, 이상한 점을 발견했다. '충남대학교 의대 졸업'이라고 표기되어 있었다. 분명 그는 대학 1학년 1학기만 다녔을 뿐인데, 그곳엔 중퇴가 아닌 '졸업'이라고 표기되어 있었다. 의아한 생각도 잠시, 순간 그의 머리카락이 쭈뼛 섰다. 그 시대는 정말 무서운 시대였다.

당시 병역법에 의하면 대학 졸업자에게는 만 30세가 되는 12월 30일까지, 고등학교 졸업자에게는 만 28세가 되는 12월 30일까지 영장을 발부할 수 있었다. 대학 1학년을 중퇴한 그는 당연히 고등학교 졸업자에 해당됐지만, 입대 영장을 다시 발부하기 위해 누군가가 대학 졸업자로 학력을 위조해놓은 것이었다. 아무도 확인해주지 않았지만, 그런 일은 개인적으로 행할 수 있는 성질의 일이 아니었다. 한 사람의 병역거부자를 범죄자로 낙인찍고 기어이 군대로 끌고 와 총을 들게 하기 위한 과정은 정교하고 치밀했다.

그것은 분명 정춘국 씨의 병적 확인서였지만 기록된 내용은 사실이 아니었다. 하지만 그는 이의를 제기하지 않았다. 그곳은, 그리고 그 시대는 결코 '왜'라는 질문에 답하지 않을 것임을 알고 있었기 때문이다. 병역거부의 길을 선택한 그에게 이유를 물은 적이 한 번도 없었듯이 어떤 부당한 일에도 '왜'라는 물음 자체를 허용하지 않을 것이기 때문이다. 그건 그가 그동안의 수감생활을 통해 체득한 것이었다.

더구나 1975년부터 입영률 100% 달성을 목표로 내건 대한민국에서, 병역거부자는 공공의 적으로 치부되고 있었다. 대전교도소에 수감되어 있을 때 같은 방을 썼던 한 형제는 고도 근시라는 신체검사 결과를 받고도 출소와 동시에 또 다시 강제 재입영 조치되기도 했다. 교도소 내에서는 안경이 지급되지 않았기에 반 봉사로 살던 사람이었다. 좌우도 구별 못하고 마네킹을 보고도 사람인 줄 알고 말을 걸 정도로 시력이 나빴던 그는, 만약 일반인이었다면 신체검사만으로도 군 면제를 받았을 것이다.

정춘국 씨는 영창에서 3개월을 보낸 후, 양산에 있는 육군교도소로 이감되었다. 기상과 동시에 노역이 실시되었고, 저녁에 다른 수감자들이 입방해서 휴식을 취할 때도 병역거부로 인해 수감된 사람들은 밤늦게까지 온갖 노역에 동원되었다. 일을 마치고 저녁에 수감동으로 올라가는 몇 개의 계단이 까마득한 산처럼 느껴져서 한 계단 한 계단 내디딜 때마다 다리가 사정없이 후들거렸다.

하루는 그물 짜는 노역이 주어졌다. 정춘국 씨는 녹색의 굵은 줄이 얼기설기 이어져 있는 끈을 받아들고 이상한 생각이 들어 물었다.

"이게 뭡니까?"

"뭐긴 뭐야, 어망이지."

어망을 실제로 본 적은 없었지만 아무리 봐도 어망처럼 보이지 않았다. 의심을 거둘 수 없던 그는 더 이상 작업을 진행하지 않았다.

"뭐해? 작업 안 해?"

정춘국 씨는 그물의 사용 용도에 대해 다시 한 번 물었다. 뒤늦게 교도관이 실토했다.

"위장망이다, 위장망."

그것은 전투 시 대포나 군수를 가리는 데 사용하는 위장망이었던 것이다. 육군교도소는 일반 교도소와 달리 무기나 전투 시 필요한 물품을 관리하는 작업이 많았다.

"저는 이 작업 못합니다."

교도관은 이런 상황에 익숙한지 더 이상 말을 안 하고 그를 작업에서 열외시켰다. 물론 작업 대신 구타와 기합이 뒤따랐다.

집총을 거부하는 여호와의 증인들에게 총만 안 쏘면 되는 거 아니냐, 그러니 군대에서 운전병이나 취사병으로 일하면 되지 않느냐고 설득하는 경우가 많다. 하지만 그 모든 일들이 군대라는, 전쟁을 수행하거나 준비하기 위한 거대한 조직의 일부분에 해당하기 때문에 여호와의 증인들은 그런 요구를 수용할 수가 없었다.

양산 육군교도소에서 6개월을 복역한 후 정춘국 씨는 순천에 있는 민간 교도소로 이감되었다. 4년 형을 받았지만 형기를 마친다고 해도 그에게 자유가 보장되리라고는 기대하지 않았다. 이미 출소와 동시에 또다시 강제로 재입대하게 되는 경험을 하지 않았던가. 4년 후라는 미래는 그에게 아무런 희망을 주지 못했다. 그렇게 순천교도소에서 김해교도소로, 다시 순천교도소로 이감되며 수감생활을 하는 동안 출소일이 가까워졌다.

하지만 정춘국 씨의 마음은 여전히 감옥 안에 머물러 있었다. 과연 나갈 수 있을까 하는 의혹이 출소에 대한 기대감보다 훨씬 컸다. 더구나 전두환 정권으로 바뀐 시국은 유신시대 때보다 나을 것이 없었다. 당시에는 전과자나 사회부적응자라고 분류한 사람들을 감호소로 보내 사회와 격리시키는 제도가 있었다. 그래서 병역거부자는 또 다시 감호소로 보내질 확률이 높을 거라는 불안감도 들었다.

감옥에서 보낸 시간 7년 10개월, 스물한 살에 영장을 받고 병역거부자로 쫓기듯이 살아온 세월까지 합한다면 무려 12년 이상의 시간이다. 정춘국 씨는 자신의 청춘과 자유를 저당 잡힌 채 살아온 후유증 때문인지 자유의 몸이 된다는 사실을 도통 실감할 수 없었다.

교도소의 문이 열렸다. 이번에는 정춘국 씨의 팔을 낚아채는 가죽 점퍼의 남자는 없었다. 정춘국 씨는 주춤주춤 밖으로 걸어 나갔다. 기다리고 있던 여호와의 증인 형제가 손을 흔들었다. 그는 애써 웃어 보이려고 노력했지만 입 주위의 근육이 가늘게 떨리기만 했다.

"고생 많았어요. 정말."

형제가 성큼성큼 다가와 손을 잡아주었다. 따스했다.

곧이어 익숙하고도 낯선 목소리가 들려왔다.

"춘국아……."

어머니였다. 어머니의 주름진 얼굴을 보니 비로소 지나간 시간이 실감났다. 그는 어머니를 꼭 껴안았다. 아들의 출소를 기다리던 그 새벽, 손 한 번 못 잡아보고 그대로 떠나보내야 했던 대전교도소 앞에서처럼, 법정 최고형인 2년보다 곱절이 많은 4년 형을 언도받던 군사법원에서처럼 어머니는 묵묵히 견디며 자신의 아들을 바라보고 있었다.

"어머니, 울지 마세요."

이렇게 말하며, 정작 눈물을 흘린 건 정춘국 씨 자신이었다. 무엇 때문에 눈물이 나는지는 알 수 없었다. 그냥 한참 동안 눈물이 멈추지 않았다.

평화의 증인이 되고 싶다

"감옥보다 출소 이후의 세상이 더 힘들었습니다. 온라인이라는 말을 그때 처음 들었으니까요. 저는 이제 막 고등학교를 졸업한 어린애에 머물러 있는데 세상은 그새 거인이 되어있더군요."

보통 사람은 상상하기조차 힘든 세 번의 투옥 생활을 담담히 이야기하던 정춘국 씨의 입에서 비로소 힘들다는 말이 나왔다. 그가 견뎌야 했던 세월은 7년 10개월이 전부가 아니었다. 학업을 쌓고 인간관계를 만들어가며 세상을 살아나가는 기반을 다져야 했던 20대를 감옥에서 보내고 나오니 저절로 몸과 마음이 움츠러들었다. 교도소 문을 나서니 또 다른 감옥이 그를 기다리고 있었던 셈이다. 창살도 간수도 없었지만 그가 8년여 만에 다시 마주한 세상은 그 어떤 교도소의 담장보다 높기만 했다.

정춘국 씨는 지인들의 도움으로 여러 가지 직업을 전전하다 비교적 사람과의 관계가 뜸한 버섯종균 회사에서 7년 동안 일했다. 그 사이 아이가 태어났다. 강보에 싸여 방긋 웃는 딸아이의 얼굴을 보며 그를 옭죄고 있던 고통의 사슬이 조금씩 풀렸다. 아이를 기르는 동안 조금씩 몸과 마음에 힘이 붙었고 차츰 마음의 감옥에서도 풀려났다.

솔직히 말하건대, 나는 그가 겪었던 기나 긴 투옥 생활이 궁금했다. 그가 겪었던 고통과 억울한 마음에 대해 듣고 싶었다. 그 울분을 통해, 부당한 국가 권력이 한 개인을 얼마나 억압하고 짓눌렀는지를 전하고 싶었다. 그토록 긴 시간 동안 자신의 신념을 지키기 위해 고통을 견뎌온 그에게 과연 누가 병역 기피자라고 비난할 수 있겠느냐고 묻고 싶었다.

그러나 지난 시절을 말하는 그의 얼굴은 너무 평화로워 보였고, 목소리는 담담했다. 그는 고통과 억울함을 토로하는 대신, 사랑과 평화에 대한 자신의 소박한 생각을 전하려 애썼다. 그런 마음은 그의 진정성 가득한 눈을 통해 고스란히 전해졌다.

"지고는 못 사는 세상이라고 말하죠? 왜 우린 항상 누군가를 이기려고만 할까요? 그렇게 이긴 사람은 결국 자기를 패배시킨 것에 불과해요. 때론 지는 게 더 좋을 때도 있는 거죠.(웃음)"

정춘국 씨는 오늘 날 우리 사회가 국가 간의 전쟁뿐 아니라 일상도 마치 전쟁처럼 살아내야 하는 무한경쟁으로 인해 병들어가고 있음을 안타까워했다. 같이 더불어 사랑을 나누어야 하는 이웃이 경쟁상대가 되고, 내가 밟고 일어서야 하는 대상이 된다는 것 자체가 전쟁터라고 말이다. 또 그는 인간의 법대로만 살아간다면 이런 악순환이 계속 반복될 것이기에 '원수를 사랑하고 이웃을 사랑하라'는 성경 말씀이 그 악순환을 끊을 수 있는 유일한 길이라고 이야기한다.

정춘국 씨가 증언하고 싶은 것은 그 길의 끝에 있는, 진정 그가 도달하고 싶었던 평화로운 세상이다. 평화를 유지하기 위해 총을 드는 불완전한 세상이 아니라, 이웃을 향한 사랑으로 완성되는 진정한 평화의 세상. 그는 그런 세상이 우리의 이상 속에만 존재하는 것이 아니라, 우리가 살아가는 현실로 도래할 것임을 증언하는 증인이 되고 싶다고 말한다.

현재 정춘국 씨는 충남 금산에서 아내와 함께 깻잎 농사를 짓고 있다. 한낮에 깻잎 따는 소리가 선명히 들릴 만큼 고요한 곳이다. 그는 이 고요함이 좋다고 한다. 외환위기가 닥치면서 아내가 나서서 시작한 깻잎 농사가 이만큼 자리를 잡는 동안 고생도 많이 했지만 여전히 아내의 얼굴은 환하다. 딸들은 제 엄마의 미소를 닮았다. 손녀들의 얼굴에서도 그 미소가 보인다. 정춘국 씨는 이런 평화로운 미소를 볼 때가 가장 행복하다고 말한다.

대한민국에서 양심에 따른 병역거부는 비단 병역거부를 선택한 당사자만의 문제가 아니다. 남편과 남동생 그리고 세 명의 아들을 모두 감옥에 보낸 박정순 씨의 이야기를 통해 가슴 아픈 세월을 보낸 어느 가족의 삶을 들어본다.

40년,
어머니의 기도

김지연, 김성환, 김지관.

부르기만 해도 가슴이 뜨거워지는 사랑하는 세 아들의 이름이다. 지금은 편한 마음으로 부를 수 있지만 나는 긴 세월 눈물로 아들들의 이름을 불렀다. 하느님께서 주셔서 내가 낳았고 고이고이 정성껏 길러 듬직한 나무처럼 장성한 아들들이 차례로 감옥에 갔을 때의 내 심정은 차마 말로 다 할 수 없다. 다시 뒤돌아보고 싶지 않은 상처의 세월이다. 하지만 아직도 대한민국의 수많은 어머니들은 내가 흘렸던 그 눈물을 똑같은 이유로 흘리고 있다.

대한민국에서 여호와의 증인으로서 살아가는 일은 수많은 고통을 감내해야 하는 것을 의미한다. 수십 년 동안 계속되어온 이런 현실을 바꾸

＊이 장은 이야기를 더욱 생생하게 전달하기 위해 1인칭 시점으로 서술했다.

는 데 작은 힘이라도 보탤 수 있다면, 나는 기꺼이 나와 우리 가족에게 찾아왔던 그 가슴 아픈 시간들을 이야기할 수 있을 것 같다.

남편

1975년 3월 9일.

벌써 40여 년 전의 일이지만 그날의 기억은 아직도 어제 일처럼 선명하기만 하다. 여호와의 증인 신자인 나는 8개월 된 젖먹이 큰아들 지연이를 안고 남편과 집회에 참석했다. 그런데 난데없이 부산 병무청과 경찰서 직원들이 들이닥쳤다. 그중 한 사람이 중앙으로 나가더니 노인과 여자는 나가고 젊은 남자들은 모두 남으라고 명령했다. 우리는 영문을 모르고 우왕좌왕하면서도 쫓기듯이 왕국회관 밖으로 나갔다. 병무청 직원과 경찰들은 젊은 남자들을 보이는 대로 차에 태워 연행해갔다. 병역 기피자를 검거해간다는 명목이었다. '병역 기피자와 부모가 이 사회에 머리를 들고 살지 못하게 하라'는 대통령의 지시가 있은 후, 종교적인 신념으로 병역을 거부하는 여호와의 증인들은 어느새 병역 기피자로 낙인 찍혀 검거 대상이 된 상황이었다.

나중에 알게 된 사실이지만 이날은 부산에서 소위 '3·9 사태'*가 벌어진 날이었다. 이날, 남편을 비롯한 250명의 여호와의 증인 신자들은 영장도 없이 강제로 연행되었다.

---

* 부산 시내 19개의 왕국회관에서 여호와의 증인 청년들을 강제로 연행해 입대시켰던 사건.

이날의 사건은 결혼한 지 2년 남짓 된 새댁인 내게 청천벽력 같은 것이었다. 그렇게 불시에 연행된 남편은 병역을 기피했다는 이유로 군사재판에 넘겨졌고 2년 형을 선고받았다. 하지만 양산으로 이감된 후 교도소 내에서 군사훈련을 거부했다는 이유로 다시 1년이 추가되어 총 3년을 감옥에 있게 되었다. 남편은 결혼 전에 이미 같은 사유로 1년 형을 선고받아 감옥에서 지냈는데 다시 같은 이유로 수감된 것이다.

망연자실해 있던 나를 대신해서 이웃사람들이 시댁에 전보를 쳐주었다. 이제 막 8개월 된 젖먹이 지연이와 홀로 남겨진 나는 시부모님이 계신 충청도 금산으로 내려가 남편의 옥바라지를 시작했다. 나는 당시의 충격으로 창자가 꼬여서 아무것도 먹지 못하고 구토만 나왔다. 남편이 감옥에서 고초를 겪을 것이 가슴 아프고 살아갈 일이 막막해서 마음을 굳게 먹으려 해도 돌아서면 눈물이 쏟아졌다.

시부모님의 인삼 장사를 거들며 지연이를 길렀다. 아버지가 있었으면 정말 많은 사랑을 받았을 첫째 아들 지연이는 아빠라는 말을 배우기도 전에 아버지 없이 자라야 했다. 지연이를 키우면서 인삼 장사를 거들어야 하는데다 살림살이도 팍팍해서 남편 면회 가는 것도 어려웠다. 어렵게 여비를 모아서 음식을 장만해 시어머니와 함께 대전교도소에 있는 남편을 찾아가면 잠깐 얼굴 보는 게 전부였다. 면회시간이 단 5분이었기 때문에 대화를 나눌 겨를도 없이 준비해간 음식을 남편이 허겁지겁 먹고 나면 돌아서야 했다. 얼마나 고초가 심했던지 남편은 오른팔을 못 쓰고 왼팔만 겨우 움직여서 밥을 먹었다. 그것도 정해진 면회시간 내에 빨리 먹어야 했기 때문에, 나는 남편의 먹는 시간을 줄이기 위해 고기를 전부 갈아서 전으로 만들어가곤 했다.

당시 나는 막연히 감옥살이가 얼마나 고될까 하고 생각했는데, 남편이 겪은 고초는 내 예상보다 훨씬 더 심한 것이었다. 나는 아주 오랜 시간이 흐른 뒤에야 그 이야기들을 들었다. 우선 배를 심하게 곯았다고 했다. 밥한 공기를 세 끼니에 나눠서 정말 죽지 않을 만큼만 주었던 것이다. 한여름 더위에 모래주머니를 채우고 다섯 명씩 굴비 엮듯 엮어서 자갈투성이 비탈을 구르게 했다. 먹지도 못한 사람들이 그런 고문을 당하니 헛구역질이 나고 땀이 비 오듯 쏟아지는데 물 대신 소금만 한주먹씩 입안에 넣어주었다는 것이다. 그런 이야기를 들으면 내 마음고생은 아무것도 아니었다는 생각이 들었다.

남편이 수감된 지 2년쯤 지났을 때 또 비보가 날아들었다. 이번에는 친정 남동생이 수감된 것이다. 지금은 여호와의 증인으로 개종했지만 당시 친정어머니는 개신교를 믿고 있었기 때문에 남동생을 전도한 나를 무척 원망하셨다.

"너희는 대체 무슨 종교길래 한 사람이 나오기도 전에 또 한 사람을 감옥에 들어가게 한단 말이냐!"

나를 향해 원망의 말을 쏟아내는 어머니의 마음도 이해가 되었다. 동생과 나는 종교적 신념이 있으니 견딜 수 있었지만 자식들의 종교와 신념을 이해할 수 없었던 어머니의 마음은 비통함과 억울함으로만 가득 차있었을 것이다.

동생은 당시 수감생활 동안 받았던 고문의 후유증으로 아직도 간경화를 앓고 있다. 교도소에 있을 때 인분을 먹게 하는 끔찍한 가혹행위를 겪었지만, 남동생은 그마저도 내색하지 않았다. 이 사실은 출소 후 병원에서 간경화 판정을 받고 나서 털어놓은 것이다. 어떻게 인간이 같은 인간에게 단지 종교와 신념이 다르다는 이유 하나로 그토록 잔인하게 굴 수가 있을까? 나는 그때의 후유증으로 아직까지도 병마와 싸우는 동생을 볼 때면 과연 누가 그런 짓을 했는지 밝혀내고 싶다는 생각에 마음이 울컥하곤 한다.

남편의 출소를 앞두고 시아버지가 돌아가셨다. 나는 차마 그 사실을 남편에게 말할 수가 없었다. 출소하는 남편을 마중하러 마산교도소까지 가면서 몇 번이고 망설였지만 비쩍 마른 모습으로 교도소를 나서는 남편을 보자 입이 떨어지지 않았다. 같이 동행한 시어머니도 차마 말씀을 꺼내지 못하셨다.

결국 아무 말 못하고 동네로 들어서니 저만치서 지연이가 우리를 보고 막 달려왔다. 남편은 8개월 젖먹이였던 아들이 네 살배기 꼬마가 되어 달려오는 모습을 보자 목이 메는지 눈시울이 붉어졌다. 지연이는 당연히 아버지의 얼굴을 기억하지 못했다.

"엄마, 누구야?"

"아버지이셔."

남편이 지연이를 향해 팔을 벌렸다. 지연이는 머뭇거리면서도 제 아버지 품속에 쏙 안겼다. 남편은 누런 코를 매달고 한달음에 달려오던 아들을 본 그 순간을 잊을 수 없다는 말을 지금도 한다.

"니가 지연이냐?"

"응."

"할아버지는?"

"할아버지 죽었다."

지연이가 뱉은 뜻밖의 말에 남편은 통곡했다. 아들로서 아버지의 임종을 지켜드리는 건 고사하고 돌아가신 사실조차 몰랐으니 그 심정이 오죽했으랴. 남편은 그 충격으로 몇 날 며칠 밥도 못 먹고 눈물의 시간을 보냈다. 남편이 몸을 추스른 후 우리 가족은 부산에 조그마한 전세방을 얻어 비로소 남들과 같은 평범한 생활을 시작했다.

세 아들

첫째 지연이는 어려서부터 아버지를 어려워했다. 어린 시절 아버지와 떨어져 지냈기 때문이다. 8개월 때 헤어진 아버지를 네 살이 되어서야 다시 만났으니 부모와 자식 사이에 애착이 형성되는 가장 중요한 시기 동안 아버지라는 존재를 모르고 산 셈이다. 남편은 그 사실을 안타까워하며 지연이와 시간을 많이 보내려고 노력했다.

남편이 출소한 이듬해인 1979년에 둘째 성환이를 낳았다. 그리고 1980년에 막내 지관이까지 낳아서 우리 부부는 듬직한 세 아들의 엄마, 아빠가 되는 기쁨을 누렸다.

만약 그때 우리 아들들을 같은 이유로 남편처럼 감옥에 보내게 될 거라고 예상했더라면 아마 그런 기쁨을 온전히 만끽하지 못했을 것이다. 하지만 당시만 해도 나는 우리 아들이 장성한 먼 훗날에도 이런 상황이 반복되리라고는 상상조차 하지 못했다. 아이들이 자라 성인이 될 무렵에는 세상이 달라져 있을 줄 알았다. 세월이 흐르면 잘못된 법은 고쳐질 거라고 믿었다.

나는 아이들이 어릴 때 많은 시간을 아이들과 함께 보냈다. 나중에 남편이 장사를 하게 되었을 때는 나도 나가 거들었지만, 남편이 직장 생활을 하는 동안에는 늘 아이들 곁에서 시간을 함께했다. 우리 집은 아들만 셋 있는 집이라고는 믿기지 않을 만큼 조용한 편이었다. 세 아이 모두 어릴 때부터 자연스럽게 성경을 늘 가까이 했다. 남편 역시 퇴근 후에는 아이들에게 성경을 읽어주고 성경 말씀에 따라 살도록 가르쳤다.

우리 가족에게는 종교가 삶의 일부가 아니라 종교와 삶이 하나였다. 남편은 성경을 통해 깨우친 것은 반드시 자신의 삶 속에서 실천하라고 아이들에게 가르쳤다. 하느님 말씀을 배우면서 실제 생활에서 실천하지 않는다면 그것은 참된 신앙인의 자세가 아니라고 했다. 그래서 남편은 항상 자식들에게 모범을 보이려고 노력했고, 행동 하나하나에 신중하려고 했다. 그런 영향 때문인지 아이들은 어려서부터 총싸움이나 폭력적인 놀이는 가까이 하지 않았다.

하지만 우리 가족의 평화로운 일상은 그리 오래가지 못했다. 큰아들 지연이가 고등학교에 입학한 지 얼마 안 되어 학교에서 부모를 호출한 것이다. 양심에 따른 병역거부의 문제는 비단 군 입대를 둘러싼 상황에만 국한되는 것이 아니었다.

군사훈련을 배우는 교련이 문제였다. 지연이가 자신의 종교적인 신념을 이유로 교련 시간에 총을 들고 하는 제식훈련을 거부하자 학교에서 자퇴 압박을 가해온 것이다. 당시까지만 해도 국기에 대한 경례와 교련 수업을 이행하지 않는 여호와의 증인 학생들에게 자퇴를 권하는 학교들이 간혹 있었다. 지연이는 누구보다 착실했고 공부하라는 말 한마디 하지 않았어도 워낙 학구파였던데다 책을 좋아하는 기질을 타고나서 줄곧 상위권을 놓치지 않는 모범생이었다. 그런 아들이 교련 수업을 거부한다는 이유로 학교에 못 다니게 될 위기에 처한 것이다. 앞으로 내 아이들이 헤쳐 나가야 할 길이 만만치 않겠구나 하는 생각이 현실로 다가오는 순간이었다.

남편과 나는 학교로 찾아갔고, 오랜 시간 동안 교감을 비롯한 교사들로부터 비난을 받아야 했다. 부모로서 어떻게 '그런 이상한 종교'를 믿어서 자식의 앞날을 망치려 하느냐는 것이었다. 남편과 나는 쏟아지는 비난을 모두 잠자코 들었다. 학교에서는 어차피 교련 수업을 안 들으면 수업 일수가 부족해서 졸업하기 어려우니 자퇴하라고 했다. 퇴학이 아닌 자퇴를 권하는 것은 이유가 있었다. '스스로 원해서' 학교를 그만두어야만 문제의 소지가 없기 때문이었다. 종교의 자유는 헌법에서도 보장하는 것인데 학칙 위반 사유 하나 없는 모범생을 퇴학시킬 만한 근거가 없었던 것이다.

남편은 지연이가 자퇴할 수 없는 이유를 들며 조목조목 반박했다. 우선 수업 일수 부족은 조건 자체가 충족이 안 됐다. 교련 수업은 주 2회였는데 한 시간은 교과 수업이고 나머지 한 시간만 운동장에서 하는 제식 훈련이었다. 지연이는 교과 수업은 들을 수 있으니 주 1회는 수업을 하는 것이고, 또 나머지 1회인 실습 수업도 제방 쌓기 등의 민방위 활동으로 채울 수 있으니 수업 일수는 부족하지 않다고 했다. 그와 같은 근거를 찾기 위해 남편은 아들의 교련책을 몇 번이고 샅샅이 공부했다.

또한 문교부(지금의 교육부)에 문의해 자퇴 대상자의 조건에 대해서도 알아봤다. 규정에 의하면 장발, 흡연, 폭력 등으로 학교에 물의를 일으킨 학생들이 자퇴 대상자였다. 당연히 지연이는 해당사항이 없었다. 남편은 문교부에서 여호와의 증인이라는 이유로 자퇴시키라는 규정을 새로 만들지 않는 한, 절대 자퇴할 수 없다고 학교 측에 분명히 밝혔다.

여호와의 증인은 하느님의 법을 최우선으로 생각한다. 그렇다고 해서 사회의 법을 가볍게 여기는 것은 절대 아니다. 오히려 성경에 나와 있는 말씀대로 하느님의 말씀과 배치되지 않는 국가의 법과 규칙은 충실히 따르고 존중한다. 하지만 어떤 여호와의 증인들은 이런 문제와 부딪치면 갈등을 크게 만들지 않기 위해 조용히 자퇴하고, 학교가 아닌 다른 경로를 통해 상급학교에 진학하거나 학업 활동을 이어나가기도 했다.

이에 대해 남편의 생각은 단호했다. 멀쩡히 학교생활을 잘하고 있는 아이들이 학교 밖으로 내몰리는 것은 부당하다는 것이었다. 다행히 많은 법적 근거를 준비해간 남편의 논리적인 반박에 학교 측에서도 슬그머니 물러섰다. 그 결과로 아이들은 무사히 고등학교를 마칠 수 있었다.

다행인 것은 막내 지관이 때는 교련에서 총검술이 없어지고, 응급처치를 비롯한 비군사적인 내용으로 바뀌었다는 것이다. 만약 우리가 첫째 지연이 때 물러섰더라면 둘째 성환이 역시 타의에 의한 자퇴의 기로에 놓였을 것이다.

큰아들 지연이가 대학에 입학하고 얼마 되지 않아서의 일이다. 어느 날 지연이가 아버지에게 정색하며 이렇게 물었다.

"아버지, 부모님이 여호와의 증인이니까 저도 의무적으로 그 길을 따라야만 하나요?"

나는 내심 놀랐다. 그런 생각을 하고 있으리라고 생각해보지 않았기 때문이다. 고등학교 때 침례까지 받았는데 이게 무슨 새삼스러운 소리인가 싶었다. 하지만 남편은 그런 날이 올 거라고 예상하고 있었다고 했다. 남편은 부모가 특정 종교를 믿는다고 자식도 그 종교를 믿어야 하는 법은 없다고, 이제야말로 네 스스로 종교를 선택할 때가 되었다고 말하며 아들의 등을 두드려주었다.

지연이는 장성해서까지도 아버지를 어려워하는 마음이 있었다. 그래서 절대 쉽게 말을 꺼냈을 리가 없었다. 대학 1학년, 자유롭고 때로는 분방하기도 한 자기 또래들을 보면서 아들의 마음속에 갈등이 시작되었던 것 같다. 게다가 곧 닥쳐올 군대 문제도 쉽게 결정할 수 있는 일이 아니었다.

지연이가 아버지에게 던진 질문은 이런저런 고민 끝에 나온 것이었다. 이제 막 스무 살이 된 아들이 또래 친구들과 다른 고민을 해야 하고, 그 고민으로 힘들어하고 있는 모습을 보자니 나 역시 마음이 아팠다.

지연이는 아버지에게 질문을 던진 후 오랜 시간 고민을 했다. 그리고 1년 만에 자신의 결심을 밝혔다. 여호와의 증인으로서의 삶을 살고 싶다고 했다. 부모가 간 길이라서가 아니라 자신의 선택이라고 했다. 그 말은 곧 군대 대신 감옥에 가겠다는 말과 같았다. 그때의 내 심정은 뭐라고 해야 하나, 대견하면서도 한편으로 착잡하기도 한 그런 심정이었다. 나는 아무리 세상이 달라지고 감옥의 시설이 전처럼 열악하지 않다고 해도 꽃 같은 내 아들들을, 그것도 셋씩이나 감옥에 보내야 한다는 생각을 하면 가슴이 떨리고 숨이 막힐 것 같았다. 교리를 따라야 함을 알지만 나 역시 엄마이기에 시간이 흐를수록 가슴속에 큰 돌덩이가 내려앉는 느낌이었다.

큰아들의 수감

결국 지연이가 대학원에 다닐 무렵인 1999년 군입대 영장이 나왔다. 이번에는 연기하지 않기로 했다. 영장이 나오고 얼마 후 지연이가 머리를 빡빡 깎고 집안으로 들어섰다. 당시만 해도 1970년대에 시작된 병역거부자들에 대한 강제 입영의 관행이 남아 있던 터라, 머리카락을 깎고 입대한 뒤 부대 안에서 집총 거부를 선언하던 시기였다.

결국 이렇게 되는구나. 24년 전 젖먹이를 남겨놓고 감옥으로 끌려갔던 남편의 모습이 떠올랐다. 당시 창자가 꼬일 정도의 괴로움이 나를 덮쳤지만, 아들을 감옥에 보낸다고 생각하니 그때의 괴로움은 오히려 아무것도 아닌 것 같았다.

큰아들 지연이는 자기에게 자퇴하라고 압박했던 고등학교 선생님들에게 제 힘으로 번 돈으로 선물을 사서 졸업식 때 돌렸을 정도로 착한 심성을 가진 아이다. 이런 애가 무슨 죄가 있다고 이토록 젊고 좋은 시절에 감옥에 갇혀야 하나. 이런 생각에 창자가 끊어질 것 같은 고통이 다시 찾아왔다.

나는 내 아들만 안타깝고 내 아들만 고생하지 않아야 한다고 말하려는 것이 아니다. 같은 어머니로서, 자식을 군대에 보내는 어머니들의 마음도 이해한다. 최전방에 배치되어 위험을 무릅쓰고 추위, 더위와 싸워가며 훈련하는 고초를 모르는 바가 아니다. 그런 생각을 하면 우리 아들을 가리켜 군 기피자라고 싸늘한 시선을 보내는 심정도 어느 정도 이해할 수는 있다.

하지만 우리는 군대가 힘든 곳이라서 '기피'하겠다는 것이 결코 아니다. 군대에 안 가고 그 시간에 돈을 벌거나 유학을 가겠다는 것도 아니다. 단지 이웃과 원수를 사랑하라는 성경 말씀에 따라 누구의 가슴에도 총부리를 겨누지 않겠다는 것뿐이다. 이미 수많은 다른 나라에서 시행하고 있다는 대체복무의 길만 열린다면, 이렇게 전도유망한 청년들이 젊은 날의 소중한 시간을 감옥이 아닌 다른 곳에서 사회에 필요한 궂은일들을 담당하며 보낼 수 있을 것이다.

결국 지연이는 1999년 11월, 3년 형을 선고받고 복역하게 되었다. 처음에는 보충대에 입대해 집총을 거부한 뒤 영창으로 보내졌다. 남편이 영창에서 당한 고초에 대해 들었던 터라 나는 아들이 일반 교도소로 이송될 때까지 몹시 애를 태우며 기다렸다. 나는 남편과 매주 면회를 갔고, 아들은 항상 담담하고 편안한 모습으로 우리를 위로했다.

둘째 아들의 수감

지연이가 수감된 다음해인 2000년 1월, 둘째 성환이가 수감되었다. 성환이는 대학 1학년 때 다시 입시를 준비해서 치의학과에 붙었다. 적성에 맞지 않는다며 다시 입시를 치를 만큼 자기 주관이 강하고 고집도 센 편이었다. 병역거부를 미루지 않겠다는 것이 성환이의 뜻이었다. 우리 부부는 연이어 아들을 둘씩이나 감옥으로 보내야 한다는 괴로움에도 불구하고 성환이의 의견을 존중할 수밖에 없었다.

첫째가 석방되기도 전에 둘째를 감옥에 보냈으니 나와 남편은 밤에도 다리를 뻗고 잠을 잘 수가 없었다. 아들들은 차가운 감옥 바닥에 누워 있는데 어떻게 부모가 따뜻한 방에서 편한 잠을 잘 수 있을까? 그때의 고통은 지금 돌이켜 생각해도 참담하기만 하다.

우리 부부는 일주일에 두 번씩, 의정부로 그리고 다른 날은 이천, 천안 등지로 두 아들을 면회갔다. 당시는 일주일에 한 번씩만 면회가 가능했기 때문에 하루는 첫째에게, 다른 하루는 둘째에게 면회를 갔다. 아들들은 아버지 때와 다르게 감옥 내의 환경이 많이 좋아졌다고 말했지만 한겨울에는 둘째 성환이가 양쪽 귀에 테이프를 붙이고 면회실에 나타나곤 했다. 감방 안의 추위에 귀가 언 것이었다. 그 모습을 보면 더욱 안타까웠지만 내가 해줄 수 있는 일이라곤 그저 열심히 면회를 다니고 기도하는 것밖에 없었다.

하지만 우리 가족의 이런 아픔은 친척들에게조차 비웃음을 샀다. 부모가 종교에 빠져 자식을 전과자로 만들었다는 손가락질은 남보다 친척들이 더했다. 참으로 마음 아픈 순간들이었다. 하지만 나는 고통과 불이익을 감수하면서까지 종교적 신념을 지키는 내 아들들이 대견했고, 그것을 지켜나가는 아이들을 보면서 이제까지 우리 부부가 들인 노력이 헛되지 않다는 확신이 들었다.

고통의 시간이 흐르고 첫째는 2002년 2월에, 둘째는 2002년 5월에 출소했다. 그때 우리 부부는 무거운 갑옷을 벗어놓은 것 같은 해방감을 느꼈다. 그리고 자신의 신념을 스스로의 힘으로 지켜낸 아들들이 대견하게 느껴졌다.

두 아들이 출소한 후 사회적 분위기가 많이 좋아졌다. 2000년대 초중반에 들어서면서 양심에 따른 병역거부자에 대한 대체복무제를 마련해야 한다는 호의적인 여론이 형성되기 시작한 것이다.

한 신문사가 우리 부부에게 인터뷰를 요청했다. 남편은 이를 매우 긍정적으로 받아들이고 인터뷰에 응했다. 그동안 '여호와의 증인은 병역 기피자'라는 싸늘한 시선 때문에 마치 죄인처럼 쫓기며 살던 시절이 억울하기도 했고 이런 기회를 계기로 양심에 따른 병역거부 문제에 대해 사회적인 공론화가 진행되기를 바라는 마음이 컸다. 신문이나 방송에서도 양심에 따른 병역거부 문제를 비중 있게 다루기 시작했다.

막내아들의 수감

나는 설레는 마음으로 드디어 이 고통의 고리가 끊어지겠구나 하는 희망을 품었다. 그도 그럴 것이 막내아들 지관이의 병역 문제가 아직 남아 있었기 때문이다. 취재를 나온 한 방송국의 기자가 막내 지관이에게 "너는 감옥 갈 일 없을 거다" 하고 말했을 정도로 분위기는 희망적이었다. 국회에서도 양심에 따른 병역거부자에게 대체복무의 길을 열어주어야 한다는 취지의 공청회가 열렸다.

나는 남편과 함께 각종 공청회와 대학의 모의재판 등에 참석하면서 변화해가는 젊은이들의 의식을 실감했다. 그들은 종교적인 신념과 평화주의 신념으로 병역을 거부할 수 있다는 사실을 분명히 인식하고 받아들였다. 또한 방송 후 남편을 대하는 지인들 역시 호의적인 태도를 보였다. 당시 남편은 남대문에서 수년째 정수기를 판매하고 있었는데 방송을 본 지인들이 남편을 응원해주는 것을 보고 세상이 참 많이 바뀌었다는 생각도 들었다. 서로에 대해 조금씩 알아나갈수록 편견이 깨질 수 있다는 믿음이 생겼다.

사람들은 분명히 변하고 있었고 당연히 세상도 달라지고 있었다. 그리고 그 결실로 2009년 1월부터 양심에 따른 병역거부자들에게 대체복무 시행이라는 새로운 길이 열리게 된다는 소식을 들었다. 막내 지관이도 대체복무제 시행을 손꼽아 기다리며 영장을 계속 연기하고 있었다. 그런데 2008년 말, 정권이 바뀌면서 그 기대는 산산조각 나고 말았다. 국방부에서 국민 여론이 좋지 않다는 이유로 대체복무제의 전면 백지화를 선언한 것이다.

마른하늘에 날벼락 같은 일이었다. 오랜 시간 병역을 거부했던 많은 젊은이들의 희생이 있었고 각고의 노력 끝에 얻어낸 희망인데, 단지 대통령이 바뀌었다고 해서 하루아침에 뒤집어지다니, 눈으로 보고 귀로 들어도 믿고 싶지 않은 현실이었다. 그때 집권 여당에 있던 국방부장관 출신의 김장수 국회의원도 "이것(양심에 따른 병역거부자의 대체복무제 허용)은 그냥 진행시킬 문제이지, 다시 논의할 문제가 아니다"라고 인터뷰했을 정도이다.

결국 막내 지관이는 2008년, 스물아홉 살의 늦은 나이로 그동안 기다린 보람도 없이 아버지와 형들이 갔던 길을 가야 했다. 남편과 남동생 그리고 두 아들에 이어, 이제 막내까지…… 조금이나마 위안이 되는 것은 두 형이 3년 형을 선고받은 데 비해 지관이는 1년 6개월로 형량이 줄어들었다는 것이다.

남들은 이제 면역이 되어 괜찮겠다고 말할지 모르지만 이 일은 두 번, 세 번 겪는다고 해서 아픔이 덜해지는 것이 아니다. 오히려 점점 더 아프고 더 서러워지는 심정이었다. 그 무렵 교도소들이 여호와의 증인에게도 다른 종교와 형평성에 맞게 종교 집회를 허용해주었기 때문에, 남편은 막내 면회도 하고, 또 막내 또래의 병역 거부자들이 수용된 다른 교도소(가족이 있는 교도소는 성서 강연을 갈 수가 없으므로)에 이따금 가서 성서 강연을 하며 그 시간을 견뎠다.

긴 터널의 끝에서

막내까지 출소하고 나자 장장 40여 년에 가까운 나의 옥바라지도 끝이 났다. 남편, 남동생 그리고 세 아들이 똑같은 법의 화살에 꿰여 똑같은 상처를 입었다. 하지만 상처는 입었을지언정 원망은 하고 싶지 않다. 추위, 더위와 싸워가며 군 복무를 마친 다른 집 아들들의 고생 역시 내 아들이 감옥에서 겪었던 고생에 비해 작다고 생각하지 않기 때문이다. 하지만 그 긴 세월, 수많은 사람들의 희생과 상처가 있었음에도 아직 한치도 달라지지 않은 우리의 현실은 안타깝다.

2013년 11월, 터키 옆에 있는 조그마한 나라 아르메니아에서는 양심에 따른 병역거부로 수감되어 있던 마지막 14명의 여호와의 증인을 석방하고 대체복무제를 시행했다고 들었다. 양심에 따른 병역거부권을 인정하지 않은 채 지난 20년 넘게 450명 이상의 병역거부자들을 감옥으로 보냈던 아르메니아 정부의 방침도 시대의 흐름에 따라 변화했음을 보여주는 일이다.

나는 그 기사를 접하면서 아르메니아보다 선진국이고 국가적 위상도 높은 대한민국이 시대적 변화의 흐름을 거스르고 제자리걸음을 하고 있는 현실이 더욱 안타까웠다.

인간은 서로를 지배하며 사는 것이 아니라, 서로 사랑하며 사는 DNA를 가진 존재라고 한다. 이제는 우리 정부도 평화적 신념을 지키려는 양심에 따른 병역거부자들에게 대안을 마련해주었으면 한다.

내게는 귀여운 손자 녀석들이 있다. 그 아이들에게까지 이런 비극이 이어질 거라는 생각은 차마 하기도 싫다. 40여 년 동안 남편과 남동생, 그리고 세 아들을 차가운 감옥으로 보내고 눈물로 했던 내 기도가 이제는 끝났으면 한다. 그리고 나와 내 가족의 삶에 대해, 그리고 우리의 바람에 대해 이제 우리 사회와 국가가 대답해줄 차례라고 생각한다.

3부

변화의 움직임

박시환 전 대법관은 사법연수원 12기로 2005년 대법관에 임명되었다. 그가 부장판사로 재임한 2002년, 판사로서는 처음으로 헌법재판소에 양심에 따른 병역거부 처벌에 관한 위헌심판을 제청했다. 법은 어겼지만 죄를 지었다고 할 수 없는 이들에게 유죄판결을 내려야만 했던 판사는 어떤 고민의 과정을 통과했던 것일까?

슬픈 판결문

2014년 1월 24일, 나는 영화 〈얼음강〉에 출연한 주연배우와 이름이 같은 '동현'이라는 청년의 재판에 참석했다. 평화주의 신념에 따라 병역을 거부한 그는 그날 판사로부터 1심 선고를 받게 되어 있었다. 양심에 따른 병역거부는 통상적으로 1년 6개월의 형량이 내려지지만, 판사의 결정에 따라 곧바로 구속될 수도 있었기에 동현 씨는 긴장해 있었다.

동현 씨의 차례가 되기 전, 다른 피고인들에 대한 선고가 진행되었다. 그들의 죄명은 다양했다. 폭행, 상해, 사기, 사기, 폭행, 사기, 사기……. 판사는 피고인들의 죄를 조목조목 짚어가며 판결문을 읽어 내려갔다. 피고인들은 자신이 저지른 죄에 고개를 들지 못했고, 이를 지적하고 선고를 내리는 판사의 목소리는 엄중하고 확신에 차 있었다. 판사가 읽어 내려가는 피고인들의 범죄 내용은 간단치 않은 것들이었지만, 대부분 집행유예를 선고받고 풀려났다.

동현 씨의 차례가 되었다. 판사는 판결의 근거를 먼저 설명했던 이전과 달리, 선고부터 내리겠다고 했다. 1년 6개월의 실형이 내려졌다. 그리고 판사는 지금까지의 엄중했던 목소리와 달리, 조금은 가라앉은 목소리로 말을 이어나갔다.

판사인 자신도 피고인이 병역을 거부하는 신념이 어떤 것인지 충분히 알고 있다. 하지만 실정법상 처벌해야 하기에 이처럼 선고를 내릴 수밖에 없다. 바로 구속되길 원하면 그렇게 해줄 것이고, 신변 정리를 위해 시간이 필요하면 원하는 시기에 구속되게 해줄 테니 피고가 정하라는 것이었다. 자신에게 선택권을 준다는 판사의 말에 동현 씨도 조금 당황해하는 것 같았다. 결국 그는 시간이 좀 더 필요하다고 말했고, 판사는 그 의견을 존중해 구속 시기를 조정해주었다.

그 모습을 보는데 나도 모르게 눈시울이 뜨거워졌다. 피고를 대하는 판사의 눈빛 때문이었다. 이전 판결을 할 때와는 다른, 미안함과 안쓰러움이 가득한 판사의 눈빛을 느낄 수 있었다. 얼마 전 한 병역거부자의 재판에서는 선고문을 읽던 판사가 갑자기 종이로 얼굴을 가린 뒤 한동안 말을 잇지 못했다는 이야기를 들었다. 그 판사는 자신의 판결문 뒤에서 한참 동안 울고 있었다고 했다.

판사가 유죄를 선고하며 오히려 피고인에게 미안함과 안쓰러움을 느끼는 판결이란 어떤 것일까? 왜 그래야만 하는 것일까? 나는 그 이유에 대해 알고 싶었다.

나쁜 판결만은 하지 않겠다

살아가면서 판사와 직접 얼굴을 마주할 일이 거의 없었기에 나는 약속 시간 전 조금 떨리는 기분이 들었다. 게다가 만나게 될 분은 전직 대법관 출신이다. 하지만 직접 마주하게 된 그분은 내가 평소 떠올렸던 근엄하고 권위적인 판사의 이미지와는 거리가 멀었다. 유머러스한 동네 아저씨의 느낌이랄까. 예상 밖의 소탈한 미소를 지닌 그는 인하대 로스쿨 원장으로 재직 중인 박시환 전 대법관이다.

2005년부터 2011년까지 대법관을 역임했던 박시환 원장은 판사 재임 시절 사법부의 개혁을 요구하고 진보적인 판결을 많이 낸 개혁적인 성향의 법조인으로 평가받는다. 또한 약자와 소수자 보호에 누구보다 앞장섰던 판사로 기억되고 있다. 특히, 2002년 1월 서울남부지법 부장판사 시절, 한 병역거부자가 "대체복무를 통한 양심 실현의 기회를 주지 않는 병역법 규정이 헌법에 위배된다"라며 낸 위헌법률심판 제청을 받아들여 헌법재판소에 위헌심판을 제청하기도 했다. 이 일은 우리나라 병역거부의 역사에서 가장 중요한 순간 중 하나로 기억되는 사건이다.

박시환 원장은 부장판사 출신인 고(故) 박영도 변호사의 아들로, 법조인 집안에서 출생했다. 이쯤 되면, '판사였던 아버지의 영향을 받아 어릴 적부터 판사의 꿈을 키워왔고……'라는 레퍼토리가 펼쳐질 것 같지만 실상은 정반대였다. 그는 자신이 판사가 된 계기가 아버지와는 무관하다고 했다. 판사라는 직업에 대한 강한 자부심을 갖고 있던 부친의 권위적인 모습에 오히려 거부감을 느끼며 성장했다고 한다.

하지만 결국 그는 법대에 진학하게 되고, 남들보다 늦은 나이에 사법시험에 도전해 1979년 합격했다. 그리고 1985년부터 법관으로서의 본격적인 길을 걸었다.

박시환 원장은 사법부에 발을 들여놓으며 딱 한 가지 결심한 게 있었다. 나중에 판사가 되면, 훌륭한 판결은 내리지 못하더라도 최소한 '나쁜 재판'은 하지 않겠다는 것이었다. 그도 그럴 것이 과거 유신시절을 거쳐 당시에는 전두환 정권의 공포정치가 펼쳐지고 있었기에, 정권의 눈치를 보는 실망스러운 판결이 다수 나오기도 했던 것이다.

그런 상황에서 판사가 된다는 것이 그의 마음을 무겁게 짓눌렀다. 흔히 사법부를 일컬어 정의를 지키는 최후의 보루라고 하는데, 사법부가 그 역할을 제대로 해내지 못하는 상황에서 국민들은 기댈 곳이 없었고 불신도 그만큼 컸던 시기였다.

박시환 원장은 첫 부임지인 인천에서 '최소한 나쁜 재판은 하지 않겠다'던 자신의 다짐을 실천에 옮겼다. 당시 인천에서 일어났던 노동자 부당해고에 항의하는 시위 가담 학생들에게 이례적인 판결을 내린 것이다. 시위에 참가했던 14명 중 11명에게는 증거 없음으로 무죄를 선고하고 3명의 학생에게만 연좌농성에 따른 도로교통법 위반으로 구류 3일을 선고했다. 멀쩡한 사람도 시국사범으로 몰아 구속시키던 시대에, 시위 학생들에 대한 그의 판결은 상당히 이례적인 것이었다. 그 사건을 〈동아일보〉에서 대서특필했고, 그로 인해 박시환 원장의 이름 앞에 '인권 판사', '소신 판사'라는 수식어가 붙게 되었다.

하지만 이 판결을 계기로 그는 발령 6개월 만에 영월지원으로 좌천되고 만다. 당시 5공화국 군사정권 하에 있던 대법원이 그를 정기 인사에서 '유배' 보낸 것이다. 박시환 원장은 영월에서 2년의 시간을 보내야 했지만, 이 일은 당시 인사를 관할했던 대법원장에 대한 사상 초유의 탄핵소추가 발의되는 사건으로까지 번지게 된다. 그 후로도 박시환 원장은 여러 차례 사법부의 개혁을 요구하며 기득권의 안락함을 누리는 대신 양심과 소신에 따른 자기 목소리를 내는 것에 충실했고 그에 따른 인사상의 피해를 마다하지 않았다.

양심에 따른 병역거부자와의 첫 만남

"저에게 실형 1년 6개월을 선고해주십시오."

박시환 원장이 서울지법 남부지원 부장판사로 재직하던 2002년 1월, 다음 날 있을 재판에 관한 자료를 검토하던 그는 탄원서 하나를 보게 된다. 자신을 1년 6개월의 실형에 처해달라는 호소가 적힌 병역거부자의 자필 탄원서였다. 재판을 앞두고 올라오는 문건들은 대부분 자신의 무죄를 주장하는 내용이거나, 집행유예로 형을 감해달라고 주장하는 것들이다. 그런데 집행유예도 아닌 실형 1년 6개월을 선고해달라니, 이게 무슨 말인가? 자신을 여호와의 증인이라고 밝힌 피고인은 선처를 바란다는 말 대신, 복역을 하고 나오면 다시 군에 징집되지 않는 최소한의 형량인 실형 1년 6개월을 내려달라는 탄원서를 제출한 것이었다.

그 전까지 양심에 따른 병역거부 사건은 군사법정에서 담당했기 때문에 박시환 원장이 병역거부 사건을 맡은 것은 이번이 처음이었다. 병역거부 관련 사례는 법대 재학 시절 헌법 교과서에서 보았던 게 전부였다. 자신에게 실형을 내려달라는 병역거부자의 탄원서를 직접 본 박시환 원장은 양심에 따른 병역거부 사안에 대해 처음 관심을 갖게 되었다.

그들은 과연 무엇 때문에, 어떤 마음으로 스스로 1년 6개월의 실형을 선고해달라고 하는 것일까? 박시환 원장은 양심에 따른 병역거부에 관한 각종 자료들을 찾아봤고, 이것은 단순히 여호와의 증인이라는 특정 종교인의 문제가 아니라 다수가 소수에게 행하는 폭력의 문제라고 판단했다. 대한민국 남자라면 누구나 군대에 가야 한다는 다수의 논리를 바탕으로, 종교적인 신념상 결코 총을 들 수 없는 소수의 종교인들에게 법적 처벌을 통한 일방적인 강요만을 해온 형국이었기 때문이다. 한 사회에서 당연히 다수의 뜻은 존중되어야 하지만, 그것이 다수의 힘을 바탕으로 소수자가 갖는 양심의 자유까지 짓밟을 수 있다는 걸 의미하지는 않는다.

박시환 원장이 찾아본 자료 중에는 병역법 위반이라는 하나의 범법 행위로 세 차례에 걸쳐 7년 10개월 동안 복역한 정춘국 씨에 대한 기록도 있었다. 판사로서 도저히 납득할 수 없는 대목이었다. 설사 병역거부가 잘못된 일이라 하더라도 이렇게 잔인하게 처벌할 수는 없는 문제였다. 살인자에 대해서도 그의 상황을 참작하고 대책을 고민하는 마당에, 양심에 따른 병역거부자들에 대해서는 아무런 배려나 동정의 여지없이 강력한 처벌로 일관하는 법의 태도에 그는 심각한 문제의식을 느꼈다.

그가 생각하는 법이란, 인간 세계의 규칙일 뿐 절대적 의미의 정의는 아니었다. 그런데 법의 잣대로 어떠한 선택권도 없이 한 인간의 신념을 묵살하는 것은 받아들이기 어려웠다. 그는 이 문제에 대해 헌법재판소에 위헌 제청을 할 것인지 심각하게 고민했다. 하지만 현직 부장판사가 자기 손으로 헌법재판소에 위헌 제청을 한다는 것은, 당시만 해도 사법부의 관행을 깨는 행위였기에 실행에 대한 결정이 쉽지 않았다.

다음 날 박시환 원장은 법정에서 만난 피고인에게 이 문제를 헌법적으로 검토한 자료가 있으면 제출해줄 것을 요구했고, 피고인이 선임한 변호인으로부터 300페이지에 달하는 자료를 넘겨받아 이를 세심하게 검토했다. 그 자료에는 병역거부 문제에 대한 헌법적 해석들과 판례를 비롯해 양심에 따른 병역거부자들의 상황을 인권의 문제로 다룬 신문 칼럼과 다수의 논문, 그리고 그의 마음을 아프게 만들었던 한 어머니의 편지도 들어 있었다.

그 어머니는 여호와의 증인인 남편을 감옥에 보내고 옥바라지를 한 후 세 아들을 낳았는데, 첫째 아들은 병역을 거부한 뒤 이제 막 출소했고 둘째 아들은 지금 감옥에 있으며 아직 솜털도 벗겨지지 않은 막내아들은 아버지와 형들의 전철을 밟아 또 감옥에 가야 하는 운명임을 토로하며 제도 개선을 호소하고 있었다. (나중에 알게 된 사실이지만 이 어머니가 바로 앞 장에 나오는 박정순 씨다.)

박시환 원장은 그 편지를 읽으며 눈물을 쏟았다고 한다. 냉철한 원칙주의자이자 부당한 처사에는 반기를 들고 저항하는 데 굽힘이 없는 그였지만, 한 어머니의 기구한 사연 앞에서는 절로 숙연한 마음이 들었던 것이다.

이때를 회상하며 이야기하던 중에도 박시환 원장은 한동안 말을 잇지 못하고, 고개를 숙인 채 가만히 눈물을 닦았다. 12년도 훌쩍 지난 일이지만 당시의 감정이 생생히 되살아나는 듯 보였다.

나는 박시환 원장의 모습을 보면서 프란치스코 교황의 말이 떠올랐다. 주가가 2포인트만 떨어져도 신문에 기사가 나는데 노숙자들이 죽어나가는 것은 뉴스거리조차 되지 않는다. 사람들이 어쩌다가 이렇게 동정심을 잃었으며 다른 사람의 아픔에 함께 눈물을 흘려줄 공감능력을 잃었냐고 비판하던 교황의 말씀 말이다. 당시를 회상하며 눈물을 보이는 박시환 원장의 모습과 교황의 지적이 겹쳐졌다.

결국 적어도 '나쁜 재판'만은 하지 않겠다던 박시환 원장은, 법적 그리고 제도적으로 자신의 신념을 지킬 권리를 박탈당한 양심에 따른 병역거부자와 그 가족들의 아픔을 외면하지 않기로 결심한다.

병역법의 위헌심판 제청

박시환 원장은 일단 사건 심리를 중지하고 보석 결정을 하여 피고인을 석방했다. 그리고 고민 끝에, 개인의 양심의 자유와 국가의 의무 사이에서 충돌하는 이 문제를 이제부터라도 함께 고민해야 한다는 결론을 내렸다. 그는 피고인이 낸 위헌법률심판 제청을 받아들여 2002년 1월 29일 헌법재판소에 위헌심판을 제청하기에 이른다.

박시환 원장은 결정문에서 "헌법상 규정된 병역 의무와 기본권인 사상, 양심 및 종교의 자유가 충돌할 경우 양자는 적절히 조화, 병존해야 한다. 병역거부자에 대한 예외 없는 처벌을 규정한 현행 병역법 제88조는 양심에 따른 병역거부자의 존엄과 가치, 행복추구권을 침해할 가능성이 있다"라고 밝혔다.

박시환 원장의 위헌신청으로 인해, 당시 사람들이 관심조차 갖지 않았던 양심에 따른 병역거부 문제가 수면 위로 떠오르기 시작했다. 아무런 문제의식 없이 관행처럼 정해진 형량을 선고하던 것에서 벗어나 위헌신청까지 한 것은 그 결과를 떠나 상당히 의미 있는 사건이었다.

박시환 원장은 위헌심판 제청의 결과를 기다리는 동안 병역거부를 한 피고인들에게 보석 결정을 내려 석방해주었지만, 때로는 병역거부자들이 헌법재판소의 결과를 기다릴 수 없으니 빨리 선고해달라고 하는 경우도 있었다. 위헌심판 제청이 들어가면 헌법재판소의 판결이 나올 때까지 진행 중이던 모든 관련 재판이 미뤄지는 경우가 많았는데, 그 시간을 마냥 기다릴 수 없는 병역거부자들도 있었던 것이다.

사법부 내에서 병역거부자들을 보는 시선이 곱지 않았다. 개인의 양심과 사상의 자유라는 면에서는 보호할 여지가 있지만 현실적으로 받아들이기 어렵다는 입장이었다. 한마디로 그렇게 '특이한 사람들'까지 법이 보호해야 할 필요가 있느냐는 생각이 깔려 있었던 것이다. 대부분은 현실과 타협해 본질적인 고민 없이 판례에 따라 처리하는 경우가 많았다.

하지만 박시환 원장의 생각은 달랐다. 자신의 신념을 지키기 위해 스스로 감옥을 선택하는 그들의 양심이야말로 가장 확실한 양심이며, 그렇기에 마땅히 보호받을 권리가 있다고 생각한 것이다. 그들은 일정 기간 수감생활을 해야 할 뿐만 아니라, 평생 전과자라는 무거운 족쇄를 찬 채 취업과 사회생활에서 상당한 불이익을 당할 것을 감수하고 병역거부를 선택하는 것이다. 자신의 전 인생을 걸고 양심을 지키려고 하는 이들에게 오직 처벌만 적용하는 것은 법리적으로도 충분히 재고의 여지가 있다고 생각했다.

그런데 헌법재판소의 판결을 기다리는 사이, 사법부의 개혁을 요구하며 4차 사법파동이 일어났다. 그 과정에서 박시환 원장은 서열과 기수 중심으로 이루어지는 대법관 지명에 반대해 사표를 던진다. 이에 동조하는 판사들의 '집단행동'이 이어졌고, 당시 관행처럼 뿌리박혀 있던 '사다리

승급제'에 제동이 걸리는 계기가 되었다. 이로 인해 안타깝게도 박시환 원장은 헌법재판소의 병역법 위헌심판 제청에 대한 판결을 보지 못한 채 판사직을 그만두고 변호사 사무실을 개업했다.

그 사이 사법부에서는 양심에 따른 병역거부자들에 대한 전향적인 판결이 나오기도 했다. 특히 2004년 5월 서울 남부지방법원의 이정렬 판사는 양심에 따른 병역거부자들에게 무죄 선고를 내렸다. 양심에 따른 행위가 과연 처벌의 대상이 될 수 있는가에 대한 근본적인 질문을 제기하며 파격적으로 무죄 선고를 내린 것이다. 비록 얼마 뒤 대법원에서 이를 번복하고 유죄 선고를 내리긴 했지만, 이런 움직임들은 사법부 내에서도 병역거부에 대한 진지한 고민이 진행되고 있음을 반증하는 것이었다.

박시환 원장이 병역법 위헌심판 제청을 한 지 2년 만인 2004년 8월, 드디어 헌법재판소의 판결이 나왔다. 2명의 헌법재판관만이 병역법에 의한 병역거부자 처벌을 위헌이라고 판단했고, 7명의 헌법재판관이 합헌이라고 판단했다. 결국 양심에 따른 병역거부 행위를 처벌하는 법이 헌법에 위배되지 않는다는 최종 결정이 내려진 것이었다. 박시환 원장은 이런 결정이 소수자의 문제에 대해 같이 고민해주고 아파해주지 못하는 사회, 성숙하지 못한 사회의 문제점들을 보여주는 것처럼 느껴져 안타까운 마음이 들었다고 한다.

소수파 대법관

헌법재판소의 합헌 판결이 내려지자, 대법원에서도 양심에 따른 병역거부가 처벌 예외 사유에 해당하지 않는다고 판결하면서 보류되었던 병역거부자 사건들이 속개되었다. 그러나 시간이 지나며 '대체복무를 통한 양심 실현의 기회를 주지 않는 병역법 규정이 헌법에 위배된다'는 위헌법률심판 제청 신청이 다시 올라오기 시작했다.

2005년 11월, 박시환 원장은 대법관으로 임명되어 2년 만에 사법부로 돌아왔다. 진보적인 성향을 가진 대법관을 향한 사회의 기대는 높았지만, 내부적으로는 낮은 사법연수원 기수에 지방법원 부장판사 출신인 그가 대법관의 자리에 오른 것을 불편하게 바라보는 시선도 있었다. 그런 만큼 그가 감당해야 할 임무는 막중했고 부담감도 컸다.

대법관인 박시환 원장은 양심에 따른 병역거부 문제를 위헌 제청했던 판사로서 병역거부 문제에 대해 책임감을 갖고 있었다. 그는 다시 위헌 제청하는 방안에 대해 여러 법률가들과 상의하며 고민을 거듭했다. 하지만 주위에서는 대법관으로서 위헌 제청을 한다는 것은 대법원이 헌법재판소의 판결에 승복하지 못하겠다는 오해로 여겨질 수 있다며 만류했다.

박시환 원장은 현실적으로 다시 위헌 신청을 할 수는 없었지만 마음속으로는 '언젠가는 꼭 하겠다'는 마음을 품었다. 그가 세간의 평가처럼 진보적인 성향의 대법관이어서가 아니다. 진보와 보수의 문제를 떠나, 양심에 따른 병역거부가 인간의 인권과 양심에 대한 본질적인 문제라고 생각했기 때문이다. 그리고 한 인간으로서, 힘이 약한 소수자의 고통을 더 이상 지켜만 볼 수 없기 때문이기도 했다. 박시환 원장은 양심에 따른 병역거부자들에게 대안을, 또 다른 선택지를 만들어주고 싶었다.

박시환 원장은 헌재에 위헌심판 제청을 하지 않는 대신, 양심에 따른 병역거부 사건들을 모으기 시작했다. 구속 기소 사건의 경우는 피고인들의 요청에 따라 즉시 선고를 내렸지만, 불구속 사건은 선고를 미뤘다. 그는 이렇게 모은 사건들을 양심에 따른 병역거부 사안에 대해 호의적인 대법관들이 퇴임하기 전에, 전원합의체*에 부쳐 토론할 생각이었던 것이다. 특히 노무현 대통령 말기에는 국방부도 양심에 따른 병역거부자에게 대체복무의 길을 열어주는 것에 대해 긍정적으로 검토중이었다.

그러나 2008년 12월, 정권이 바뀐 뒤 분위기가 완전히 달라졌다. 양심에 따른 병역거부자들의 희망이었던 대체복무제가 국방부의 백지화 결정으로 인해 한 순간에 물거품이 되고 말았다. 박시환 원장도 길게는 3, 4년간 선고를 미루었던 양심에 따른 병역거부자 사건들을 전원합의체에 올리려고 했지만, 당시에는 그의 뜻에 동조해줄 수 있는 대법관의 수가 너무 적었다. 지금 상태로 전원합의체에 올렸다가 행여 유죄로 결정될 경우, 그것이 판례로 굳어지는 상황을 초래할 수 있었다.

박시환 원장은 전원합의체에 걸었던 희망이 무산되자 힘겨운 결정을 내려야만 했다. 그동안 미뤄왔던 양심에 따른 병역거부 사건들을 전원합의체가 아닌 소부로 가져와 자신이 직접 유죄 판결을 내릴 수밖에 없었다. 대법관 퇴임을 한 달여 앞둔 상태에서 더 이상 판결을 미룰 수 없었던 그로서는 상당히 가슴 아픈 선택이자, 슬픈 판결이었던 것이다. 당시의 이야기를 듣고 있자니, 판결문으로 자신의 얼굴을 가리고 그 너머에서 눈물을 흘렸다는 어느 판사의 모습이 떠올랐다. 박시환 원장도 당시를 떠올리며 몹시 안타까운 심정으로 이렇게 말했다.

---

* 대법원에 있는 최고의 재판기관으로 대법원장과 13명의 대법관으로 이루어짐. 대법관 전원의 3분의 2 이상의 출석과 출석 인원 과반석의 찬성으로 의결한다.

"양심에 따른 병역거부자들에 대한 대체복무 허용은 우리보다 인권보장이 한참 뒤떨어진다는 말레이시아, 아프리카 국가들도 인정하고 있는 것입니다. 우리나라가 선진국 대열에 들어서고 국민소득이 얼마라고 떠들면서도 국제적 비판을 받는 이 문제에 대해 최고의 지성이라 할 수 있는 법관들이 무관심한 태도를 보이는 것은 부끄러운 일입니다."

약자에 대한 공감, 인간에 대한 예의

박시환 원장의 말을 들으며 나는 흑인 인권운동의 촉발점이 된 로사 팍스의 실화를 재구성해 만든 그림책 『사라, 버스를 타다』가 떠올랐다. 버스를 탈 때마다 백인들은 항상 앞자리에, 흑인들은 뒷자리에 앉아야 한다는 것이 이상했던 흑인 소녀 사라는 어느 날 백인들의 자리에 앉는다. 그리고 일어서라는 어른들, 백인들, 경찰들의 요구에 불응한다. 결국 경찰관이 사라를 안아 버스에서 강제로 내리게 한다. 그날 밤 사라는 어머니에게 이렇게 묻는다.

"나는 왜 버스 앞자리에 타면 안 돼요?"

어머니가 대답한다.

"법이 그렇기 때문이야. 법이라고 다 좋은 건 아니지만 말이다."

자기에게 주어진 불공평한 자리를 거부하고 당당하게 앞자리에 앉은 자랑스러운 딸에게 그렇게 대답해야 했던 어머니의 심정이 당시 박시환 원장의 마음과 비슷하지 않을까. 애초에 공정하지도 않았고 정의롭지도 않았고 흑인들을 존중하지도 않은 상태에서 만들어진 그 법 때문에, 소녀는 항상 백인들의 뒷자리에 앉아 왜 자신은 여기밖에 앉을 수 없는 것인지 골똘히 생각했던 것이다.

박시환 원장은 모든 법이 절대적인 의미의 정의는 아니라고 말한다. 모든 법이 정의롭지 못하다는 의미는 물론 아니다. 법은 많은 사람들의 권리와 안전, 그리고 편리를 위해 존재하지만 백인과 흑인을 차별하는 것과 같은 편협하고 이기적인 논리에 의해 만들어지고 유지되는 법도 있다는 뜻이다.

한 어린 흑인 소녀는 뿌리 깊은 흑백차별에 맞서 자기에게 '배정된' 자리를 박차고 버스에서 내렸다. 그리고 그에 동조하는 많은 사람들의 버스 승차 거부 운동으로 버스 내에서의 흑백 차별 법을 바꾸었다. 소녀가 자유롭게 자신이 원하는 자리에 앉게 되었을 때 늘 뒷자리로 내몰려야 했던 흑인들도 자유롭게 자리를 선택할 수 있게 되었다.

그것은 흑인들만의 승리였을까? 그렇지 않을 것이다. 그것은 같은 인간으로서 피부색에 따라 흑인들을 동등하게 대우하지 않았던 백인들에게도 '나쁜 법'으로부터의 해방을 의미하는 것이었다. 백인들이 아직까지도 버스의 앞자리에는 자기들만 앉을 수 있다는 부당한 법의 논리 안에 갇혀 있었다면 세상을 보는 참다운 시선을 빼앗겼을 것이며, 그들이 타고 가는 버스는 세상 사람들의 손가락질을 받았을 것이다.

이 글을 쓰고 있는 2014년 여름, 지금도 '대법원의 양심에 따른 병역 거부 유죄 입장 고수'라는 기사가 올라왔다. 재판부는 헌법재판소가 양심에 따른 병역거부에 대한 처벌이 합헌이라고 결정했던 사실과, 대법원이 종교적 신념에 따른 입영 거부 행위가 병역법에서 처벌 예외 사유로 규정한 '정당한 사유'에 해당하지 않는다고 판결했던 점을 근거로 들었다.

그러면서 '유엔자유권규약위원회가 양심에 따른 병역거부를 인정하라는 권고안을 제시하기는 했지만 이것이 법률적 구속력을 가지는 것은 아니다'라고 덧붙였다. 어쩌면 우리는 아직도 백인들만 앞자리에 앉는 버스를 타고 가는 중인지도 모른다.

박시환 원장은 법관이 좋은 재판을 통해 사회의 고민을 잘 해결하려면, 그 사안에 대해 애정을 갖고 함께 가슴 아파해야 한다고 말한다. 사회적 강자는 그들의 이익을 보호해줄 기구와 인력, 자원을 갖고 있지만 약자는 그렇지 못하다. 따라서 그 균형을 잡기 위해서 약자의 입장에 힘을 보태서 강자의 부당함을 막아내려고 노력하는 것이 판사의 가장 중요한 덕목이라는 것이다.

또한 박시환 원장은 지금이 그 어느 때보다 다른 사람의 고통에 대한 공감능력이 요구되는 때라고 덧붙였다. 누군가의 아픔을 자기의 문제처럼 느끼고 함께 고민해줄 수 있는 정서적 공감능력 말이다. 그는 그런 마음을 갖는 것이 인간에 대한 예의가 아니겠느냐고 되물었다.

자기 인생 전체를 걸고 지키고 싶어 하는 어느 소수자의 양심이 다수의 논리에 의해 고통 받고 있다면, 동시대를 살아가는 사회 구성원으로서 그들의 고통에 관심을 갖고 공감하는 것이야말로 인간에 대한 예의가 아니겠느냐는 것이다.

"대체복무제를 도입한다고 해서 군대가 무너질까요? 그럴 일이 없다는 건 이미 전 세계적으로 증명된 일입니다. 이제 우리도 다수가 소수의 이야기를 들어줄 수 있는 사회적 분위기가 만들어졌습니다. 그동안 양심에 따른 병역거부자들이 모든 고통과 불이익을 감수하면서도 지키고 싶어 했던 그 양심의 소리에, 이제 다수가 귀를 기울여야 할 때입니다."

광복 이후 70년간 계속되고 있는 양심에 따른 병역거부의 역사에서 개인이 저항할 수 있는 길은 제한적일 수밖에 없었다. 지금도 매년 700여 명이 병역을 거부하고 감옥에 가는 상황에서 총을 들 수 없다는 자신의 신념을 지키기 위해 변호사가 된 청년이 있다. 백종건 변호사는 양심에 따른 병역거부자들이 감옥에 가야 하는 현실을 바꾸고 싶어 스스로 변호사가 되었고 이 문제로 수년간 법적 투쟁을 이어오고 있다. '계란으로 바위치기'인 현실 속에서 그가 끝내 변화시키고 싶은 것은 과연 무엇일까?

변호인

변호사가 되어 스스로를 변호한 병역거부자 **백종건**

내가 백종건 씨를 처음 만난 건 영화《어떤 시선》관객과의 대화에서였다. 2000년대 초 양심에 따른 병역거부와 여호와의 증인에 대한 기사를 작성하여 우리 사회에 이들의 이야기를 처음으로 공론화시킨 신윤동욱 기자와 대화를 나누는 자리였다. 관객들의 질문을 받는 시간이었는데, 객석에 앉아 있던 한 청년이 손을 들고 이야기를 시작했다.

양심에 따른 병역거부와 관련된 우리 사회의 각종 현안과 쟁점들을 막힘없이 술술 이야기하는 것을 보고 깜짝 놀랐다. 당시에는 '객석에 숨은 고수가 있었군' 하고 생각했는데, 행사가 끝난 뒤 그가 백종건 변호사라는 사실을 알게 되었다. 영화를 준비하는 과정에서 그와 관련된 여러 인터뷰를 인상 깊게 읽었기에, 나는 마치 연예인을 만난 기분이 들어 순간적으로 사인을 요청할 뻔했다.

백종건 씨는 현직 변호사다. 여호와의 증인이자, 양심에 따른 병역거부자이기도 하다. 내가 예전에 기사를 통해 보았던 건, 그가 자신의 양심에 따른 병역거부와 관련해 수년간 법적 투쟁을 하고 있다는 사실과 자신 외에도 주변의 양심에 따른 병역거부자들의 사건 변호를 무료로 맡고 있다는 사실이었다. 피고인이자 변호인이며, 변호인이자 피고인인 그의 이야기가 궁금해졌다.

내가 저항하는 이유

백종건 씨의 부모님은 모두 여호와의 증인이다. 하지만 그의 부모님은 자식들에게 종교를 강요한 적이 없었기에 4남 1녀의 형제 중 두 동생은 각자 다른 신앙을 갖고 있다고 한다.

백종건 씨는 중학교 때 침례를 받고 여호와의 증인이 되었다. 그는 초등학교에 다닐 때부터 자신이 남들과 다르다는 것을 인식하기 시작했다. 으레 치르는 크리스마스 행사도 안 하고, 학교 조회시간에 애국가 제창과 국기에 대한 경례 등을 거부하면서 자신의 정체성에 대해 진지하게 고민하기 시작한 것이다. 그런 고민이 신앙을 돌아보게 하는 계기가 되었다. 성서가 참인가, 하느님은 존재하는가, 인간의 삶에는 어떤 목적이 있는가 등의 질문을 스스로에게 던졌다고 한다.

그렇게 인생에 대한 큰 틀을 찾아가려고 노력하던 과정 중에 신앙에 대한 확신도 생겼다. 세속적 성공보다 종교적 신념에 충실한 삶을 살기로 한 것이다. 백종건 씨는 가장 행복한 사람이란 하느님과의 관계가 좋은 사람이라고 생각했다. 주변에 세속적인 성공을 거두고도 행복을 느끼지 못하는 사람들을 보며 그는 자신의 생각에 더욱 확신을 가졌다.

"사실 그런 생각을 하게 된 건 부모님의 영향도 컸어요. 공부를 시킨 적이 없었거든요. 다른 친구들은 학원에, 과외에 부모님들 극성이 대단한데 우리 부모님은 공부하라는 말을 전혀 안 하는 거예요.(웃음) 어떨 때는 그게 오히려 불안하게 느껴져서, 나는 앞으로 어떻게 살아가야 하나 걱정이 들었거든요. 그렇게 스스로 장래에 대한 고민을 하다 보니 자연스레 제 삶의 목적이 무엇인가를 생각하게 된 거죠."

백종건 씨의 부친 백승우 씨 역시 종교적 신념에 따라 집총을 거부하고 감옥에 갔다. 백승우 씨는 당시 안과 전문의였고, 8주의 군사훈련만 받으면 공중보건의로 근무할 수 있었다고 한다. 하지만 이를 거부하고 항명죄로 2년의 실형을 선고받고 복역했다. 백종건 씨의 아버지가 입영을 거부할 당시 할아버지는 부장검사였다고 한다.

전도유망한 안과 전문의인데다가 현직 부장검사의 아들이 입영을 거부하고 감옥에 가게 되었으니, 군대 내부에서도 타협하라고 회유하는 분위기가 강했다. 더구나 당시 백종건 씨의 아버지는 이미 결혼해 아내가 있었고 슬하에 장남인 백종건 씨를 포함해 세 명의 아들도 둔 상황이었다. 게다가 당시 의료법에 따르면, 집총을 거부하여 실형을 살면 안과 전문의 자격은 물론 의사면허마저 박탈되었다. 하지만 백종건 씨의 아버지는 뜻을 굽히지 않았고, 결국 할아버지는 그 당시에 여호와의 증인이 아니었음에도 아들의 종교적 신념과 그 선택을 존중했다.

백종건 씨는 다섯 살 때 아버지를 면회 갔던 기억이 아직도 생생하다고 한다. 한참 차를 타고 찾아간 헌병대 막사에는 무장을 한 군인들이 서 있었다. 무섭고 위축된 분위기 속에서 그는 멀미까지 겹쳐 구토를 하며 아버지를 기다렸다. 정작 아버지를 만났던 기억은 뚜렷이 떠오르지 않지만, 이상하게도 어린 그를 주눅 들게 했던 그 분위기만은 아직까지 잊히지 않는다고 한다.

백종건 씨는 할아버지가 부장검사였기에 어렸을 때 법원 바로 옆에 있는 집에 살았다. 초등학교 때 학교에 가려면 부산고등법원 정문을 거쳐 부산지방법원 정문을 지나야 할 정도로 집과 법원이 가까웠다. 그는 등굣길에 종종 푸른 수의를 입은 재소자들이 끌려가는 모습을 보았고, 어린 마음에 법원은 매우 음침한 곳이라는 생각과 거부감을 가졌다. 그런 그가 법조인의 길을 택한 것은 순전히 양심에 따른 병역거부자들의 문제를 해결하는 데 보탬이 되기 위해서이다.

"다른 사람들이 때가 되면 군대에 가는 것처럼, 여호와의 증인들은 병역을 거부하고 감옥에 가는 것을 당연한 것으로 여깁니다. 제가 중고등학생 때 같은 회중(여호와의 증인의 동네별 모임 단위)에 있던 형들도 그랬죠. 그런 현실에 대해 이의를 제기하려는 사람들이 거의 없었어요. 하나의 통과의례처럼 병역을 거부하면 순순히 감옥에 가고 또 주변 사람들은 잘 다녀오라고 격려해주고 하는 분위기였죠. 저도 감옥에 있는 회중의 형들에게 편지를 많이 썼으니까요."

병역거부에 대한 처벌은 우리의 분단 상황을 생각할 때 어쩔 수 없는 것이라는 분위기가 지배적이어서, 이와 관련된 문제에 대해 이의를 제기하기보다는 개인적 희생으로 감수하고 넘어가는 걸 당연히 여겼던 것이다.

백종건 씨는 중학교 3학년 때, 집총을 거부하고 군사법원에서 3년 형을 선고받는 주위의 형들을 보면서 혼자 법전을 뒤져 병역법을 찾아보았다. 그리고 1994년부터 바뀐 당시 병역법에 의거해, 입영하지 않은 상태에서 병역거부를 하면 민간법원에서 1년 6개월만 선고받을 수 있다는 사실을 알게 됐다. 하지만 강제 입영의 관행이 여전히 남아 있던 그 시절 대다수는 어쩔 수 없이 입대한 후에 집총 거부를 선언했고, 그럴 경우 보다 무거운 죄인 항명죄로 고발돼 군사재판에서 3년 형을 선고받고 복역해야 했다. 병무청의 이러한 강제 대동 입영 관행은 2000년 초 언론들이 양심에 따른 병역거부 문제에 대한 대대적인 보도를 하기 시작하면서 끝이 났고, 지금은 대부분의 병역거부자들이 민간 재판을 통해 1년 6개월을 선고받고 있다.

당시 백종건 씨는 이런 사항들을 하나하나 알아가는 과정을 통해, 법 절차를 이용해서 무언가 변화를 이끌어낼 수도 있겠다는 생각을 하기 시작했다.

"누군가는 계속 시도해야죠. 양심에 따른 병역거부를 인정하지 않고 무조건 감옥행을 선고하는 판결의 부당함에 저항해야 합니다. 부당하다고 생각하는 판결에 승복하고 순순히 감옥에 가는 대신, 보장된 법 절차에 따라 항소와 상고를 해야죠. 당장은 무의미한 일처럼 보여도 부당함에 맞서는 시간과 사람들이 계속 늘어날수록 법과 판례가 바뀔 확률이 커지는 거니까요."

꿈을 향한 첫 발자국

백종건 씨는 고등학교 1학년 때 학교를 자퇴했다. 무엇보다 학교에서 실시하는 야간 자율학습과 종교 활동을 병행하는 게 현실적으로 불가능했기 때문이다. 그는 세속적인 욕망보다는 종교적 신념에 따라 살겠다는 확신이 있었기 때문에 학교를 그만두는 것에 아무런 미련이 없었다. 다만 걱정되는 게 있다면 앞으로 어떤 직업을 갖고 생계를 꾸려나갈까 하는 것이었다.

깊은 고민 끝에 학교를 자퇴하고 검정고시를 마친 그는 양심에 따른 병역거부 문제를 해결하는 데 힘을 보태겠다는 생각으로 법대에 진학했다. 병역거부 문제만 아니었다면 법대 대신 그의 아버지를 따라 의대를 선택했을 것이었다.

"2001년, 사회적으로 양심에 따른 병역거부의 문제가 논의의 장으로 떠오르며 대대적으로 보도된 적이 있어요. 그때 이 일을 위해 내가 할 수 있는 것을 찾아야겠다는 생각이 들었고 법대에 진학하게 되었습니다."

백종건 씨에게는 법조인이 되려고 하는 목적이 뚜렷했기 때문에 법대에 가서도 남들보다 일찍 사법고시를 준비했다. 일반적인 한국 남자들이 군대 문제를 해결하지 않으면 그 다음 진로를 생각하기 힘든 것처럼, 여호와의 증인도 병역거부를 하고 감옥을 다녀오는 것으로 군대 문제를 해결하지 않으면 장래에 대한 계획을 세우는 것 자체가 불가능하다. 하지만 백종건 씨는 자신이 변호사가 되어 스스로 자신의 문제를 해결하는 데 일조하고 싶었다. 그래서 그는 변호사가 되기 위해 입영일을 미루며 계속 사법시험을 준비했다.

백종건 씨의 사정을 아는 법대 선배들은 그를 가리켜 '절박한 놈'이라는 표현을 썼다고 한다. 보통의 법대생들은 사법시험에서 떨어지면 군대에 가는데, 백종건 씨는 감옥에 가야 했기 때문이다. 남들에겐 가벼운 우스갯소리지만 백종건 씨 자신에게는 너무도 절박하고 씁쓸한 현실이었다.

216

사실 백종건 씨는 고등학교 자퇴 당시 유학 제의를 받았다. 외국에서 공부하면서 영주권을 취득하면 자연스럽게 병역을 면제 받을 수 있기 때문이다. 하지만 그는 그런 방법으로 문제를 회피하고 싶지 않았다. 그건 비겁한 선택이라고 생각했다. 누가 그에게 권한 적은 없었지만 어느덧 그는 양심에 따른 병역거부와 관련한 뿌리 깊은 문제를 해결하는 데 일조해야 한다는 사명감을 갖게 된 것이었다.

백종건 씨는 대학에 입학한 다음해인 2003년부터 사법고시 준비를 시작했다. 그리고 2년 만인 2005년 1차 합격의 성과를 냈다. 출발이 좋았기에 학교와 주위의 기대도 컸다. 하지만 2006년과 2007년도에 연이어 2차 시험에서 고배를 마셨다. 결과가 그렇게 나오자 백종건 씨의 아버지가 다른 길을 택해보라고 권유했지만, 그는 계속해서 사법시험을 준비했다.

그렇게 아버지의 뜻을 거스르고 세 번째 시험을 준비하는 중에 입대 영장이 나왔다. 예상은 하고 있었지만 아직 아무것도 준비되지 않은 상황에서 영장을 받고 보니 정신적인 부담감이 컸다. 입영을 연기하고 어렵게 준비한 세 번째 시험에서도 그는 고배를 마셨다. 네 번째 시험은 그야말로 몰래 준비했다. 이때야말로 백종건 씨에게는 정말 절박한 순간이었다. 절박함이 담긴 각고의 노력 끝에, 2008년 네 번째로 도전한 시험에서 그는 합격자 명단에 이름을 올렸다.

그런데 바로 그해 12월, 국방부에서 양심에 따른 병역거부자에 대한 대체복무제 시행을 전면 백지화한다고 발표했다. 그 소식을 접한 백종건 씨는 누구보다 안타까웠지만, 묘한 기분이 들기도 했다.

"제가 고시 공부를 하던 2007년 노무현 대통령 때 대체복무제가 시행될 거라는 발표가 있었습니다. 양심에 따른 병역거부자의 문제를 법적으

로 해결하고자 하는 마음으로 시작한 공부였기 때문에 이제 대체복무제
가 시행된다면 내가 법을 공부한 게 소용없을 수도 있겠다는 생각을 했
어요. 그런데 대통령이 바뀌면서 갑자기 상황이 변하게 된 거예요."

사법연수원에서 공부하는 2년 동안, 백종건 씨는 군대를 한 번 더 연
기할 수 있었다. 사실 그는 연수원을 졸업해서 4주의 군사훈련만 받으면
3년의 공익 법무관으로 병역 의무를 마칠 수 있는 상황이었다. 하지만 그
는 단지 4주간의 군사훈련 때문에 그런 선택을 할 수 없었다. 공중보건의
와 법무관이라는 것만 다를 뿐, 옛날 백종건 씨의 아버지가 겪었던 것과
똑같은 상황이었다.

사법연수원의 동료들은 한결같이 그를 걱정해주었다. 교수님들은 그
를 응원해주면서도 현실적인 상황을 이유로 만류하는 분위기였다. 그 자
신이 판사, 검사이기도 한 교수님들은 자신의 재판 경험으로 볼 때, 판례
가 바뀌기는 어렵기 때문에 결국 혼자 감당해야 할 몫만 커질 것이라고
걱정했다. 백종건 씨가 병역을 거부하고 감옥에 가게 된다면, 전과로 인
해 출소 후 5년간은 변호사로서의 자격이 정지되기 때문이었다. 하지만
백종건 씨는 이 같은 저항이라도 없다면 모순의 악순환이 끊어지지 않을
거라고 믿었기에, 자신의 행동이 세상 사람들의 말처럼 무의미한 것은 아
니라고 확신했다.

양심에 따른 병역거부를 선언한 최초의 변호사

백종건 씨가 사법연수원을 수료한 직후인 2011년 2월 10일, 입대 영

장이 나왔다. 그는 병무청에 전화해 종교적인 신념에 따라 병역을 거부한다는 입장을 밝혔다. 그 말을 들은 병무청 직원은 당황하는 기색이 역력했다. 사법연수원 졸업생이 병역을 거부한 사례는 한 번도 없었기 때문이다. 4주의 군사훈련만 마치면 법무관으로 복무할 수 있는 사람이 왜 그런 선택을 하는지 이해가 가지 않았던 것이다. 백종건 씨는 어떻게든 자신을 설득하려는 병무청 직원에게 끝까지 자신의 의지를 피력했다. 결국 병무청 직원은 백종건 씨에게 '미안하지만' 절차에 따라 경찰서에 고발하겠다고 통보했다.

결국 백종건 씨는 경찰서에 소환되었다. 그는 경찰서에서 자신이 할 수 있는 모든 말을 했다고 한다. 성서에 이웃을 사랑하라는 말이 있고 심지어 원수마저도 사랑하라고 했으니 어떤 이유로도 총을 들 수 없다, 현재 병역법에 관한 위헌 제청이 헌법재판소에 올라가 있으니 그 결과를 기다려보겠다, 그리고 위헌 결정이 나면 대체복무를 하겠다는 것이었다. 그의 말을 들은 형사는 이 문제가 잘 해결되기를 바란다며, 그래도 '미안하지만' 조사 결과를 검찰에 넘기겠다고 했다.

조사 직후 담당 검사가 직접 전화를 걸어왔다. 그는 자신이 검사 2년 차인데 이런 사건을 맡게 되어 부담스럽다는 말과 함께 '미안하지만' 기소하겠다는 뜻을 전했다. 백종건 씨는 검사에게 기소유예나 불기소 처분을 해달라고 요청했다. 병역거부자로서 검사에게 전례가 없는 요구를 한 것이었다. 받아들여지지 않을 줄 알면서도 그는 자신의 입장을 변호하는 장문의 편지를 써서 검사에게 보냈다. 그는 법을 연구하는 학자들이 모두 양심에 따른 병역거부자를 처벌하는 것은 위헌이라고 밝히고 있는 점을 근거로 들었다. '우리 모두 사법연수원 시절에 다 그렇게 배우지 않았느냐'라며 사법연수원 선배이기도 한 검사를 설득했다.

실제로 양심에 따른 병역거부의 문제는 이미 모든 법전과 학계에서 오래전에 결론이 난 사항이었다. 미국과 독일 등의 헌법에서는 양심에 따라 병역거부를 할 개인의 권리를 인정해 준 지 이미 오래다. (독일은 1949년에 헌법 제4조 제3항에서 양심에 따른 병역거부권을 인정하였고, 미국은 1917년에 병역거부권을 인정했다.)

하지만 백종건 씨는 결국 기소되었고 법원에서 소환장이 날아왔다. 재판이 시작되었다. 드디어 지난 수년간 기다리고 기다려온 길고 긴 여정이 시작되었다. 지난 수십 년간 반복되어온 부당한 판결에 대해, 이제는 자신의 문제로 당도한 이 문제에 대해, 그 자신이 목소리를 낼 기회가 온 것이다. 누군가는 계란으로 바위치기라며 냉소할지 모르지만, 그에게는 부당한 현실을 바꿀 수 있다는 자신감과 의지가 있었다.

그는 자신의 사건을 담당하는 판사에게 4주간의 군사훈련 거부를 이유로 유죄 판결을 내리는 것은 헌법과 우리나라가 가입한 유엔자유권규약에서 보장하고 있는 양심에 따른 병역거부권에 부합하지 않는다며 무죄를 내려달라고 요구했다. 하지만 돌아온 것은 1년 6개월의 실형 선고였다. 어쩌면 당연한 결과였지만, 백종건 씨는 이에 굴하지 않고 항소했다. 그는 자신의 항소심을 맡은 판사에게 헌법재판소에 위헌 소원이 올라가 있으니 판결이 날 때까지 선고를 미루어달라고 부탁했다. 게다가 백종건 씨 자신도 병역법에 대해 이미 헌법소원을 낸 상태였다.

다행히 판사가 이를 수락해서 헌재의 결정을 기다렸다. 두 달 만인 2011년 8월 30일, 헌법재판소의 결정이 났다. 양심에 따른 병역거부자를 처벌하는 현재의 병역법이 합헌이라는 결정이었다. 2004년 이후 헌법재판소의 두 번째 합헌 판결이었다. 헌법재판소의 판단을 기다리고 있던 각 재판들에서는 차례로 유죄 판결이 나왔고, 선고와 동시에 구속되는 사례들도 생겨났다. 그런데 신기한 것은 헌법재판소에서 위헌 제청으로 올라와 있던 각 개별 재판들을 병합해서 합헌 결정을 내렸음에도 불구하고, 백종건 씨가 낸 위헌 소원 사건은 당시 결정에서 제외되어 여전히 사건으로 남아 있게 되었다는 점이다.

덕분에 그의 사건은 합헌 결정에 따른 선고가 곧바로 내려지지 않았다. 백종건 씨는 판사에게 자신이 낸 헌법 소원의 결과를 지켜볼 수 있게 해달라고 요청했고, 그에 따라 시간을 벌 수 있게 되었다. 재판을 맡는 판사의 성향에 따라 바로 선고하고 구속시킬 수도 있었지만, 다행히 백종건 씨의 재판을 맡은 판사는 그렇게 하지 않았다. 그가 아니었다면 백종건 씨는 구속되었을 수도 있었다. 일단 구속되면 고등법원에 항소를 하든 대법원에 상고를 하든 간에 모든 법적 다툼은 무척 어려워진다. 구속 상태에서는 변론권도 제한되며, 구속 피고인에게는 구속기한의 제한이 있기 때문이다. 하지만 그에게 우호적이었던 판사 덕분에 백종건 씨는 힘든 중에도 법적 싸움을 계속해나가는 것이 가능했다.

하지만 그의 사건에 대한 선고를 2년 동안 연기하던 판사가 정기 인사를 통해 다른 곳으로 자리를 옮기게 되면서 상황이 바뀌었다. 새로 사건을 맡은 판사는 가치관과 태도가 많이 달랐다. 일단 양심에 따른 병역거부자의 신념을 이해하지 못하는 듯 보였다. 백종건 씨는 자신의 신념에 대해 동의하지 못하는 판사에게 항소심 최후변론에서 이렇게 말했다고 한다.

"지금까지 제가 병역거부를 하는 과정 중에 가장 많이 들은 말이 있습니다. 바로 '미안하다'라는 말입니다. 저를 병역법 위반으로 경찰에 고발한 병무청 직원도 제게 미안하다고 했고, 저를 조사했던 경찰관도 미안하지만 어쩔 수 없다고 했습니다. 또한 검사도 기소하면서 저에게 미안함을 표했습니다. 그리고 제가 지금까지 수많은 양심에 따른 병역거부자들의 재판을 변호하는 과정에서도 판사님들은 1년 6개월의 형을 선고하며 그들에게 미안해하셨습니다. 왜 모두들 미안하다는 말씀을 하셨을까요? 저에게는 간절한 바람이 하나 있습니다. 지금 제 앞에 계신 판사님만은 미안하다는 말씀을 하지 말아주셨으면 합니다. 미안하다는 말 대신, 제가 무죄이며 양심에 따른 병역거부는 대한민국에서 보호받는 권리라는 것을 확인해주시기를 바랍니다."

진심과 강한 열망을 담은, 피고인이자 변호인의 최후 변론이었다. 하지만 판사는 항소를 기각했다. 그리고 자신은 이 판결에 대해 절대 부끄럽게 생각하지 않는다고 말했다. 국방의 의무는 신성한 것이며, 병역 의무를 이행하지 않아 국가의 안전이 보장되지 않으면 국민의 안전과 생명을 보장할 수 없다는 논지였다. 다만 현재 법원에서 양심에 따른 병역거부자의 재판을 불구속으로 진행하고 있는 점, 피고인의 직업이나 병역거부의 동기 등을 고려해볼 때 도주의 우려가 없다는 점에서 재판의 확정 전까지 구속영장을 발부하지 않겠다고 결정했다. 결과는 또 다시 1년 6개월의 실형. 두 번째 재판에서도 진 것이다.

하지만 그것이 끝은 아니었다. 백종건 씨는 여전히 무죄를 주장하며 대한민국 최고법원인 대법원에 상고했다. 그리고 2014년 현재, 그 최종 판결을 기다리고 있다.

계란으로 바위 치기를 하는 이유

백종건 씨는 자신의 사건을 변호하는 틈틈이 주변의 양심에 따른 병역거부자들을 위한 변호도 병행하고 있다. 한국 사회에서 아직도 병역거부자의 대다수는 여호와의 증인들이다. 백종건 씨는 이들의 사건을 무료로 수임해서 2011년부터 현재까지 200명에 달하는 양심에 따른 병역거부자의 변호인을 맡고 있다.

그가 맡은 사건 중에는 여섯 명의 아들 중 세 명을 감옥에 보내고 넷째 아들이 재판 중에 있는 경우도 있었고, 할아버지와 아버지가 모두 병역거부로 감옥에 가고 이제 3대째 병역을 거부하여 재판을 받는 경우도 있었으며, 부모님이 모두 장애인이어서 4주 군사훈련만 받으면 공익요원으로 근무할 수 있는데도 종교적 신념 때문에 4주의 군사훈련을 거부하고 감옥으로 가는 안타까운 사건도 있었다. 또 자신이 맡은 사건은 아니지만 군 복무 중 제대를 석 달 앞두고 여호와의 증인이 되어, 병장의 신분으로 항명하여 실형을 선고받은 사례도 있었다.

백종건 씨가 병역거부자들을 변호하는 과정에서 느낀 중요한 것은, 진심으로 무죄를 주장하는 것이 당장 무죄 선고로 이어지지는 않더라도 검사, 판사 등 법조인의 양심을 울릴 수 있다는 것이다. 그는 한 명 한 명의 재판이 남긴 흔적들이 디딤돌이 되어, 조만간 의미 있는 결과를 이끌어낼 것이라 믿고 있다.

백종건 씨는 우리보다 먼저 양심에 따른 병역거부 문제가 해결된 다른 나라의 사례에 주목한다.

"얼마 전에 양심에 따른 병역거부자에 대한 대체복무가 허용된 아르메니아의 경우에도 바야트란이라는 사람의 힘겨운 투쟁이 있었습니다. 그는 11년에 걸쳐 양심에 따른 병역거부의 유죄 판결에 대해 항소했습니다. 그가 1심에 불복하고 2심과 3심을 거쳐 유럽인권재판소까지 올라가지 않았다면 아르메니아도 변화되지 않았겠죠. 누군가 계속 재판을 요구하지 않는다면 결코 무죄 판결은 내려지지 않습니다."

흔히 법조인들은 재판을 축구에 빗대어 1심은 전후반 90분 경기에, 2심은 연장전에, 3심은 비디오 판독에 비유하곤 한다. 즉 3심에서는 새로운 증거나 새로운 주장이 제기될 수 없고 다만 그간의 재판에 판결을 뒤집을 정도의 심각한 문제가 있었는가 하는 점만을 검토한다는 뜻이라고 한다. 백종건 변호사는 3심까지 끈질기게 자신의 무죄를 주장하는 사람들의 목소리가 모일 때 비로소 최고법원에서 양심에 따른 병역거부자의 절실한 목소리에 귀를 기울여 이 문제에 대해 더 진지하게 고민할 거라고 기대하는 것이다.

2013년 8월 갤럽의 여론조사에 의하면, 우리 국민의 68%가 양심에 따른 병역거부자에 대한 대체복무에 찬성한다고 한다. 백종건 씨는 대한민국에 대체복무가 시행될 수 있는 토양은 이미 충분히 갖춰져 있다고 생각한다. 초, 중학교 도덕 교과서에도 대체복무와 양심에 따른 병역거부에 대한 내용이 나오고 있는 만큼 그에 대한 교육도 예전보다 많이 이루어지고 있다. 또한 양심에 따른 병역거부자들의 대체복무가 시행되면 보편적 복지를 지향하는 국가적 복지 시스템에도 수혜가 돌아갈 것이다.

백종건 씨는 대법원의 판결을 기다리는 지금도 다른 병역거부자들의 변호를 위해 일하고 있다. 자신의 사건에 대한 대법원 판결이 유죄로 결정 나면, 그는 구속되어 감옥에 갇히게 될 것이다. 그리고 출소 후 5년간 변호사 일도 할 수 없게 될 것이다. 하지만 그는 자신의 법적 승리를 믿고 있다. 또한 설사 원하는 결과가 나오지 않아 감옥에 갇히고 변호사 일을 할 수 없게 되더라도 그 자체는 자신에게 중요한 일은 아니라고 한다. 자신의 삶에서 가장 중요한 것은 예전부터 쭉 그래왔듯이 하느님의 말씀에 따라 사는 것이기 때문이다. 언제 수의를 입게 될지 모르는 상황에서도 백종권 씨는 자신의 지금 삶이 행복하다고 말한다.

"작년에 결혼해서 저도 지금은 가장이거든요.(웃음) 가족의 생계를 책임져야 하기 때문에 다른 사건도 맡고 있는데 재판에서 이겨 의뢰인으로부터 고맙다는 말을 들을 때가 있어요. 하지만 그건 제가 돈을 받고 일로서 해준 것일 뿐이에요. 저에게는 그때 받는 인사보다 병역거부자들이 실형 1년 6개월을 선고받고도 제게 건네는 '옆에서 같이 싸워줘서 고맙다'라는 말 한마디가 더 의미 있습니다."

바위를 깨는 계란은 없다. 하지만 바위에 부딪힌 계란들은 그 위에 무수한 흔적들을 남긴다. 그 흔적들이 언젠가 바위를 흔들고 움직이게 될 것이라고, 백종건 씨는 믿고 있다. 그 믿음이 바로 언젠가 다가올 현실이며, 지금의 그를 움직이는 동력이다.

양심에 따른 병역거부는 우리나라만의 일이 아니다. 이미 수십 년 전부터 세계 여러 나라는 이 문제에 대해 고민해왔고 사회적 해결방안으로 양심에 따른 병역거부권을 인정하고 대체복무제를 실행해왔다. 국방력 손실과 군복무자와의 형평성 등 우려가 있었지만 수십 년간의 제도 시행을 통해 많은 긍정적 효과를 얻었다. 1968년 미국의 베트남전에 반대해 병역을 거부하고 한국에서 평화봉사단으로 활동하며 대체복무를 했던 하유설 신부의 제안을 들어본다.

미국
신부님의 제안

병역거부와 대체복무를 경험한 미국인 신부 **하유설**

하유설 신부의 모습을 처음 본 건, 한 인터넷 뉴스의 사진에서였다. 2008년 촛불집회 때 현직 의경으로 병역거부를 선언한 이길준 씨의 농성장인 신월동 천주교 성당 앞에서 시민들을 향해 병역거부 지지 발언을 하던 모습이었다. 벽안의 외국인 신부가 마이크를 들고 시민들을 향해 병역거부자에 대한 지지 발언을 하던 모습은 무척이나 인상적이었다. 하유설 신부의 모습은 천주교 신자로서 병역거부를 했던 고동주 씨와 백승덕 씨 관련 기사에서도 볼 수 있었다. 병역거부자를 위한 평화 미사를 드리거나, 적극적으로 관련 인터뷰를 하던 모습들이었다. 하유설 신부가 병역거부와 관련된 어떤 자리에도 마다하지 않고 참여해 발언하는 건, 그 자신 역시 양심에 따른 병역거부자이기 때문이다.

베트남 참전을 거부하다

"어서 와요, 길은 잘 찾아왔어요?"

개량한복을 입고 유창한 한국말을 구사하는 친근한 느낌의 외국인 신부. 갈색 베레모 아래로 드러난 은발과 부드러운 미소를 지닌 하유설 신부를 처음 만난 곳은 서울 광진구 중곡동에 위치한 메리놀 외방 전교회이다. 메리놀은 '마리아의 언덕'이라는 의미로, 메리놀 외방 전교회는 10명의 미국인 신부와 선교사가 함께 지내며 신앙생활을 하고 있다.

1945년 미국 보스턴에서 태어난 하유설 신부의 본명은 '러셀 펠트 마이어'다. 1969년 처음으로 김포공항에 발을 디딘 이래로 벌써 45년째 한국과 인연을 맺어오고 있다. 이제는 개량한복이 가장 편하다는 그는 웬만한 한국 사람보다 한국에 대해 잘 알고, 더 큰 애정을 갖고 있는 듯 보였다.

하유설 신부의 한국 생활은 대부분 가난하고 힘없는 이들과 함께해온 삶이었다. 1970년대 성남의 한 가정집에서 어린 노동자들을 대상으로 한 야간학교 운영을 돕기도 했고, 오랜 기간 한센병 환자들을 위해 봉사하는 한편, 성폭력과 가정폭력의 피해 여성들을 위한 다양한 활동을 해왔다. 일흔을 넘긴 지금도 천주교의 복음 전파, 피정* 지도와 상담, 그리고 양성 평등 프로그램과 수평적이고 평화적인 의사소통 방법에 관한 워크숍 등을 진행하며 하루하루를 바쁘게 보내고 있다.

미국의 평범한 가정에서 자란 하유설 신부가 지구 반대편에 있는 한국

---

* 천주교 신자들이 새로운 영적 쇄신을 위해 일정 기간 동안 일상을 벗어나 묵상, 기도 등의 종교적 수련을 하는 것.

이라는 나라에서 인생의 대부분을 보내게 된 계기는 무엇이었을까?

미국 세인트 토마스 대학과 노트르담 대학원에서 철학을 전공한 하유설 신부는 1968년 자신의 인생에서 중요한 결정을 내려야 하는 순간을 맞이하게 된다.

당시 미국은 베트남과의 전쟁을 한창 진행하고 있었다. 전쟁이 일어나자 미국 정부는 젊은 남성들을 대상으로 군대 징집을 실시했다. (미국은 남북전쟁, 두 차례의 세계대전 당시와 1948~1973까지 징병제를 실시했다.) 징병된 남자들은 군대에 입대해야만 했고, 그들 대부분이 베트남전쟁에 파병되었다. 전쟁의 명분은 베트남의 공산화를 막고 평화를 지킨다는 것이었지만, 본질은 냉전시대의 세력 다툼 속에서 일어난 미국의 침략 전쟁이었다. 미국 내의 여론은 정의롭지 못한 전쟁에 반대하는 의견과 애국심을 내세우며 전쟁에 찬성하는 의견으로 양분되어 있었다.

하지만 젊은이들 사이에서는 전쟁 반대 여론이 압도적으로 높았다. 1960년대는 마틴 루터 킹 목사의 흑인 인권운동과 함께 베트남전에 반대하는 반전 평화운동의 열기가 매우 거센 시기였다. 대학생을 중심으로 한 많은 반전시위가 일어났고, 징병증을 불태우는 퍼포먼스로 전쟁에 대한 강한 거부감을 표출하는 이들도 있었다.

유명한 복싱 헤비급 세계 챔피언 무하마드 알리도 "그 어떤 베트콩도 우리를 검둥이라 욕하지 않는다. 베트콩과 싸우느니 흑인을 억압하는 세상과 싸우겠다"라며 병역거부를 선언하는 등 사회 각 계층에서 전쟁에 대한 반대의 목소리가 높아만 갔다.

당시 20대 청년이었던 하유설 신부는 반전시위에 적극적으로 가담하지는 않았지만 베트남전쟁에 참가하지 않겠다는 의지만큼은 확고했다.

어릴 적부터 독실한 가톨릭 신자였던 그는 사랑과 평화에 대한 종교적 신념을 갖고 있었고, 베트남전쟁이 정의롭지 못한 이념 전쟁이라는 확신이 있었다. 그는 전쟁터에 있는 자신의 모습을 상상해보았다. 상대가 베트콩이고 공산주의자라고 해서 내가 그를 죽여야 하는가? 상상만으로도 몸서리가 쳐졌다. 이념이라는 거대한 아집과 독선 대신, 상대방의 관점에서 서로를 바라보는 것이 인간의 본성에 맞는 태도라고 그는 생각했다.

"당시 저의 가장 큰 고민은 내가 갖고 있는 병역거부의 신념이 '모든 전쟁에 대한 거부인가', 아니면 '베트남전쟁에 대한 거부인가'였습니다. 그에 대해서는 분명한 결론을 내리지 못했지만, 당시 베트남전쟁에 참여하지 않겠다는 의지만큼은 확고했습니다."

미국은 아주 오래전부터 양심에 따른 병역거부자가 있어왔고, 그들을 위한 대체복무제 역시 존재해왔다. 1776년 펜실베이니아 주에서 양심에 따른 병역거부자들을 군사 우편 발송 등의 비전투 복무로 근무하게 한 이래로, 제1차 세계대전 중인 1917년 종교적인 교리를 이유로 전쟁에 참여하지 못하는 사람들에게 비전투 임무를 부여하도록 하는 등 양심에 따른 병역거부자들을 위해 지속적으로 제도 개선을 이루어왔다. 그 결과 제2차 세계대전 때는 7만 2,000여 명이 양심에 따른 병역거부자로 등록했고, 1940년에 징병에 관한 법률 제정 때 양심에 따른 병역거부자들을 위한 예외 조항을 만들었다. 양심에 따른 병역거부자들에게 군대가 아닌 곳에서 국가의 중요한 일이나 사회복지를 담당하는 일을 할 수 있게 하는 예외조항을 법제화한 것이다.

하지만 베트남전 당시에는 양심에 따른 병역거부자를 판단하는 기준이 매우 엄격했다. 법원은 대부분 종교적인 신념에 의한 병역거부자만을 인정하여 대체복무하게 해주었다. 여호와의 증인이나 퀘이커교*의 신도 등 몇몇 전통적 평화주의 교파에게만 대체복무가 허용되었다. 가톨릭을 비롯한 다른 종교나 비종교인들은 그 범주에 포함시키지 않았기에, 가톨릭 신자인 하유설 신부는 대체복무제 신청을 포기할 수밖에 없었다. 법원을 통해 양심에 따른 병역거부자로 인정받지 못하거나, 베트남전쟁을 반대해 징집을 거부했던 많은 사람들 중엔 미국 시민권을 버리고 캐나다로 이주한 사람도 있었다.

신학생의 경우 입대가 면제되기도 했지만, 당시 하유설 신부는 평범한 철학 전공 대학원생일 뿐이었다. 하지만 당시 미국 대학생들에게는 공식적인 대체복무 제도 외에 다른 선택지가 하나 더 있었다. 외국으로 나가 미국의 평화봉사단(Peace Corps)으로 활동하면, 그 기간 중에는 징집이 유예되었다. 공식적인 대체복무 제도는 아니지만, 타지에서 미국민의 이름으로 봉사하며 국민으로서의 의무를 이행한다는 측면에서 대체복무의 성격이 있음을 인정해주었던 것이다. 이것은 어려운 이웃에게 봉사하며 살고 싶다는 하유설 신부의 평소 바람과도 일치하는 일이었다. 결국 그는 베트남전쟁에 참전하지 않겠다는 자신의 신념을 지키기 위해, 고향을 떠나 머나먼 외국에서 평화봉사단으로 활동하는 길을 선택하게 된다.

"예전부터 종교계 내부에서도 이른바 '정의로운 전쟁'에 대한 논의가 있었습니다. 원칙적으로 전쟁은 옳지 않지만 예외적으로 정의로운 전쟁은 인정할 수 있다는 논리죠. 하지만 그건 대량 살상전이 일어나기 전의 이야기입니다. 사람들은 1, 2차 세계대전을 통해 대량살상이라는 끔찍한

* 17세기 중반 영국에서 시작된 프로테스탄트의 한 교파로 노예제도나 전쟁에 대한 반대운동을 통해 사회개혁에 노력을 기울인 종교.

현실을 목격했어요. 결과적으로 어느 누구도 전쟁에서 승리할 수 없다는 것을 깨달았는데 베트남전쟁이 일어난 거예요. 냉전시대의 산물이었죠. 베트남전쟁에서 결국 미국이 패배했지만 그 결과 전 세계가 공산화되었나요? 아니죠. 정부에서는 애국심을 강조하며 전 세계가 도미노처럼 공산주의가 될 것이라고 위기감을 조성했지만 결과는 그렇지 않았어요."

하유설 신부는, 인간이 아직도 진화하는 과정에 있으며 전쟁도 그 범위 안에 있다고 말한다. 인류가 집단을 이루면서 전쟁도 시작되었다. 처음에는 부족 간의 작은 싸움이었던 것이 점차 국가 간의 대립관계로 확장됐고 그 과정에서 1, 2차 세계대전과 같은 엄청난 대량 살상이 발생한 것이다. 전쟁의 명분은 간단했다. 국가와 민족을 위한다는 것이었다. 전쟁이라는 폭력적인 방법으로 해결점을 찾았던 지금까지의 과정이 인간의 발달 단계에서 전근대와 근대에 해당한다면, 이제는 인간과 생명의 소중함을 알고 평화로운 방법으로 갈등을 해결해야 하는 시대에 접어들었다는 것이다. 베트남전쟁 당시에도 많은 이들이 전쟁의 무모함을 알고, 이런 관점에서 반전운동을 했던 것이다.

평화봉사단원에서 달동네 신부님으로

"처음 한국에 와서 김포공항에 내렸던 기억이 아직 생생합니다. 그때가 1969년 1월이었는데 눈 쌓인 김포공항을 보며, 여기가 지금부터 내가 지낼 곳이구나 하는 생각을 했어요."

그는 평화봉사단의 근무지가 한국으로 정해지리라고는 전혀 예상하지 못했다고 한다. 그만큼 한국은 낯선 나라였다. 하지만 왠지 그곳에서 자신이 할 수 있는 일을 찾을 수 있을 것 같은 느낌이 들었다.

하유설 신부는 하와이에서 4개월 동안 한국어를 공부하고 마침내 한국으로 입국했다. 그리고 대구로 내려가 어느 한국인 가정집에 기거하며 경북대에서 영어를 가르치기 시작했다. 그에게 영어를 배우던 학생들은 경북대 사범대생들로 장차 영어교사가 될 이들이었다. 그들은 젊은 외국 봉사 단원에게 매우 열정적으로 영어를 배웠다. 말은 잘 통하지 않았지만 진심은 서로 통해서 수십 년이 지난 지금도 하유설 신부와 연락을 주고받는다고 한다.

"당시에 많은 미국 대학생들이 평화봉사단으로 해외의 여러 나라에 나갔습니다. 하지만 홈스테이를 하는 경우는 거의 없었어요. 아무리 좋은 의도로 갔더라도 이방인과 한 집에 사는 것은 모두가 불편해했기 때문이죠. 그런데 한국은 달랐어요. 제가 대구에서 하숙을 했는데 다들 가족처럼 편안하게 대해주었고, 저도 한국이라는 나라가 가깝게 느껴지기 시작했습니다."

하유설 신부는 대구에 있는 3년 동안 다양한 사람들을 만났다. 낮에는 영어교사로 일하고, 저녁이면 고아원으로 가서 아이들과 어울렸다. 부모를 잃고 어린 나이에 아픔을 겪은 아이들은 다정한 말 한마디, 따뜻한 손길 하나에도 행복해했다. 모두가 가난하던 그 시절, 특히나 어려운 삶을 살았던 넝마주이, 구두닦이 소년들과도 스스럼없이 어울렸다. 그들과 자주 만나 대화하고 아픔을 나누며 도움을 주려고 노력했다.

그 과정에서 자기가 건네는 작은 관심의 손길이 그들에게 큰 힘이 된다는 사실을 몸소 체험했다. 맵고 짠 한국 음식 때문에 설사약을 달고 살아야 했고 언어 문제가 그를 힘들게 했지만 그래도 하유설 신부는 그 시간을 통해 자기 인생의 새로운 길을 발견하게 됐다. 가난하고 힘없는 이웃들을 위한 친구가 되는 것. 만약 베트남전 징집을 거부한 그 앞에, 감옥행이라는 선택지 하나만 있었다면 만나지 못했을 행운이었다.

그렇게 한국에서 3년을 보내고 나자 하유설 신부는 비로소 병역 문제에서 자유로워졌다. 하지만 그는 미국으로 돌아가는 대신 한국에 남기로 결심했다. 평화봉사단 사무실에서 일할 사람이 필요하다는 소식을 듣고 서울로 올라가, 평화봉사단의 교육부장 직을 맡아 봉사단원들을 위한 교육을 했다. 그렇게 6년이 흘렀고, 그 시간들을 통해 자신의 인생에 대해 진지하게 고민하게 되었다. 그리고 우연히 한 기도회에 참석하게 된 것을 계기로 오래전부터 마음속 화두로 남아 있던 사제로서의 길에 대해 생각하게 되었다.

그는 이때 자신이 전쟁터가 아닌 한국 땅에서 봉사하며 살고 있는 이유에 대해 다시금 생각했다고 한다. '너'라는 존재를 완전히 타자화시켜 적으로 규정해야만 하는 것이 전쟁터에서의 삶이라면, 지금 삶은 자신의 마음과 동일시되는 사람들을 위해 봉사하는 정반대의 삶이라고 생각한 것이다.

"한국에서의 시간들을 통해 내 마음을 돌아봤어요. 어릴 때 품었던 신부라는 꿈을 떠올려보았죠. 신부가 되어 어려운 이웃을 위해 봉사하며 살고 싶어 했던 제 마음이 보였어요. 한국에 와서 봉사하는 삶을 사는 동안 원래 가지고 있던 내 마음을 알아낸 거죠. 그러니까 평화봉사단이라는 대체복무가 제 인생을 바꾸었다고 할 수 있습니다."

하유설 신부는 미국으로 건너가 4년 동안 사제가 되기 위해 신학을 공부했다. 신부가 되어 다시 한국으로 돌아온 그는 성남의 한 달동네에 정착했다. 그곳에서 신부와 수녀, 평신도들과 함께 팀을 이루어 젊은 노동자들을 위한 야학과 다양한 프로그램들을 만들었다.

학생들은 주로 10대 여성들이었다. 시골에서 상경해 주경야독하던 그녀들은 저임금과 장시간 노동에 시달리면서도 임금조차 제대로 받지 못하는 처지였다. 하유설 신부는 그들과 같은 동네에 살면서 함께 생활했다. 그곳에서 9년의 시간을 보내는 동안 수많은 사람들을 만났고 그것은 그의 인생에 있어 더할 수 없이 소중한 경험이 되었다.

하유설 신부가 우연히 소록도에 가게 되어 한센병 환자들을 만났을 때의 일이다. 당시 미사를 집전하던 사제가 옆 사람의 손을 잡고 '주님의 기도'를 함께 바치자고 했다. 그때 하유설 신부의 옆에는 한센병 환자가 서 있었다. 하유설 신부는 짓무르고 뭉개진 한센병 환자의 손을 보며 내가 저 손을 잡을 수 있을까 잠시 망설였다고 한다. 하지만 용기를 내 실제 잡아본 그의 손은 따뜻했다. 그 손을 잡고 기도를 노래로 바칠 때 그의 고통과 함께 같은 인간으로서의 존엄성이 가슴 깊숙이 전해져왔다. 한센병 환자들이 하유설 신부 자신으로 느껴졌던 것이다.

하유설 신부는 이 만남들을 통해 사랑하는 것에 대해 새로운 관점을 갖게 되었다. 미국 중산층 가정에서 성장하고 고등교육의 혜택을 받은 그가, 소외받고 있는 사회적 약자의 입장에서 세상을 보는 관점을 갖게 된 것이다. 처음 그에게 한국은 자신과는 동떨어진 타자로서 '그, 그들'이라는 3인칭 개념이었다. 하지만 오랜 시간을 긴밀한 관계로 채워나간 지금은, 한국이라는 나라와 한국 사람이 '또 다른 나', 즉 1인칭으로 다가온다고 한다. 그 1인칭의 개념으로 다른 사람을 대할 때 비로소 타인에 대한 공감능력이 생기는 것이다.

내 인생을 바꾼 대체복무

하유설 신부가 한국 땅에 와서 봉사활동을 하게 된 것은 베트남전쟁을 위한 징집을 거부했기 때문이다. 병역을 거부하고 한국이라는 낯선 땅에서 평화봉사단으로 대체복무를 하며, 그의 생각의 폭은 더욱 확장되었다. 그는 인간이 자신이 속한 사회와 우주 속에서 어떤 역할을 해야 하는지, 그리고 어떻게 전쟁을 극복하고 평화롭게 살아갈 수 있을 것인지에 대한 방법을 깨달았다. 그것은 서로에 대한 이해와 공감능력을 키우는 것이다. 인류가 서로를 이해할 필요 없는 적으로 받아들임으로써 전쟁이라는 재앙을 맞이했다면, 이제는 서로를 '또 다른 나'로 느끼고 공감하는 '진화'를 이루어가야 한다는 것이다. 너와 내가 똑같은 인간이라는 인식을 갖고 서로를 이해하고 공감하는 '1인칭의 세계'가 되면 전쟁도 사라질 것이라고 그는 생각한다.

"이제는 정말 전쟁 없는 세상을 꿈꿀 수 있는 때가 왔다고 봅니다. 전쟁은 모두를 죽일 뿐 승자가 없다는 걸 우리는 경험을 통해 배웠어요. 폭력은 이 시대에 맞지 않아요. 새로운 평화운동을 만들어가야 합니다. 그걸 만들지 못하면 다 죽습니다. 인간의 발달 단계로 볼 때 우리는 이제 그것을 만들 수 있고 그런 기회도 왔다고 생각합니다."

하유설 신부는 자신이 병역을 거부했다는 사실이 자기 인생의 전부를 설명하는 것은 아니라고 말한다. 하지만 그것이 계기가 되어 그 이후의 삶이 달라졌고, 그 경험을 통해 삶을 대하는 관점이 더욱 풍부해질 수 있었다고 한다.

"제가 미국에 있을 때 신부가 되어야 하는지 고민을 많이 했어요. 그런데 한국에 와서 생활하면서 다시 그 꿈이 간절해졌고 결국 사제가 되었어요. 선교사가 된 후 많은 일들을 겪으면서 내 삶과 신앙이 달라진 걸 느꼈죠. 더 깊어졌습니다. 그때 내가 병역거부를 하지 않고 한국에 오지 않았다면 일어나지 못했을 일들이죠."

그를 만나며 새삼 느낀 것은 법과 제도가 한 인간에게 미칠 수 있는 영향력이 무척 크다는 것이다. 우리나라의 수많은 병역거부자에게도 대체복무의 길이 열려 있었다면 어땠을까? 신념을 지키는 대가로 청춘과 능력을 감옥에서 사장당하는 대신, 하유설 신부가 그랬던 것처럼 우리 사회의 곳곳에서 자신을 필요로 하는 많은 사람들에게 봉사하는 소중한 시간을 보낼 수 있었을 것이다.

외국의 양심에 따른 병역거부 사례

하유설 신부는 양심에 따른 병역거부자들에게 무조건 감옥행을 명하는 한국의 현실을 누구보다 안타까워한다. 자신이 45년 전에 겪은 것과 같은 고민과 갈등을 이 땅의 청년들도 하고 있지만, 그 고민에 대한 대한민국 정부의 대답은 묵묵부답일 뿐이다. 하유설 신부는 이 문제를 오랫동안 고민해왔던 다른 나라의 사례에서 대안을 찾아보자고 제안한다.*

제1차 세계대전이 일어나기 전 유럽에서는 전쟁과 무력의 힘을 믿는 사람이 많았다고 한다. 정의를 위해, 국가를 위해 최대한 짧은 시간 내에 적을 제압하고 전쟁을 끝내자는 여론이 우세했다. 하지만 6주를 예상했던 제1차 세계대전은 무려 4년 동안 지속됐고 수많은 희생자가 생겨났다. 이 경험을 통해 서구의 여러 나라들은 평화에 대해 다시 생각하게 되었고, 그 과정에서 평화주의 신념으로 총을 들기 거부했던 양심에 따른 병역거부자의 권리에 대해서도 주목하게 되었다.

우선 제1차 세계대전 이후 스웨덴, 노르웨이 등 북유럽 국가를 중심으로 양심에 따른 병역거부자를 위한 대체복무제가 도입되었다. 그리고 제2차 세계대전 이후에는 서유럽의 국가들 역시 징병제를 유지하는 와중에 병역거부권을 인정하기 시작했다.

특히 전쟁을 일으킨 독일에서는 그 변화의 폭이 컸다. 제2차 세계대전 당시에는 양심에 따른 병역거부자를 정신병원이나 감옥에 수감하거나, 전시특별형법에 의거해 국방력 손괴죄로 처형하기도 했다. 300여 명이 넘는 희생자의 대부분은 여호와의 증인이었다. 하지만 전쟁을 통해 많은 교훈을 얻게 된 서독은 종전 후인 1949년 세계 최초로 헌법에 '병역거부권'에 대한 규정을 만들었다. 독일기본법(독일헌법) 제4조 제3항은 "어느 누구든지 자신의 양심에 반하여 무기를 들고 전쟁에 복무할 것을 강요당하지 않는다"라고 규정하고 있다.

평화주의와 군축을 기반으로 한 독일의 병역제도는 그 후에도 많은 개정과 보완이 이루어졌다. 1956년에는 제7차 헌법 개정을 통해 양심에

---

* 아래에 이어지는 p.238~241까지의 글은 『양심에 따른 병역거부와 대체복무제』(경인문화사) 중 "바람직한 대체복무제"(이재승)를 참조한 것입니다.

따른 병역거부자들에게 대체복무제를 부과할 것을 규정(제12조)하였고, 1960년에는 '대체복무법'을 제정해 그 다음해부터 병역거부자 340명이 기독교 시설에서 12개월간의 대체복무를 시작하였다. 이는 공산주의 국가였던 동독도 마찬가지인데 1964년 양심에 따른 병역거부자들을 위한 법령을 제정했고, 나중에는 서구의 대체복무 제도를 도입했다. 이는 통일 독일에서도 지속적으로 이어져 병역거부자들을 위한 다양한 방식의 대체복무 제도가 마련되었다.

그 결과 1990년대 후반에는 독일 전체 징집 인원 중 병역거부자의 비중이 37%를 차지하기도 했다. 하지만 이들은 사회 곳곳의 복지 시스템과 사회 안전망을 유지하는 중요한 인적 토대가 되었다.

2011년 7월, 독일은 징병제 자체를 폐지하였다. 그런데 당시 독일의 고민 중 하나는 사회복지 시스템과 안전망의 중추 역할을 해왔던 대체복무 인원이 없어짐으로써 사회적 비용이 늘어나게 되는 것이었다고 한다. 이는 대체복무제가 시행되는 국가에서 병역거부자들이 담당하는 사회적 역할이 얼마나 큰지를 보여주는 반증이기도 하다.

병역 문제와 관련해 우리나라와 자주 비교되곤 하는 나라가 바로 대만이다. 남한과 북한이 대치 중인 우리의 상황처럼, 거대한 군사력을 지닌 중국과 대치하고 있는 대만에게 국방력은 매우 중요한 문제이기 때문이다. 대만은 중국과의 군사적 긴장관계를 이유로, 양심에 따른 병역거부자들을 7년간 감옥에서 복역시키는 등 가혹한 처벌을 해온 나라로 유명했다. 군대 내 복무 환경과 사병의 인권 상황 또한 열악해 군대 내에서 많은 인명사고가 발생하기도 했다.

그랬던 대만이 2000년 정부의 주도로 양심에 따른 병역거부자를 위한 대체복무제를 전격적으로 도입했다. 과학과 첨단 무기의 발달로 인해 국가 방위에 필요한 병력이 대폭 감소했기 때문이다. 또한 평화와 반전을 주장하는 병역거부자를 반복 처벌함으로써 생기는 인권 문제, 사회적 비용 소모, 국가 이미지 훼손 등이 대체복무 제도 도입의 주된 이유였다. 우리나라의 국회에 해당하는 대만 입법원이 '대체복무 실시 조례'를 통과시켰고, 2000년 5월 1일부터 대체복무 제도가 본격적으로 시행되었다.

대만 정부는 '(1) 병력 인원의 보충에 영향을 주지 않는다. (2) 병력 인원의 자질을 낮추지 않는다. (3) 병역의 공평성을 위반하지 않는다'라는 세 가지 원칙 하에 대체복무 제도를 시행했고 수많은 긍정적인 결과를 만들어냈다. 사회 치안 분야, 서비스 분야, 기타 행정원이 지정한 분야 등으로 세분화된 대체복무제를 바탕으로 병역거부자들이 자신의 신념과 국민의 의무를 모두 지킬 수 있도록 했다.(부록 참조)

대만은 시행 초기에 대체복무 제도가 병역 기피 수단으로 악용되거나 병역거부자의 인원이 대폭 늘어날 것이라고 우려하기도 했지만, 그런 우려는 현실화되지 않았다. 이는 엄격한 심사 제도 때문이기도 했지만, 대체복무가 군 복무에 비해 절대 쉬운 일이 아니라는 인식 때문이기도 했다. 처음에는 군 복무자들과의 형평성 문제를 고려해 군 복무기간보다 길었던 대체복무 기간도 차츰 줄어들어 나중에는 같아지게 되었다.

또 특이할 만한 점은, 대체복무제의 시행이 병력자원을 대체복무에 빼앗기지 않으려는 군대의 변화와 자구책을 이끌어내, 군대 복무 환경과 인권 문제가 개선되는 결과를 낳기도 했다는 점이다. 이런 대만의 사례는, 그동안 곪아왔던 수많은 인권 문제들이 터져 나오고 있는 우리나라 군대에 시사하는 바가 크다. 이런 과정을 거치며 선진화된 군 제도를 도입하고 있는 대만은 2015년 징병제를 폐지하는 계획을 앞두고 있다.

역사적으로 많은 국가들이 지금의 우리나라처럼 징병제를 유지해왔다. 하지만 1903년 호주에서 '무기소지에 대한 양심적 거부를 선언하는 자'에게 병역을 면제하는 법을 시행한 이래로, 수많은 나라가 양심에 따른 병역거부자들의 권리를 인정하고 이들을 위한 대체복무제를 시행해왔다. 1960~1970년대에는 유럽의 각국이, 1980년대에는 브라질을 비롯한 남미의 각국이, 1989년 소련의 해체 이후에는 동유럽 국가와 구 소련 국가들이 양심에 따른 병역거부권을 헌법에 명문화했다. 유럽연합 회원국 중 병역거부자를 처벌하는 국가는 전혀 없으며, 그중 21개국은 징병제를 폐지했고, 6개국만이 징병제와 대체복무제를 함께 유지하고 있다.

징병제를 유지하고 있는 국가 중 양심에 따른 병역거부권을 인정하지 않는 나라 역시 점점 줄어들어 몇 개국 되지 않는다. 북한, 베트남, 부탄, 투르크메니스탄, 중국, 레바논, 시리아, 이란, 이라크, 콩고, 탄자니아, 토고, 쿠바 등 몇 개국 되지 않는다. 인권 선진국을 지향한다는 대한민국도 이들 국가에 포함된다. 그뿐 아니라 전 세계에 수감된 병역거부자 중 92.5%가 우리나라에 있다. 국가 안보를 강조해온 우리의 현실을 고려하더라도 지금의 이 통계는 우리에게 시사하는 바가 크다. 무언가 잘못된 것 아닐까? 이미 많은 나라에서 오랜 역사를 통해 고민해오고 합리적인 제3의 길을 도출한 이 문제에 대해 왜 우리는 변화하기를 두려워하는 것일까?

우리나라에서도 대체복무 제도가 도입될 뻔한 시기가 있었다. 2000년대 들어서 양심에 따른 병역거부자들에 대한 사회적 관심이 점차 높아짐에 따라, 노무현 대통령 시절인 2007년 9월 대한민국 정부는 종교적인 신념에 따른 병역거부자에 대해 대체복무를 허용하겠다는 방침을 발표했다. 그리고 국방부 주도로 소록도의 한센병원, 마산의 결핵병원 등 국립 특수병원과 노인전문 요양시설 등을 대체복무 대상지로 검토했고, 복무기간은 현역병 복무 기간의 2배에 가까운 3년으로 정했다. 현역병과의 형평성을 고려해 산정한 기간이었다. 물론 이 기간 역시 징벌적 성격이 강해 점진적인 개선이 필요하긴 했지만, 병역거부자들을 위한 제도 개선의 첫 시작이었으므로 많은 이들이 환영의 뜻을 밝혔다. 하지만 정권이 바뀌면서 모든 계획이 하루아침에 전면 백지화되어버렸다. 그 결과 아직도 많은 양심에 따른 병역거부자들이 감옥으로 향하는 안타까운 현실이 이어지고 있는 것이다.

독일이나 대만의 사례에서 볼 수 있듯이, 이미 많은 나라들이 병역거부권을 인정하고 있는 단계를 넘어 징병제를 폐지하는 단계에까지 와 있다. 징병제 폐지는 이제 거스를 수 없는 세계적 추세이다. 이들 국가들이 징병제를 폐지하려는 것은 징병제 자체가 과거 냉전 시대의 산물일 뿐, 국민들 대다수가 더 이상 필요성을 느끼지 않기 때문이다. 또 징병제가 청년 자원에 대한 낭비이며 국가 경제적으로도 손해라는 견해가 커지고 자유주의의 이념이 중시되면서 개인의 선택을 존중하는 분위기가 형성되었기 때문이다. 이러한 전 세계적 추세를 볼 때, 아직 양심에 따른 병역거부자들의 권리조차 인정받지 못하고 있는 우리나라의 현실은 안타깝고 부끄러울 뿐이다.

의미 있는 진화

가톨릭 신자들은 미사 중에 신에게 평화를 청하며 서로 평화의 인사를 나눈다. 두 손을 모으고 서로 눈을 맞추며 고개를 숙여 "평화를 빕니다" 하고 인사한다. 인간이 신에게 그토록 갈구하는 평화가 먼 곳에 있지 않고, 서로를 향해 평화를 빌어주는 그 마음속에 있음을 보여주는 인사다.

하유설 신부 역시 이처럼 우리의 일상에 평화의 날이 오기를 누구보다 바라고 있다. 개인과 개인, 국가와 국가 간에 갈등 상황이 발생할 때 무력을 앞세우는 것이 아니라, 너와 내가 하나라는 이해의 바탕 위에 대화로서 갈등을 풀어야 한다고 그는 말한다.

하유설 신부는 제2의 고향인 대한민국의 현실이 자꾸만 눈에 밟힌다고 한다. 평화를 사랑하는 대한민국의 청년들이 총을 들 수 없다는 이유로 감옥에 가야 하는 현실이 더 이상 이어지지 않기를 바란다고 한다. 베트남전 참전거부와 대체복무를 통해 새로운 삶을 찾을 수 있었던 그는, 이 땅의 청년들에게도 신념과 의무를 함께 지킬 수 있는 제3의 길이 열리길 기도하고 있다.

하유설 신부는 대체복무를 통해 자신이 진정으로 하고 싶었던 일을 찾을 수 있었다. 이것은 개인에게도 축복이지만 사회적으로도 유익한 일임이 분명하다. 이 땅에 대체복무제가 시행되어 많은 젊은이들에게 희망과 비전을 제시할 수 있게 된다면, 우리나라도 하유설 신부의 말처럼 의미 있는 '진화'를 이룰 수 있게 될 것이다.

2001년 이후 한국 사회의 양심에 따른 병역거부 문제는 인권 차원의 문제에서 벗어나 평화를 향한 사회운동으로 변모되었다. 2003년 만들어진 평화주의, 반군사주의 네트워크인 '전쟁없는세상'은 신념에 따라 병역을 거부하는 청년들을 돕는 한편, 당시로서는 낯선 운동이었던 평화주의 운동을 전개해나갔다. 이곳에서 8년간 활동하며 병역거부자 지원을 비롯해 다양한 평화운동을 해온 활동가 여옥 씨의 이야기를 들어본다.

전쟁 없는 세상을 꿈꾸며

병역거부자들을 돕는 평화 활동가 **여옥**

오늘도 TV 뉴스와 인터넷에는 이스라엘의 무차별 폭격으로 죽어가는 팔레스타인 사람들의 비참한 모습이 비춰진다. 스마트폰 속, 공포에 질려 있는 아이들의 사진을 손가락으로 가볍게 넘기며 살아가는 우리는 마치 딴 세상 사람들 같다. 무고한 사람들이 지구의 한쪽 편에서 폭격으로 스러져가는 것은 내가 살고 있는 아파트 시세가 떨어지는 것에 비해 뉴스거리도 아니다.

아이들은 인터넷에서 사들인 무기로 사이버 전쟁에 여념이 없고, 학교에서는 왕따가, 거리에서는 묻지 마 폭력이, 군대에서는 가혹행위가, 그리고 사회에는 무관심과 물질주의라는 또 다른 폭력이 만연해 있다. 이런 세상에서 평화를 바라고 전쟁 없는 세상을 꿈꾼다는 것은 너무나 요원한 소망이 아닐까?

하지만 우리나라에는 '전쟁없는세상'이라는 이름을 걸고, 그 이름과 같은 세상을 만들기 위해 활동하는 사람들이 있다. 내가 이 단체를 처음 찾아갔던 건 영화 〈얼음강〉을 준비할 무렵이었다. 양심에 따른 병역거부자를 위해 다양한 활동을 펼치고 있는 곳이라는 정보만 접하고 병역거부와 관련된 다양한 조언을 구하기 위해서였다.

그때 만난 활동가 중 한 명이 여옥 씨다. 그녀는 지난 8년간 양심에 따른 병역거부자들을 도우며, 그들과 함께 이 문제를 우리 사회에 알리는 데 많은 기여를 해왔다. 여옥 씨는 병역거부자들이 자신의 신념을 실천에 옮기기까지의 고민과 수감생활, 출소 후의 삶까지 누구보다 깊이 있게 알고 있었다. 양심에 따른 병역거부에 수반되는 힘들고 긴 과정을 바로 옆에서 오랜 기간 함께해왔기 때문에 가능한 일이었다. 그렇게 그녀가 함께 고민해주고 재판과 수감생활에 도움을 주었던 양심에 따른 병역거부자만 수십 명에 달한다. 그래서인지 여옥 씨는 영화 〈얼음강〉이 병역거부 당사자보다 그 어머니에 초점을 맞췄던 부분이 남 다르게 다가왔다고 했다. 이제는 조금 익숙해질 법도 한데, 여옥 씨는 그 과정이 매번 그렇게 힘들고 아플 수가 없다고 한다. 그 마음이 영화에 등장하는 어머니의 마음일 거라는 생각이 들었다.

인터뷰를 하며 내겐 몇 가지 궁금한 점이 생겼다. 군대 문제의 직접적인 당사자도 아닌 여성이 왜 양심에 따른 병역거부자들을 위해 일하는 것일까? 소수자 중의 소수자 문제라 할 수 있는 양심에 따른 병역거부가 그녀에게 어떤 의미이기에 8년이라는 긴 시간 동안 활동해오고 있는 것일까?

영화를 준비하고 개봉하는 과정에서 여옥 씨와 여러 차례 만나긴 했지만, 양심에 따른 병역거부자에 대한 이야기만 나눴을 뿐 정작 활동가로서 그녀 자신의 이야기는 듣지 못한 것 같았다. 병역거부자들의 대변자로서가 아닌, 묵묵히 자신의 신념을 실천해오고 있는 평화 활동가로서의 여옥 씨 이야기를 듣고 싶었다.

전쟁 없는 세상

여옥 씨가 활동하고 있는 '전쟁없는세상'은 2003년 5월 15일 만들어졌다.(5월 15일은 세계 병역거부자의 날이다.) 2002년, 다양한 신념을 가진 병역거부자들이 등장하고 양심에 따른 병역거부가 사회적 이슈로 대두되던 시기에 만들어진, '양심에 따른 병역거부권 실현과 대체복무 제도 개선을 위한 연대회의'가 그 전신이라 할 수 있다.

당시 38개 시민 단체와 인권 단체가 연합해 만든 '병역거부 연대회의'는 대체복무제 도입과 병역거부자들의 인권을 위한 다양한 활동을 전개했다. 그 이후 대체복무제 도입 운동과 별개로, 양심에 따른 병역거부자들이 주장하는 가치를 실현하는 활동을 하기 위한 안정적인 공간이 필요했고 그 결과 '전쟁없는세상'이 탄생했다.

초창기의 '전쟁없는세상'은 그 탄생 배경에 걸맞게 양심에 따른 병역거부 운동을 중심으로 활동했다. 양심에 따른 병역거부자들을 위한 각종 지원과 대체복무제 실현을 위한 활동을 비롯해 징병제의 문제점을 알리는 일이 주 활동이었다. 현재 '전쟁없는세상'에서 여옥 씨가 담당하고 있는 역할이 바로 이런 것들이다.

"저는 병역거부를 고민하며 찾아오는 친구들을 상담해주거나, 병역거부 선언, 경찰·검찰 조사, 재판 같은 법률적 진행 과정뿐만 아니라 감옥에 수감된 이후의 상황까지 지원하고 있어요. 감옥 내의 인권 문제도 군대 못지않거든요. 병역거부로 수감된 친구들이 이런 상황에 대해 문제제기하는 경우가 있는데, 그럴 때 감옥 내의 상황을 전해 듣고 이 문제를 행정적·법률적으로 해결해나가는 데 도움을 줍니다. 감옥 안에서 당연시되던 지문 날인이 서명으로 대체된 것이나 서신검열 제도를 폐지한 것 등이 그간의 성과죠."

'전쟁없는세상'이 양심에 따른 병역거부 문제에서 시작된 단체이긴 하지만, 이와 관련된 활동만 하는 것은 아니다. '모든 전쟁은 인간성에 반하는 범죄'라는 철학을 바탕으로, 전쟁을 일으키는 다양한 원인을 우리 일상과 사회구조에서 없애는 활동도 함께해나가고 있다.

그래서 지금의 '전쟁없는세상'은 '병역거부 팀'과 '비폭력 팀'으로 나누어 보다 체계적인 활동을 이어나가고 있다. '비폭력 팀'은 비폭력과 관련된 다양한 캠페인과 트레이닝을 진행하고 있는데, 일상에 잠재된 폭력의 요소들을 제거하고 갈등 상황이 생겼을 때 이를 비폭력적으로 해결하는 방법에 대해 연구하고 교육하는 팀이다.

"비폭력이란 게 아무것도 안 하는 무저항이나 무대응을 의미하는 게 아니거든요. 오히려 사회의 변화를 이끌어내기에 더 효과적인 방법이라고 생각해요. 전쟁도 다 일상에서 훈련된 결과물 아니겠어요? 우리도 그에 대항해서 사회를 변화시킬 효과적인 전략을 세우고 우리의 목적을 달성하기 위해 비폭력 캠프를 운영하고 있는 거죠."

현재 '전쟁없는세상'의 활동가들은 생계를 위한 일을 병행해가며 활동하고 있고, 여옥 씨만이 유일한 상근직으로 활동하고 있다. 단체 운영은

약 200명에 달하는 회원들의 후원 회비를 통해 자체적으로 해결해나간다. 규모가 큰 사업의 경우에는 국내외의 민간재단으로부터 후원을 받기도 하지만 기업이나 국가의 지원은 전혀 받고 있지 않다. 자신들이 감시하고 비판해야 할 대상으로부터 도움을 받을 경우, 활동의 취지와 동력이 훼손될 수 있기 때문이다. 특히 우리나라의 대기업은 군수업체와 연결되어 있는 경우가 많아서, 부족하더라도 자체적으로 재정을 충당해 활동을 이어나가는 것을 원칙으로 하고 있다.

'평화'라고 하는 어쩌면 너무나 큰 이상을 위해 세상을 변화시킨다는 것은 결코 쉬운 일이 아니다. 생계를 위한 최소한의 활동비만으로, 누구도 선뜻 나서지 않는 일들을 계속해나간다는 것 역시 쉽지 않은 일이다. 물질적 풍요만이 절대적 가치가 된 우리 사회에선 이런 활동들이 뜬구름 잡는 이야기처럼 들릴지 모른다. 하지만 여옥 씨가 이 일을 시작하게 된 건 남들이 뜬구름이라고 말하는 그 이상이 이 땅에 실현될 수 있다고 믿기 때문이다.

내 삶이 변해야 세상이 변한다

여옥 씨가 대학생활을 했던 2000년 대 초반, 당시는 유난히 세계적으로 분쟁과 사건이 많던 시기였다. 대학에 입학한 이듬해인 2001년에 9·11 테러가 발생했고 연이어 아프간전쟁과 이라크전쟁이 발발했다. 불안한 세계 정세로 인해 평화운동의 불모지였던 우리나라에도 대중적인 반전 및 평화운동의 불씨가 지펴졌고, 그 시기에 대학을 다녔던 여옥 씨도 반전과 평화에 대해 고민하는 순간이 많았다. 특히 미디어에 보도된 전쟁의 참상들은 그녀에게 유난히 민감하게 다가왔다.

"전쟁 장면을 취재한 뉴스와 사진을 보는데 그렇게 마음이 아플 수 없는 거예요. 울부짖는 아이들, 불타버린 학교와 집, 폭격에 파괴된 마을……. 그게 제 마음속에서 사라지질 않았어요. 사회의 모든 부조리에 대해 제가 전부 그렇게 반응하지는 않았겠죠. 그런데 전쟁이 남긴 상처는 마치 제 일처럼 가슴에 남아서, 당시에는 정말 자나 깨나 전쟁을 멈출 수 있는 방법에 대해서 진지하게 고민했어요."

하지만 여옥 씨의 이런 고민을 비웃기라도 하듯, 우리나라의 이라크 파병 동의안은 국회를 통과했다. 더욱 아이러니한 것은 많은 수의 군인들이 이 전쟁에 참전하겠다고 나섰다는 점이다. 반전에 대한 분위기가 고조되고 전쟁의 참상을 알리는 내용이 매스컴을 뒤덮고 있는 와중에 오히려 군인들의 파병 경쟁률이 치솟는 모순된 상황이 벌어진 것이다. 그것은 여옥 씨에게 전쟁 자체보다 더 충격적이고 절망적으로 다가왔다.

전쟁이란 어느 한 명의 결정으로 일어나는 것이 아니라 그에 동의하는 사람들과 명령을 수행하는 이들, 그리고 무기 사업으로 돈을 버는 기업들의 꼬리에 꼬리를 무는 연관관계 속에서 유지되고 있었다. 그런 상황을 보면서 여옥 씨는 우리 일상에서의 삶과 생각이 변하지 않는 한 세상은 결코 변하지 않을 것이라는 확신이 들었다.

"이라크전쟁은 결국 석유 때문에 벌어진 전쟁이었죠. 미국에서 내세운 이라크의 대량 살상 무기 보유라는 명분은 사실 핑계에 불과하다는 걸 모르는 사람이 있었을까요? '검은 황금'을 향한 욕망이 진짜 대량 살상 무기였던 셈이죠. 석유 때문에 벌어진 전쟁을 보면서, 석유를 펑펑 쓰는 제 일상이 변해야 전쟁도 멈출 수 있다고 생각했어요. 석유를 통해 내가 누리는 안락함, 편안함 같은 것들이 결국은 누군가를 죽이고 뺏어온 것들이었으니까요. 결국 내 삶이 바뀌어야 세상이 변할 수 있는 거예요."

그 후로 여옥 씨의 일상이 바뀌었다. 석유를 사용하는 교통수단은 가급적 이용하지 않고 웬만한 거리는 자전거를 이용했다. 식생활에서도 고기를 먹지 않는 채식주의자가 되었다. 인간과 함께 공존하며 행복한 삶을 누려야 할 동물들에게 고통을 주고 싶지 않아서다. 누군가는 한 사람의 이런 행동이 세상을 바꾸는 데 얼마나 영향을 끼칠 수 있겠느냐고 반문할지 모르지만, 바로 그 '한 사람'의 변화가 가장 중요하다고 생각하는 게 여옥 씨를 비롯한 '전쟁없는세상'의 가치관이다. 전쟁은 결코 우연히 일어나지 않으며, 개개인이 행하는 일상에서의 탐욕과 착취의 결과로부터 발아한다. 따라서 전쟁에 저항하는 운동 역시, 한 사람 한 사람이 실천하는 일상에서의 노력이 바탕이 되어야 한다는 것이다.

사회복지사로서 병역거부자를 돕다

여옥 씨는 대학에서 사회복지학을 공부하고, 2005년 졸업 후 사회복지사로 일하기도 했다. 전공을 선택할 때부터 사회적 약자와 함께하는 삶을 살겠다는 의지가 있었고, 가톨릭학생회라는 동아리에서 활동하면서 사회문제에 눈을 뜬 것이 직업을 선택하는 데 영향을 미쳤다. 그녀가 일한 곳은 구로구에 있는 지역 복지단체였다. 그곳에서 국가의 직접적 복지 혜택을 받는 수급권자와 이마저도 지원받기 애매한 차상위 계층을 위한 활동을 했다. 하지만 일을 하면 할수록 그녀에게 찾아드는 것은 허탈과 자괴감이었다.

"그분들 개인의 능력이 부족해서 힘든 삶을 사는 게 아니었어요. 우리 사회 구조 자체가 그들이 가난에서 벗어날 수 없도록 되어 있다는 생각이 들었어요. 복지라는 이름으로 그분들에게 도움을 주고 있지만 근원적인 가난은 해결될 수 없는 구조인 거죠. 그런 상황에서 제가 하는 일은 그 시스템을 견고하게 유지하는 데 일조하는 것에 불과하다는 생각이 들었어요. 사회복지사라는 그럴 듯한 이름으로 포장된 채 말이죠."

이와 같은 고민을 안고 있던 무렵, 대학 때 가톨릭학생회 동아리에서 활동했던 선배가 양심에 따른 병역거부를 선언했다. 천주교 신자 중에서는 최초의 병역거부를 한 고동주 씨다. 개인적 친분도 있었지만 무엇보다 평화를 향한 그의 신념을 지지해주고 싶었기에, 여옥 씨는 자진해서 후원회장을 맡았다. 도움을 줄 신부님들을 찾아다녔고, 그분들과 함께 교리를 찾아가며 병역거부에 대한 종교적 근거들을 조사하고 수집했다.

여옥 씨는 선배의 병역거부를 도우며 다른 병역거부자들도 만나게 되었고, 그 과정을 통해 새로운 경험을 하게 되었다. 자신의 삶을 변화시켜 세상을 바꾸려는 양심에 따른 병역거부자들의 모습에서 평화의 실현을 위한 희망을 본 것이다. '내 삶이 변하지 않으면 세상은 결코 변하지 않는다'는 신념을 그들처럼 확고하게 보여주는 이들도 드물었다. 비록 여옥 씨 자신은 병역과 직접 관련이 없지만, 병역거부자들이 신념을 지키는 데 도움을 줌으로써 자신의 평화에 대한 신념도 실천할 수 있다고 생각했다. 그래서 여옥 씨는 사회복지사 일을 그만두고, '전쟁없는세상'으로 달려갔다.

전쟁 없는 세상을 꿈꾸는 사람들

우리나라에서 개인이 국가 권력에 맞서 홀로 병역거부를 할 때는 많은 어려움이 따른다. 때문에 양심에 따른 병역거부자의 뒤에서 함께 고민해 주고 도움을 주는 활동가의 역할이 무척 중요하다.

여옥 씨는 '전쟁없는세상'에서 활동하며 대략 60여 명의 병역거부자들을 만났다. 돌이켜보면 한 명 한 명이 모두 기억에 남지만, 그중에서 특히 인상적이었던 건 2003년 현역 군인 신분으로 이라크 파병 철회를 주장하며 병역거부를 선언해 사회적 파장을 일으킨 강철민 씨였다. 그는 입대 후 첫 휴가를 나온 상태에서 '명분 없는 전쟁에 우리 군이 파병되는 것은 잘못된 결정'이라며 부대 복귀를 거부하다 군 헌병대에 연행돼 징역 1년 6월(1심에서 2년, 항소심에서 1년 6월)을 선고받고 복역했다. 강철민 씨는 군인 신분이지만 불합리한 명령에 따를 수 없다는 신념을 실천에 옮겼고, 자신의 행동을 통해 실재하는 구체적인 전쟁을 막고자 하는 의지를 보여주었다. 그것은 병역거부가 평화로운 시기의 공허한 담론이 아니라, 전시 상황에서 본질적인 가치가 드러나는 일임을 확인시켜준 행동이었다.

우리나라에서 병역거부 문제를 이야기할 때면 항상 나오는 말이 '분단'과 '휴전'이라는 한반도의 특수 상황이다. 북한과 대치중이고 전쟁도 끝난 게 아니라 잠시 멈춰 있을 뿐이라는 논리를 들어, 징병제와 병역거부에 대한 논의 자체를 막는 것이다. 하지만 여옥 씨는 강철민 씨가 군인의 신분으로 정부의 부당한 파병을 거부했던 것처럼, 전시 상황에서 총을 내려놓는 용기가 있을 때 비로소 전쟁을 막을 수 있다고 말한다. 국가에서 강조하는 '위기 상황'이야말로, 더 많은 사람들의 병역거부를 필요로

하는 시기라는 것이다.

2008년 촛불집회도 여옥 씨에게는 잊을 수 없는 기억이다. 광화문 광장이 뜨거운 촛불의 물결로 민심을 드러내던 그때, 여옥 씨는 전·의경들을 향해 '방패 대신 촛불을'이라는 피켓을 들기도 했다. 시민과 대치하고 있는 전·의경들로 하여금, 국가 권력의 부당한 명령에 대해 자신의 양심에 비추어 거부권을 행할 수 있다는 것을 일깨워주고 싶었다. 이럴 때 단한 명의 전·의경이라도 이 구호를 마음에 새겼으면 좋겠다는 생각을 하던 차에, 현직 의경 이길준 씨가 '전쟁없는세상'을 찾아왔다. 물론 여옥 씨의 피켓을 보고 찾아온 것은 아니었지만 버스로 막힌 거대한 벽 너머로 마음이 통했다는 느낌을 받았다. 여옥 씨는 병역거부를 하겠다는 이길준 씨의 이야기를 들으며 고민을 나누었고, 긴박했던 양심선언과 농성 과정을 끝까지 함께했다.

이런 일련의 과정에서 '전쟁없는세상'의 활동가들은 병역거부자의 가족들로부터 오해와 불신을 받기도 한다. 어떻게든 자식의 병역거부를 막기 위해 몸부림치는 부모의 입장에서는 양심에 따른 병역거부자를 돕는 활동가들의 모습이 곱게 보일 리 없다. 그런 경우에 활동가들은 그 원망과 오해를 묵묵히 받아낸다고 한다. 부모의 마음을 이해하기 때문이다.

하지만 재판이 진행되고 수감생활을 해나가는 동안 병역거부 당사자와 부모의 곁을 지키고 함께 이야기해보면, 그런 서운함들은 씻겨나가고 오히려 부모들이 여옥 씨에게 고마움을 표하는 경우가 생겨난다. 양심에 따른 병역거부자의 부모들은 감옥에 있는 자식 때문에 가슴앓이를 하면서도 주변 사람 누구에게도 이 같은 사실을 털어놓지 못한다. 그래서 아들을 면회하고 온 날이면 여옥 씨에게 전화를 걸어 궁금한 것들을 묻고 괴로운 심정을 하소연하기도 한다. 자연스럽게 여옥 씨는 양심에 따른 병역거부자뿐 아니라 그 가족들을 챙기는 역할까지 하고 있다.

"병역거부는 당사자의 인생에서 무척 큰 결정이에요. 그렇기 때문에 자신의 고민에 갇혀서 주변 사람들의 마음까지 다 챙기지 못하는 경우가 있어요. 그래서 가족들의 입장에서는 일방적으로 그 결정을 받아들여야 하다 보니까 더 힘들고 서운한 감정이 생기곤 해요. 어떤 어머니는 저에게 촘촘하고 곱게 수를 놓은 커다란 이불 덮개를 보내주기도 하셨어요. 아들이 감옥에 있는 동안 너무 괴로워서 잠을 못 주무셨는데, 한 땀 한 땀 이불 덮개에 수를 놓으면서 그 시간을 견디셨대요. 그 소중한 걸 제게 보내주신 거죠."

부모님의 극렬한 반대 때문에 병역거부 소견서까지 쓴 상태에서 이를 포기하는 경우도 있었다. 입대일을 며칠 남겨놓고 아들의 병역거부 결심을 알게 된 한 어머니가 쓰러져 병원으로 실려 간 후 그곳에서 음식과 치료를 거부했다. 아들이 입대해야 자신도 음식을 먹고 치료받겠다며 농성한 것이다. 식음을 전폐한 어머니 앞에서 결국 청년은 자신의 뜻을 접고 바로 입대할 수밖에 없었다. 그 청년은 오랜 시간 병역거부만을 고민하고 준비해왔기에, 아무런 마음의 준비 없이 입대해야 하는 상황이었다. 여옥 씨는, 자신의 신념이 꺾인 채 갑작스레 입대하게 된 그 청년이 군대라는 공간에서 어떻게 견뎌낼지가 무엇보다 걱정스러웠다. 어떤 결정을 내리든, 양심에 따른 병역거부자나 그들의 가족 모두 벼랑 끝에 선 채 위태롭게 결정을 내릴 수밖에 없는 우리나라의 현실이 그녀는 무엇보다 안타깝다고 했다.

여옥 씨는 지금은 징병제가 사라져 병역거부도 없어진 독일의 경우를 예로 들었다. 징병제가 존재했을 당시, 독일의 고등학생들은 수업 시간에 군대 문제에 대해 고민하는 시간을 따로 가졌다고 한다. 군대에 갈 것인지, 아니면 병역을 거부하고 대체복무를 할 것인지 학생들에게 스스로 생각해보게 한 것이다. 본인이 군대를 선택한다면 왜 그런 결정을 했는지, 병역을 거부하고 대체복무를 선택한다면 왜 이 길을 가고자 하는 것인지에 대해 생각을 정리할 시간을 갖는 것이다. 이렇게 군대에 가는 사람도, 병역거부를 선택한 사람도 자신의 결정에 대해 충분히 고민하고 준비할 수 있는 기회와 시간이 확보되는 것이다.

반면 우리나라는 입대에 대해 고민할 수 있는 기회 자체가 없는 것이 가장 큰 문제다. 남자라면 누구나 군대에 가야 하는 것이 당연하게 여겨지는데, 그것은 자신의 고민의 결과가 아닌 외부로부터 강제로 주입되고 명령받은 결과물이었다. 내면의 동기가 없는 강요받은 선택이다 보니, 군대에 적응하지 못하고 극단적인 행동을 하는 일들이 종종 벌어지는 것이다.

여옥 씨의 이야기를 들으며, 소위 '임병장 사건', '윤일병 사건'을 비롯한 군대 관련 사건, 사고들이 떠올랐다. 2014년 여름, 전 국민의 공분을 산 군대 내 가혹행위, 성추행, 집단 따돌림, 총기 난사 등의 사건들은 결코 어제 오늘만의 문제가 아니다. 사람은 각자 기질이 다르기 때문에, 군대라는 공간에 어렵지 않게 적응하는 사람도 있지만 반대로 그게 너무도 힘든 사람도 있기 마련이다. 일상에서 생활했다면 문제되지 않지만, 군대라는 폐쇄적인 공간을 견디지 못하는 사람들도 존재하는 것이다. 그런 이들마저 '관심 병사'라는 원치 않는 굴레를 씌워 강제적으로 복무하게 만드는 시스템이 오늘날 군대 관련 사건, 사고의 본질이라고 생각한다.

그리고 그 바탕에는, 군대를 신성시하고 절대적인 가치로 미화해온 우리 사회의 그릇된 가치관이 있다. TV 예능 프로그램에서조차 군대 문화를 미화하고, 군대를 당연하게 받아들이게끔 만드는 사회 분위기 속에서는 '임병장 사건', '윤일병 사건' 같은 악순환이 계속될 수밖에 없는 것이다.

그리고 무엇보다 중요한 건, 아무런 선택지 없이 무조건 군대에 보내는 이런 시스템이 개개인의 마음에 존재하는 다양한 삶의 가치와 평화에 대한 상상력을 막고 있다는 점이다. 전쟁과 군대와 유무형의 폭력 없이도 우리 사회가 원활하게 유지될 수 있다고 믿는 평화에 대한 상상력 말이다. 우리 사회도 징병제에 대한 사회적 논의가 이루어져야 하겠지만, 그 전에 적어도 독일의 경우처럼, 군대에 대해 개인이 진지하게 고민하고 성찰할 수 있는 기회와 환경이 만들어져야 한다고 생각한다.

병역거부는 우리 모두의 문제

많은 국가들이 대체복무제를 허용하고 징병제조차 폐지하는 추세에서 왜 유독 우리나라만 답답한 행보를 고집하고 있는 것일까? 이 부조리한 상황을 바꿀 수 있는 가장 직접적이며 현실적인 방법은 무엇일까? 그 방법은 바로 입법부인 국회의원들에게 있다. 양심에 따른 병역거부자들이 감옥에 가는 대신 대체복무를 통해 국민의 의무를 이행할 수 있게 하는 대체복무제의 입법이 그것이다.

'전쟁없는세상'에서는 오랜 시간 동안 대체복무제 입법을 위해 수많은 국회의원들을 만나왔다. 대부분은 선거에 득이 될 리 없는 대체복무제에 관심을 보이지 않았다. 그나마 조금이라도 관심을 기울여줄 수 있는 국회의원에게 면담을 요청하여 면담이 성사되면 일단 이야기는 들어줬지만 돌아오는 답변은 상투적인 것들에 불과했다.

간혹 의지를 가진 소수의 국회의원들에 의해 법안이 발의되면, 활동가들은 다시 다른 국회의원들의 서명을 받으러 다니고 엽서, 이메일, 전화 등을 통해 법안을 통과시키기 위한 노력을 기울였다. 하지만 결과는 좋지 않았다. 최근에는 이런 시도마저 현저히 줄어든 상황이어서 입법부를 통한 제도 개선 방법에 회의마저 든다고 한다.

'전쟁없는세상'에서는 입법부뿐만 아니라 국제 사회에도 이 문제를 알리는 데 적극적으로 임하고 있다. 그 결과 유엔 인권이사회와 자유권규약위원회에서도 우리나라에 대체복무제 도입 권고안을 수차례 보냈지만, 우리나라 정부는 권고안을 묵살하고 있는 실정이다.

또 지난 2012년 대선 기간에 모든 선거 캠프에 질의서를 보내 양심에 따른 병역거부자를 위한 대체복무제 도입 의지를 물었다. 그 결과로 박근혜 캠프를 제외한 대부분의 선거 캠프에서 "양심에 따른 병역거부자를 위한 대체복무제를 도입하겠다"라는 답변을 보내오기도 했다. 그 후 유력 후보의 대선 공약에 대체복무제 도입이 명시화되며 또 하나의 의미 있는 결과를 만들어냈지만, 안타깝게도 선거 결과는 원하는 방향으로 나오지 않았다.

여전히 많은 병역거부자들이 대법원에 상고하고 헌법재판소에 헌법소원과 위헌 제청을 하고 있지만, 매번 똑같은 판결이 반복되고 있다. 여옥 씨는 지금과 같은 보수적인 사회 분위기와 국제 사회를 통한 압박도 안 먹히는 상황에서 국가권력을 향해 더 이상 무엇을 할 수 있을지 답답한 마음이 든다고 한다.

하지만 희망이 없는 것은 아니다. 양심에 따른 병역거부를 바라보는 사람들의 인식이 조금씩 변화되고 있기 때문이다. 불과 10년 전만 해도 병역을 거부한다는 것은 있을 수 없는 일로 여기는 분위기가 팽배했다. '전쟁없는세상'의 사무실로 항의 전화가 빗발쳤고, 심지어는 병역거부 캠페인을 하던 가판이 난장판이 되는 일도 있었다.

지금은 그에 비하면 사회적 분위기가 많이 성숙되었고 대체복무에 대한 여론도 점차 호의적으로 변해가고 있다. 2013년 11월 한국갤럽이 실시한 여론조사를 보면, 양심에 따른 병역거부에 대해 '이해할 수 없다'는 의견이 76%를 차지하긴 했지만, 양심에 따른 병역거부자의 대체복무 허용에 대해선 '찬성한다(68%)'는 의견이 '반대(26%)'보다 월등히 많았다. 병역거부자의 신념을 이해할 수는 없지만, 그들을 무조건 감옥에 보내는 대신 대체복무제를 통해 국민으로서 의무를 이행하게 하는 게 맞다고 생각하는 사람이 더 많아진 것이다.

여옥 씨는 병역거부로 인한 수감자가 계속 늘어나는 상황에서, 언제까지 우리 사회가 이 문제를 외면할 수는 없을 거라고 확신하고 있다.

요즘 여옥 씨를 비롯한 '전쟁없는세상'의 활동가들은 대안학교나 대학을 찾아다니며 많은 학생들을 만나고 있다. 법과 제도를 바꾸는 일만큼이나, 한 사람 한 사람의 생각을 바꾸는 일 역시 중요하기 때문이다. 이런 작은 모임을 통해 병역거부에 대한 편견과 오해를 해소하고, 평화라는 것이 자신의 작은 실천을 통해 이루어질 수 있다는 믿음을 나누려는 것이다.

여옥 씨는 양심에 따른 병역거부가 우리 사회의 평화운동에 있어 시작이자 중심이라 생각한다. 오랜 시간 우리 사회의 견고한 벽으로 존재하던 군사와 안보 중심주의에 작은 틈을 냄으로써 억눌려온 평화운동과 반군사주의 운동의 물꼬를 트는 중요한 의미라고 보는 것이다. 또한 여옥 씨는 국가가 국민을 강제로 군대에 징집하는 것이 과연 정당한 일인지, 이런 본질적인 질문이 가능한 사회가 되어야 한다고 강조한다. 그래야만 징병제, 군사주의, 안보 지상주의에 대한 문제 제기와 함께 평화를 향한 또 다른 길이 열릴 수 있다는 것이다. 여옥 씨는 바로 그 부분에서 활동가의 역할이 필요한 것이라고 말한다.

"양심에 따른 병역거부는 남자들만의 문제가 아닙니다. 전쟁을 일으키고 참여하는 당사자는 남자일지라도 그 피해는 어린이, 노인, 여성 등 약자들이 더 크게 받게 됩니다. 군사주의와 남성 중심주의가 장악한 사회에서 여성의 역할이 더욱 중요한 이유죠. 그래서 저는 여성들이 적극적으로 평화운동과 병역거부 운동에 함께했으면 좋겠어요. 성별을 떠나 우리 모두가 함께 고민해봐야 할 문제입니다"

현장을 지키는 활동가

얼마 전 여옥 씨는 감옥에 다녀왔다. 이번에는 병역거부자의 면회를 위해서가 아니라, 직접 자신의 수감생활을 하기 위해서였다.

"제주 강정마을에 해군기지가 건설되고 있어요. 정부에서는 우리나라의 안보를 위한 일이라고 하지만, 진짜 목적은 중국을 견제하려는 미국의 전략에 따른 것이라 생각합니다. 제주도에 해군기지가 건설되면 동북아의 군사적 긴장감이 고조되고 우리는 오히려 안보적으로 위기 상황에 몰릴 가능성이 더 커집니다. 물론 강정마을 주민들이나 주변 생태계에 미치는 악영향은 말할 것도 없고요."

'전쟁없는세상'은 다른 시민사회 단체들과 함께 제주 해군기지 건설을 막기 위해 소송, 시민 캠페인, 국제 연대 호소 등 가능한 모든 방법을 동원했지만 공사는 계속 진행됐다. 결국 구럼비 바위가 발파되던 날, 강정마을 주민들과 함께 공사를 위한 화약이 이동하는 경로를 막고자 자신들의 몸에 쇠사슬을 감았다. 그 결과 주민과 활동가들 모두 일반 교통방해로 경찰에 연행되어 각각 200~250만 원의 벌금형을 받았다. 정부는 해군기지 건설을 반대하는 이들에게 대화와 설득보다는, 무거운 벌금형을 선고함으로써 반대 의견을 강압적으로 누르는 방법을 쓴 것이다. 이에 여옥 씨와 여러 평화 활동가들은 벌금을 내는 대신 하루 5만 원의 노역 형을 택했다. 벌금이 감당하기 어려운 큰 액수였기 때문이기도 했지만, 그에 앞서 부당한 판결에 저항하는 의미로 노역형을 택한 것이다. 이런 방법을 통해 부당한 벌금 문제를 사회에 알리고 모금을 호소했다. 실제 많은 사람들이 모금에 동참해주었고, 활동가들이 택한 노역형의 취지에 공감해주었다.

감옥에 수감되어 있는 동안 여옥 씨는 느낀 바가 있다. 그간 간접적으로 접할 수밖에 없었던 감옥 생활을 짧은 시간이나마 직접 경험해봄으로써 병역거부자들의 마음을 더 깊이 이해할 수 있었던 것이다. 자신의 신념을 지키기 위해 몸의 자유를 포기한다는 것이 어떤 고통을 수반하는 일인지, 그 고통을 감내하기 위해 얼마나 확고한 신념을 가져야 하는지에 대해서도 새롭게 느낄 수 있었다.

여옥 씨는 분단국가라는 특수 상황, 그리고 주변 강대국에 끼어 전쟁 발발 가능성이 높은 우리나라야말로 평화운동과 연구가 가장 필요한 곳이라고 생각한다. 그리고 그 중심에 양심에 따른 병역거부 운동이 있다고 강조한다. 비록 지금은 힘든 상황이지만, 더 많은 사람들이 이 문제에 관심을 갖고 함께 활동할 수 있도록 만들겠다고 그녀는 말했다.

"평화운동에 대해 학문적으로 더 공부하고 외국에서도 경험을 쌓고 싶다는 생각을 한 적이 있지만, 아직까지는 현장을 떠날 생각이 없습니다. 우리의 현안들이 끊임없이 오고 가는 바로 이곳에서, 저는 평생 활동가로서 일하며 살고 싶어요."

스무 살 무렵 전쟁의 참상을 접하고 잠을 이루지 못했던 그 초심을 다시 마음에 새기며, 여옥 씨는 자신이 있어야 할 곳은 '바로 여기'라는 굳은 의지를 밝혔다.

참고문헌

한인섭·이재승 엮음, 『양심에 따른 병역거부와 대체복무제』, 2013, 경인문화사.
김두식, 『평화의 얼굴』, 2007, 교양인.
국방부, 『2012 국방백서』, 2013.
전쟁없는세상, 평화박물관 , 〈2012 병역거부 자료展 74년〉 자료집.
전쟁없는세상 엮음, 『우리는 군대를 거부한다 – 양심에 따른 병역거부자 53인의 소견서』,
　　　2014, 포도밭 출판사.

부록

대한민국
병역거부 연대기

1939년 6월　일제, 병역거부를 이유로 여호와의 증인 신자 38명 체포.

1953년　　한국전쟁 중 여호와의 증인 병역거부자 박종일에게 실형 3년 선고.

1961년 9월　병역거부자를 병역 기피자와 구분, 실형 8월 선고.

1974년　　박정희 정권은 군 입영률 100%를 달성하기 위해 사람들을 강제 입영시킴. 강제 입영 조치 이후 항명죄로 바뀌며 처벌 강화. 실형 2년 이상 선고.

1975년 3월　병무청 직원들이 여호와의 증인 집회 장소인 왕국회관을 급습. 신도 55명을 강제 연행한 후 입영시킴.

1975년 11월　강제징집 당한 여호와의 증인 김종식, 집총 거부하다 중대장의 구타로 사망.

1976년 3월　방위 소집된 여호와의 증인 이춘길, 정상복, 헌병의 구타로 사망.

1994년 7월　항명죄 최고형을 2년에서 3년으로 개정. 병역거부자에게 여러 차례 집총을 명하고 이를 거부할 때마다 항명을 한 것으로 간주, 경합범으로 처리하는 불법적인 처벌에 일부 판사들이 문제를 표명하자 군형법 자체를 개정하여 형량을 3년으로 상향 조치함.

＊ 전쟁없는세상, 평화박물관 공동주관, 〈2012 병역거부 자료展 74년〉 자료집 인용.

2001년 2월   〈한겨레 21〉신윤동욱 기자가 쓴 기사로 지난 60여 년 동안 주목받지 못했던 병역거부 문제가 사회에 알려짐.

2001년 12월 불교신자이자 평화운동가인 오태양 병역거부.

2002년 1월   서울남부지원 위헌 제청 결정. 박시환 판사의 이런 결정 이후 이 취지에 동의하여 불구속기소나 보석 석방, 재판 연기 등이 많았다.

2002년 2월   〈양심에 따른 병역거부권 실현과 대체복무 제도 개선을 위한 연대회의〉 결성.

2002년 3월   58차 유엔 인권위원회에 처음으로 문제 제기.

2003년 5월   '전쟁없는세상' 만들어짐.

2003년 11월 이라크 파병을 반대하며 현역 군인인 강철민 이병이 병역거부 선언.

2004년 5월   서울남부지법, 병역거부자에게 무죄 선고. 이정렬 판사의 무죄선고는 양심에 따른 행위가 처벌 대상인가에 대한 근본적인 질문을 제기하였고 이후 진지한 고민들이 촉발되었음.

2004년 7월   대법원, 유죄 선고.

2004년 8월   헌법재판소, 병역법 합헌 결정. 비록 합헌이었지만 대체 입법의 필요성을 인정했다는 점에서 진일보한 결정이었음.

2004년   병역법 개정안 17대 국회 상정. 9월에는 임종인 의원이, 11월에는 노회찬 의원이 대표 발의한 법안에는 병역거부자로 인정된 사람에게 현역 복무 기간의 1.5배의 대체복무를 하도록 하는 내용이었음.

2004년 12월 임재성 병역거부 선언.

2005년 12월 국가인권위원회, 대체복무제 도입 권고. 양심에 따른 병역거
부권이 헌법과 국제 규약상 '양심의 자유'의 보호 범위 내에
있다며 대체복무 제도를 도입할 것을 권고함.

2006년 3월 현직 초등학교 교사 김훈태 병역거부 선언.

2006년 11월 유엔 자유권규약위원회, 대한민국 3차 정부 보고서에 대한
검토 및 최종 견해에서 병역거부권 인정 권고.

2006년 12월 유엔 자유권규약위원회, 최명진, 윤여범의 개인 진정에 대해
한국정부 규약 위반 확인 및 배상 결정.

2007년 9월 국방부, 대체복무허용방안 추진계획 발표.

2007년 10월 청주지방법원 영동지원, 무죄 선고.

2008년 1월 국가인권위원회, 헌법재판소에 예비군 거부자 처벌 중지 및
대체복무제 도입 필요 의견서 제출.

2008년 5월 유엔 인권이사회, 국가별 인권정례검토(UPR)에서 병역거부권
권고.

2008년 7월 촛불집회 진압을 거부하며 현역 의경 이길준이 병역거부
선언.

2008년 10월 군의문사 진상규명위원회, 병역거부자 죽음에 국가 가혹행
위 인정.

2008년 12월 국방부, 여론조사를 근거로 양심에 따른 병역거부자에 대한
대체복무 전면 백지화 결정.

2009년 계속되는 병역법 88조 위헌 제청. 7월 대전지법 천안지원, 11
월 전주지법, 12월 수원지법 등.

2010년 12월 대법원, 병역거부자 군의문사 사건에 대해 국가배상책임

확정.

2011년 3월   유엔 자유권규약위원회, 병역거부자 100명의 개인 진정에

대해 한국정부 규약 위반 확인, 전과 말소, 배상 및 대체복무

제도 도입 권고.

2011년 8월   헌법재판소, 또 다시 병역법 합헌 결정.

2011년   병역법 개정안 18대 국회 상정, 7월 김부겸 의원이, 9월에는

이정희 의원이 각각 대표 발의 했으나 논의 없이 임기가 종

료되며 폐기됨.

2012년 10월 유엔 인권이사회, 제2차 국가별 인권정례검토(UPR)에서 병역

거부권 권고.

국가인권위원회에서 공단 직원 채용시 양심에 따른 병역거

부 전력을 이유로 한 합격 취소는 인권침해 권고.

2013년 6월   병역거부자 333명 헌법소원.

    7월   19대 국회에서 전해철 의원 병역법 개정안 대표 발의.

    9월   24차 유엔 인권이사회에서 병역거부 관련 결의안 만장일치

통과.

2014년 6월   국가 상대 손배소송 패소.

    7월   대법원, 병역거부 유죄 재확인.

독거특창과 병역거부자의 구타,
가혹행위로 인한 사망 사건

1976년 1월. 논산 훈련소 헌병대에는 특별한 감옥이 생겨나게 된다. 높이 2m, 너비(가로) 60cm, 깊이(세로) 1m 남짓의 '어른 어깨가 꼭 끼는 너비 정도'의 비좁은 감옥이었다. 이 감옥은 '한 사람을 가두는 특별한 영창'이라는 뜻의 '독거특창'이라 불렀다.

총 6개의 독거특창은 양심에 따른 병역거부자들을 고문하기 위해 만들어진 특별한 감옥이었다. 병역거부자들에 대한 국가의 탄압이 극에 달했던 시기에, '너무 쉬우니까 군복무를 거부하는 것 아니냐'는 차원에서 보다 혹독한 고문을 위해 만들어진 것이었다.

벽돌을 쌓고 그 위에 국방색 페인트를 칠해 만든 독거특창의 천장엔 30W의 백열등이 항상 켜져 있었고, 스위치가 달려 있었다. 수감자를 잠들지 못하게 하는 장치였던 것이다. 헌병들이 스위치를 누르면 '따르릉' 소리가 울리고 수감자들은 천장에 달린 스위치를 재빨리 눌러야 했다. 헌병들은 수시로 스위치를 눌렀고 6명 중 1명이라도 스위치를 늦게 누르면 단체로 매질을 당했다. 마치 관을 세워 놓은 듯한 모양의 독거특창에서 병역거부자들은 선 채로 며칠씩 잠도 못 자고 고문에 시달려야 했다.

원래 훈련연대에서 집총 거부를 하면, 구속시켜 영창으로 보내는 게 정상적인 절차였다. 하지만 훈련소 헌병대 자체적으로 병역거부자에게 15일

* 이 글은 2007년 3월 《한겨레 21》651호의 기사 "독거특창, 그 몸서리치는 기억"(신윤동욱 기자)과 2007년 4월 〈한겨레 21〉654호의 기사 "둘 중 하나는 죽어야 풀릴 문젠가"(정인환 기자)에서 발췌해 정리했음.

징계를 줘서, 구속을 연기시킨 뒤 독거특창에 넣었다고 한다. 징계 기간이 30일을 넘으면 의무적으로 구속시켜야 하니까, 15일 동안만 독거특창에서 고문하고 사나흘 훈련연대로 보냈다가 다시 15일 징계를 주는 방식으로, 최대 30일에서 두 달까지 독거특창에서 병역거부자들을 고문했다.

독거특창의 초반 일주일은 병역거부자들에게 총을 들게 하기 위한 '설득'의 목적으로 구타를 했다. 졸거나 자세가 흐트러지면 어김없이 구타가 이어졌다. 헌병들은 상부에서 시키는데 어쩔 수 없지 않느냐며 미제 야전침대 옆에 끼는 각목으로 살이 터질 때까지 수감자들을 때렸다. 간혹 운 좋게 마음 좋은 헌병을 만나면 2~3시간 수면을 취하기도 했지만, 기대서 앉아도 옆으로 구부려도 불편한 자세로 잠을 자지 못한 채 갇혀 있거나 맞아야 했다. 식사는 독거특창의 창살 사이로 지급되었는데, 숟가락으로 세 번만 긁으면 없어질 정도로 소량만 지급됐다. 그나마 먹을 수 있는 시간도 10초에 불과해, 10초가 넘도록 씹고 있으면 밥풀이 튈 정도로 따귀를 때렸다고 한다.

독거특창을 경험한 이들의 이야기를 들어보면, 한숨도 잠을 못 자고 7일을 버텼는데 8일째 그대로 넘어간 경험도 있다고 한다. 헌병대도 독거특창에서 사람이 얼마나 견딜 수 있는지에 대한 경험이 없었던 터라 쓰러질 때까지 수감자들을 괴롭혔다. 생명을 담보로 한 일종의 '생체실험'이었던 셈이다. 수감자들이 독거특창에서 잠시 풀려날 수 있는 건, 구타를 당할 때와 뻉끼통이라 불리는 변기통을 비울 때가 전부였다. 거기에 한번 들어갔다 나오면 몸무게가 10kg 이상씩 빠졌다.

하지만 이 비인간적인 고문도구는 육군본부 감사에 걸리면서 1977년부터는 사용되지 않았다.

1976년 당시 독거특창에 수감된 사람은 파악된 인원만 해도 22명에 이른다. 그때 이곳에서 고문을 받았던 병역거부자들은 아직도 독거특창에 갇혀 있는 꿈을 꾸는 등 심각한 육체적, 정신적 후유증에 시달리고 있다.

이보다 더욱 심각한 것은 군에서 소중한 목숨을 잃는 사람들이다. 여호와의 증인으로 병역을 거부했던 장영규 씨는 1976년 3월 6일, 낯선 사내들에게 이끌려 경남 창원의 39사단 훈련소로 강제 입영되었다. 그는 이미 병역법 위반죄로 1년 6개월을 복역하고 출소한 후였지만 출소한 지 두 달 만에 다시 끌려간 것이다. 군인들은 총을 들라 했지만, 그는 끝내 총을 들지 않았다. 그곳에서 아침 6시부터 밤 10시까지 기합과 매질에 시달리며 20일이 넘는 시간을 보냈다. 화장실도 제대로 가지 못해 변비에 걸렸고 항문으로는 피가 나왔다. 관장을 하다 기절을 하기도 했지만 살기를 띤 매질은 계속됐다.

그나마 위안이 되는 것은 그의 곁에 여호와의 증인인 이춘길 씨가 함께 있었다는 것이다. 그는 더 가혹한 고문을 당했음에도 오히려 장영규 씨를 위로하며 끝까지 인내하자고 용기를 주었다.

장영규 씨와 이춘길 씨는 함께 군 검찰로 조사를 받으러 갔다. 헌병들은 미리부터 감방 안에 있었던 이야기를 절대 유출하면 안 된다며 으름장을 놓았다. 장영규 씨와 이춘길 씨를 만난 검사는 두 사람에게 이번엔 얼마의 형을 받을 것 같냐고 물었다. 장영규 씨는 헌병의 위협을 의식해 말을 아꼈는데, 이춘길 씨는 '옆에서 감방 동료들이 2년 받는 걸로 얘기해서, 한 2년 받는 걸로 알고 있습니다'라고 말했다.

조사를 마친 후 영창으로 돌아온 이춘길 씨는 그 말을 했다는 이유로 헌병에게 끌려나가 무참한 매질을 당하기 시작했다. 견디다 못한 이춘길 씨가 눈의 흰자위를 드러낸 채 그대로 쓰러졌다. 헌병들은 쓰러진 그에게 물 한 동이를 퍼부었지만 이춘길 씨는 결국 깨어나지 못했다. 장영규 씨는 그날을 회상하며 누군가 한 사람이 죽어야 끝날 일이었다고 말했다. 이춘길 씨가 자기를 대신해서 죽었기 때문에 자신은 살아남을 수 있었다고 말이다.

김연희 씨는 1975년 11월 14일, 동생 김종식 씨가 논산 훈련소에서 죽었다는 전보를 받고 조치원에 있는 육군 통합병원으로 달려갔다. 그곳에는 온몸이 멍투성이에 얼굴조차 알아볼 수 없는 김종식 씨의 주검이 있었다. 입대 전 장티푸스를 앓았던 허약한 몸이 입대 뒤 10여 일간 이어진 가혹행위를 견디지 못한 것이다.

사인을 묻는 가족들의 오열 앞에 군 당국은 '실수였다'는 말만 되풀이했다. 사복 차림의 낯선 사내들은 '망자가 나라에 충성하지 않았고, 집안도 사상이 불순하다'는 말을 했다. 군 당국은 자신들의 잘못을 가리기 위해 유가족들을 사상이 불순하다고 몰아갔다. 슬하에 아들을 두 명 두고 있었던 김연희 씨는 이런 끔찍한 현실 앞에서 도저히 이 나라에서 살아갈 용기가 나지 않았다. 그녀의 두 아들도 감옥으로 끌려가 이런 일을 당하게 될지 모른다는 불안감에 결국 머나먼 아르헨티나로의 이민을 선택했다.

이 밖에도 가혹행위로 인한 타살임을 증명하는 온 몸의 상처를 남긴 채 '자살'로 처리된 억울한 죽음들도 있다. 하지만 유족들은 서슬 퍼런 군사 정권의 그늘 아래 진실을 규명하라는 요구 한번 변변히 못해보고 억울한 죽음을 받아들여야 했다.

대만 대체복무제 탐방기
(2004년)

1. 방문단은 지난 4년간 대만에서 대체복무 제도를 실시한 과정에서 어떤 문제점이 발생하였는지를 집중적으로 살펴보았다. 특히 정부와 사회 일각에서 제기되는 우려 점들, 예를 들어 대체복무 제도가 병역 기피의 수단으로 악용되지 않을 것인지, 또는 대체복무 제도 도입 후 신청자가 급증하여 병역 제도의 운용에 장애가 초래되지는 않았는지에 대해 대만 국방부, 역정서(병무청), 입법원국방위원회(국회 국방위원회), 시민단체 등 다양한 사람들로부터 의견을 구하였다. 제도 도입 당시 일부에서 제기되었던 우려와는 달리 대체복무 자체가 만만치 않게 힘들고 기간도 길기 때문에 신청자가 급증하지 않았다. 또 현재 한국에서 운영되고 있는 공익근무요원 제도를 보면 과거 방위 제도일 때는 현역보다 복무기간이 짧은 관계로 왕왕 병역 기피의 수단이 되곤 했으나, 복무기간이 현역보다 길어진 이후에는 거의 병역 기피의 통로로 사용되고 있지 않다. 이와 마찬가지로 우리가 만난 국방부, 병무청, 국회 국방위원, 시민단체 관계자들은 일관되게 대만의 대체복무 제도는 병역 기피의 수단으로 쓰이고 있지는 않다고 증언했다.

＊ 이 글은 양심에 따른 병역거부권 실현과 대체복무 제도 개선을 위한 연대회의 공동집행위원장인 이석태 변호사, 최정민 평화인권연대 상임활동가, 한홍구 성공회대 교수가 2004년 5월 26일부터 5월 28일까지 3일간 대만을 방문하여 2000년부터 실시 중인 대체복무 제도의 현황을 시찰한 결과 보고서를 발췌해 정리했음.

1. 대체복무 제도 도입 후 지원자가 급증하여 현역병 수급에 차질을 보이면 어떻게 하느냐는 우려에 대해서도 대만 당국자들은 지난 4년간의 경험을 통해 별다른 문제가 없었다고 증언했다. 대만은 대체복무를 무한정 허용하는 것이 아니라, 현역 병력수급에 차질이 없는 범위로 한정하고, 우선 현역병 소유를 채운 후에 대체복무 인원을 탄력적으로 운용하고 있다. 지원자가 대체복무 예상인원을 초과할 경우 추첨으로 선발하고 남는 인원은 현역으로 입대시키기 때문에 현역병 수급에 차질이 빚어지는 경우는 상상할 수 없다. 2000년 5월에서 2003년 5월까지 3년간 대체복무를 신청한 사람은 모두 4만 4,897명으로 이 중 실제 대체복무를 한 사람은 1만 9,870명이었다.

1. 지난 4년간 종교적 요인으로 대체복무를 신청한 사람은 모두 97명이며, 이 중 94명이 심사결과 종교를 이유로 대체복무를 인정받아 군사훈련을 면제받는 대신 현역에 비해 긴 기간 동안 복무하였다. 한편 심사에서 탈락한 3명은 현역으로 입영했다. 제도 운영 결과 종교를 빙자한 대체복무지원은 없었으며, 모두 사회역에 배치된 종교요인에 의한 대체복무자들의 헌신적인 복무와 진실된 자세를 고려하여 이들의 복무기간을 현역보다 11개월 긴 2년 9개월에서 4개월 긴 2년 2개월로 단축하였으며, 장기적으로는 현역과 동일하게 할 방침이다. 일정한 전문적인 능력이나 자원봉사 경력자에게 대체복무를 지원할 수 있도록 문호가 개방되어 있는 상황에서, 4주간의 군사훈련을 면제 받는 대신, 길게는 1년, 짧게는 4개월을 더 복무해야 하는 종교적 대체복무를 병역 기피 목적으로 신청하는 어리석은 사람은 지금까지도 없었으며, 앞으로도 없을 것이다.

1. 대만에서 대체복무자를 위한 훈련에는 제도 도입 당시에는 4주간의 기초 군사훈련이 포함되어 있었다. 종교적 이유로 대체복무를 신청한 사람들은 이 4주간의 훈련을 면제받는 대신 4~11개월 더 복무한다. 한국에서도 병역특례자들이나 공익근무요원도 4주간의 군사훈련을 받으면 집총하지 않고 대체복무를 할 수 있다. 대만은 최근 대체복무자들의 훈련과정에서 군사·사격훈련을 삭제했다. 대체복무자들의 교육 내용이 법적으로 규정되어 있지는 않기 때문에 대체복무자들을 위한 훈련에서 군사·사격훈련을 삭제하는 작업은 별도의 입법조치 없이 이루어졌다. 대체복무요원들이 실제로 총을 들고 싸워야 할 일은 없고, 유사시에도 현역과 예비역으로 충분하기 때문에 이들에게 군사훈련을 시켜야 할 이유는 없다고 국방부나 역정서 모두가 판단했다. 대신 대체복무자들에게 긴급구조과정, 체력훈련, 전문과정, 예절교육 등을 강화하여 실용적이고 생동감 있는 교육을 실시하고 있다.

1. 대만은 대체복무자들에게 불필요한 군사훈련을 강제하지 않는 방식으로 양심에 따른 병역거부 문제를 완전히 해결했다. 비종교인으로 평화주의적 양심에 따라 병역을 거부하려는 사람들은 전문자격을 갖추거나 자원봉사를 많이 하여 자격요건을 갖추고 대체복무에 지원하면 된다. 이들은 집총하지 않고 병역의 의무를 대체할 수 있다. 한국의 경우 병역특례의 자격을 갖춘 많은 사람들이 4주간의 군사훈련 때문에 3년여를 감옥에서 보내고 평생을 전과자로 살아야 하는 일이 많았다. 대체복무자들에게 꼭 필요하지 않은 군사훈련을 없앰으로써 대만은 평화주의적 양심에 따른 병역거부로 인해 앞으로 발생할 수도 있는 문제를 미연에

방지한 것이다.

1. 2001년 1차 대만 시찰에서도 지적되었지만, 대체복무 제도는 군대 내 인권문제를 크게 개선시켰다. 대체복무 인원 중에서는 자살자나 의문사가 1명도 발생하지 않았다. 군 내에서도 복무 부적격자들이나 신체등급이 떨어지는 사람들이 대체복무로 걸러질 뿐 아니라, 일단 대체복무와 현역 중에서 일정한 선택의 기회를 준 뒤 현역에 응한 사람들만으로 군을 운용하다 보니 사병들의 복무 적응도가 크게 향상되었다. 이 때문에 군에서도 자살, 의문사, 각종 안전사고가 크게 줄어들어 지휘관이나 사병 모두 만족스러워 하고 있다.

1. 대체복무 제도가 결코 쉽지 않다는 인식이 젊은 층에 퍼지면서, 현역의 수급은 전혀 문제가 되고 있지 않다. 또 일반 젊은이들 사이에는 대체복무보다 현역을 선호하는 분위기가 지배적이라고 한다. 대만에서 대체복무 제도 도입의 전도사 역할을 한 타이리 역정서 부서장의 아들도 대체복무를 마다하고 현역으로 입대하였다고 한다. 또한 대체복무자들도 한국의 공익근무요원이나 과거의 방위병과는 달리 내무생활을 하고, 기간도 길며, 일도 현역에 비해 쉽지 않다는 것이 입증되면서 대체복무와 현역과의 형평성 문제는 제기되지 않고 있다. 오히려 종교적 요인에 의한 양심에 따른 병역거부자들의 복무기간이 너무 길다는 의견이 설득력을 얻어 이들의 복무기간이 처음 현역의 1.5배에서 지금은 1.1배로 줄어들었다.

1. 대만은 1990년대 중반까지 약 2,000만의 인구로 한국과 같은 규모인 60만 대군을 유지해왔다. 그러다가 90년대 후반 45만으로, 2000년대 들어와 38만 5,000으로, 34만으로, 다시 30만으로 급속히 병력을 감축해왔다. 현재 2,300만 인구가 30만의 군대를 유지하고 있는 상황이다. 이는 인구 76.67명 당 군인 1명을 부양하고 있는 것이다. 한국은 4,800만의 인구에 69만 명의 군대를 유지하고 있어 인구 69.57명 당 군인 1명을 배출해야 한다. 대만이 최근 절반 수준으로 감군을 단행한 결과 현재의 인구대비 병역의무 부담은 한국보다 조금 가벼워진 상황이지만, 대체복무 제도가 도입될 당시 약 40만의 병력을 보유했던 때를 기준으로 한다면 오히려 한국보다 인구 1인당 돌아오는 병역의무의 부담은 더 무거웠다.

1. 대만의 대체복무 제도는 병력 감축과 함께 도입되었다. 한국의 군 당국이나 사회에 병력감축으로 인한 국방력 약화를 우려하는 분위기가 지배적이라고 하자, 대만 당국자들은 아직도 한국군은 병력의 머릿수를 그렇게 중시하느냐며 의아한 표정으로 반문했다. 현대전에서 전투력은 화력이 좌우하는 것이지, 병력 수는 큰 영향을 미치지 못한다는 것이다. 전투력 강화에 큰 도움을 주지 못하는 반면, 국민들에게는 과도한 부담을 지우게 되는 많은 병력을 보유하는 것보다 소수정예의 과학화된 군대를 운용하는 것이 국방의 효율성을 높이는 길이다. 한국은 한국전쟁이 한창일 당시에 20~25만의 군을 유지하다가 휴전 이후에 60만 대군으로 늘려 놓았다. 한국전쟁과 비교해 본다면 전쟁 때 동원 가능한 예비군을 이미 모두 동원하여 군복을 입혀 놓은 것이 현재의 한국군이다. 때문에 한국군에서 현역으로 복무한 후 전역한 사람들은 군대에서 가장 많이

한 것은 삽질이었다고 회고한다. 한국 사회는 1954년 한국군을 60만 대군으로 성장시킨 이래 단 한 번도 한국군의 적절한 규모가 얼마인지에 대해 시민사회 차원에서 논의해 본 적이 없다. 한국은 현대전의 양상 변화, 동서냉전 체제의 붕괴와 남북관계의 변화, 한국 사회의 경제성장과 민주화 등의 요인을 감안하여 군구조 개편을 포함한 국방개혁이 절실하게 요구된다. 대체복무 제도의 개선을 촉구한다.

1. 우리 연대회의는 그 동안 주로 인권의 관점에서 양심에 따른 병역거부자들을 감옥에 보내서는 안 된다고 촉구해왔다. 이 입장에는 변함이 없지만, 양심에 따른 병역거부자들에 대해 못마땅하게 생각하는 분들에 대해서는 대만 사람들처럼 인권의 관점이 아니라 실용주의의 관점에서 이 문제를 바라 볼 것을 권유한다. 한국전쟁 때도 인해전술을 쓰는 중국군을 상대로 20만 조금 넘는 군대를 운용한 한국 땅에서, 경제력에서 우리의 1/30, 인구에서 우리의 1/2에 불과한 이북을 상대로 과연 69만 대군을 운용하는 것이 합리적인지 한 번 진지하게 검토해보아야 한다. 이미 30년간 많게는 20만이 넘는 대체복무 인원을 유지해 온 나라에서 양심에 따른 병역거부자들을 위한 대체복무제 도입이 정말로 불가능한 것인지를 따져 보아야 한다. 그들을 감옥에 보내는 것과 사회봉사를 시키는 것이 어느 편이 공동체에 도움이 되는지를 따져 보아야 한다. 국방의 의무는 다양한 형태로 구현될 수 있다는 점을 인식해야 한다. 대체복무제를 통해서 과도한 부담을 주고 있는 병역의 의무를 개선할 수 있는 길이 열릴 수 있다는 점을 고려해야 한다. 대만은 실용주의적 개혁을 통해 인권문제도 해결한 좋은 사례이다.

각국의 현역복무 기간과 대체복무 기간

나라	대체복무도입	복무기간변경	현역복무(월)	대체복무(월)
그루지야	1998		18	36
그리스	1997		18	36
		2003	12	30
		2005	12	23
대만		2000	22	33
		2003	22	26
		2004	20	24
		2005	18	22
		2006	16	20
		2007	14	16
		2008	12	14
독일	1990 이전	1995	10	13
		2003	9	10
		2004	9	9
		20011	징병중지	
러시아	2004		24	42
		현재	12	24
우즈베키스탄	1992		18	24
		대학졸업자	12	18
		2002	12	24
		대학졸업자	9	18
이탈리아	1990 이전		12	18
		1997	10	10
		2005	징병중지	
체코슬로바키아	1990		18	27
		1993	12	18
		2004	징병중지	
포르투갈	1990 이전	1994	4	7
		2005	징병중지	
프랑스	1990 이전		12	24
		1992	10	20
		2002	징병중지	
헝가리	1989		18	28
		1990	12	22
		1997	9	18
		2002	6	11
		2005	징병중지	

* 진석용, "'양심에 따른 병역거부'의 현황과 법리", 한인섭·이재승 엮음, 『양심에 따른 병역거부와 대체복무제』, 2013, p.237-239에서 일부만 옮김.

　영화 〈얼음강〉을 만들 무렵, 한국전쟁 때 병역을 거부한 박종일 선생님을 직접 뵌 적이 있다. 인민군과 국군에 각각 징집되어 끌려갔지만, 양측 모두에서 병역을 거부한 분이었다. 병역거부의 역사를 다룬 자료에서 접했던 분을 직접 만나고 있다는 게 나로서는 신기할 따름이었다. 1930년 생, 여든을 훌쩍 넘긴 탓에 건강이 좋지 않아 제대로 된 대화를 나눌 수는 없었다. 다만 그분은 내가 병역거부에 관한 영화를 만들고 있다는 이야기를 듣고는 내 손을 꼭 잡으며 이렇게 말씀하셨다.

　"부디 이 문제가 해결될 수 있게……."

　희미한 목소리 탓에 내가 알아들을 수 있는 건 그말이 전부였다. 하지만 내 손을 잡고 있는 그분의 손에서 뜨거운 힘이 느껴졌다. 60여 년을 간직해온 진심이란 게 이런 건가 하는 생각에 나도 몰래 울컥했다.

　책을 준비하고 쓰는 동안 계절이 몇 번 바뀌었다. 겨울에서 봄으로, 봄에서 여름으로, 여름에서 가을로. 그 사이에도 많은 병역거부자들이 감옥에 들어갔을 것이다. 프롤로그에 소개한, 나와 영등포교도소를 함께 방문했던 동료 영화감독에게도 입대 영장이 나왔다. 그는 병역거부를 하기로 결심했고, 얼마 전 경찰과 검찰 조사까지 받았다. 아마도 항소하지 않을 것이기에 어쩌면 이 책이 나올 때쯤 그 친구는 감옥에 있을지도 모르겠다. 오랫동안 알고 지내던 사람이 병역거부를 하고 감옥에 가는 건 나로서는 처음 겪는 일이다. 나는 재판정의 피고인석에 서고 죄수복을 입고 감옥에 수감될 그 친구의 모습이 잘 상상되지 않는다.

1950년에 병역을 거부했던 박종일 선생님과, 2014년 병역거부를 앞두고 있는 동료 영화감독 사이에 시대적 간극은 무척 크다. 하지만 그 간극이 무색할 만큼, 내 머리 속엔 같은 질문만이 맴돌고 있다.

이것이 정말 '죄'인가?

* * *

이 책을 준비하고 쓰는 데 도움을 주신 많은 분들이 있다. 책을 완성할 수 있도록 함께 고생해준 민정영 님, 많은 분들을 소개해주시고 꼼꼼히 감수해주신 홍영일 선생님께 감사 인사를 드린다.

국가인권위원회 김민아 선생님, 전쟁없는세상의 여옥 님, 한길만 선생님, 신윤동욱 기자님, 김경묵 님, 이반디 작가님께도 고마운 마음을 전하고 싶다.

무엇보다 이 책의 주인공이자, 선뜻 내어놓기 쉽지 않은 이야기를 기꺼이 들려주셨던 열두 분의 인터뷰이께 가장 큰 감사를 드린다.

2014년 가을 **민용근**

그들의 손에 총 대신 꽃을

초판 1쇄 인쇄 2014년 12월 1일
초판 1쇄 발행 2014년 12월 5일

지은이 민용근

발행인 양문형
펴낸곳 끌레마
등록번호 제313-2008-31호
주소 서울시 마포구 월드컵로124 (성산동) 성산빌딩 4층
전화 02-3142-2887   팩스 02-3142-4006
이메일 yhtak@clema.co.kr

ⓒ 민용근 2014

ISBN 978-89-94081-26-7 (03300)

- 값은 뒤표지에 표기되어 있습니다.
- 제본이나 인쇄가 잘못된 책은 바꿔드립니다.

이 도서의 국립중앙도서관 출판시도서목록(CIP)은 서지정보유통지원시스템 홈페이지(http://seoji.nl.go.kr)와 국가자료공동목록시스템(http://www.nl.go.kr/kolisnet)에서 이용하실 수 있습니다.(CIP제어번호: CIP2014033339)